Ulfilas Meyer

Weniger kann mehr!

Für Esther und Jon

Ulfilas Meyer

Weniger kann mehr!

Beschränken Sie Ihren Alltag auf das Wesentliche

Die Deutsche Nationalbibliothek verzeichnet diese Publikation
in der Deutschen Nationalbibliografie;
detaillierte bibliografische Daten sind im Internet über
http://dnb.d-nb.de abrufbar.

© 2011 by WBG (Wissenschaftliche Buchgesellschaft), Darmstadt
Umschlaggestaltung: Peter Lohse, Heppenheim
Umschlagbild: © elektraVision, The Young and the Restless
Redaktion: Ingrid Hilgers, Hannover
Die Herausgabe des Werkes wurde durch die Vereinsmitglieder
der WBG ermöglicht.
Gedruckt auf säurefreiem und alterungsbeständigem Papier
Printed in Germany

Besuchen Sie uns im Internet: www.wbg-wissenverbindet.de

ISBN 978-3-534-23876-7

Die Buchhandelsausgabe erscheint beim Primus Verlag.
Umschlaggestaltung: Christian Hahn, Frankfurt a. M.

ISBN 978-3-89678-764-4

www.primusverlag.de

Elektronisch sind folgende Ausgaben erhältlich:
eBook (PDF): 978-3-534-71713-2 (für Mitglieder der WBG)
eBook (epub): 978-3-534-71715-6 (für Mitglieder der WBG)
eBook (PDF): 978-3-86312-766-4 (Buchhandel)
eBook (epub): 978-3-86312-767-1 (Buchhandel)

Inhalt

Vorwort 6

Einleitung – Die Kultur der Reduktion 7

Durch die Kraft des Denkens
Gewohnheiten: Das langsame Verschwinden des Inhalts aus
der Verpackung – *Neues versuchen* 14
Information: Wissen ohne Macht? – *Wesentliches herausfinden* 33
Optimierung: Mehrwert ist nicht mehr wert –
Das Ganze sehen 54

Aus der Tiefe des Fühlens
Sicherheit: Angst macht unfrei – *Vertrauen finden* 75
Wahrheit: Wessen Wille geschehe? – *Sich selbst verantworten* . . 95
Unsterblichkeit: Nobody is perfect – *Grenzen akzeptieren* . . . 116

Mit der Macht des Handelns
Doppelleben: Der ganz normale Wahnsinn –
Authentisch leben 137
Habenwollen: Das Ende der Unendlichkeit –
Bewusst auswählen 157
Wellness: Das Paradies ist immer noch geschlossen –
Herausforderungen annehmen 179

Anmerkungen 200

Vorwort

Manche erwarten vielleicht ein knappes, kurzes, dünnes Buch, das in wenigen Sätzen Beschränkung und Reduktion praktiziert. Meine Reduktion besteht darin, kein umfassendes und fertiges Denkgebäude zu konstruieren, sondern neun subjektive Denkanstöße zu geben, die zur Denkarbeit einladen.

Es sind Essays entstanden, die alle für sich stehen können und sich mit dem Themenkomplex „Reduktion" auseinandersetzen. Die einzelnen Kapitel summieren sich zu einem Ganzen, zu einem Gebäude, das jeder selbst ausstatten muss mit seinen Erfahrungen, seinen An- und Einsichten und seinem Wollen.

Die Zitate sind Fundstücke auf meinem Denkwege. Sie gewähren ein Mitlesen der Meinungen anderer und wollen auf sachliche „Fundamente" und erweiternde „Anbauten" in Schriften oder Büchern anderer hinweisen. Manchmal jedoch wollen sie nur literarische Reize setzen. Sie dienen mehr der lebendigen Anschauung als dem Beleg des Begriffes.

Nachdem das Buch fertig war, ist viel passiert in der Welt. Sie hat uns ihre Brüchigkeit auf verschiedene Weise deutlich vor Augen geführt. Die Zeiten haben sich geändert und wir werden einsehen, dass auch wir uns ändern müssen.

Neben vielen motivierenden und bereichernden Gesprächspartnern möchte ich mich vor allem bei drei Menschen bedanken, die mir mit Kopf und Herz geholfen haben: Thomas Geser, weil er mir gesagt hat, dass das Thema richtig und wichtig ist und mich darin bestärkt hat, das Buch in Angriff zu nehmen. Hans-Jürgen Wunderlich, weil er auf seine Weise dasselbe getan hat, nachdem ich schon beim Schreiben war, und weil er den gesamten Text wohlwollend, ausdauernd und akribisch unter die Lupe genommen hat. Meiner Frau Gabi, weil sie verstanden hat, dass ich das Buch unbedingt schreiben wollte, weil sie geduldig das Auf und Ab mitgetragen und weil sie mein Denken und Schreiben immer wieder hinterfragt hat.

Ulfilas Meyer   Großenohe, im April 2011

Einleitung – Die Kultur der Reduktion

„Freedom is just another word for nothin' left to lose"

Die Menschheit ist an einem Punkt angekommen, der ihr Weiterexistieren in der bisherigen Art und Weise infrage stellt. Den Traum vom ewigen Schlaraffenland haben die Menschen durch Gier und Zerstörung der Natur beendet, obwohl die Vertreibung aus dem Paradies ihnen eine Warnung hätte sein können, zumindest denen, die mit dieser Geschichte groß geworden sind. Die „alles, immer und überall"-Mentalität, das „schneller, höher, weiter", Slogans wie „Stillstand ist Rückschritt" oder „Zeit ist Geld" können nicht nur das Denken und Handeln bestimmen. Ein Gespür, eine Intuition, ein starkes inneres Wissen über die Zukunft als *Folge* des *jetzigen* Tuns ist beim Menschen nicht gut ausgebildet. Vielleicht ist er dazu nicht in der Lage. Ihm ist einprogrammiert, den kurzfristigen Erfolg zu suchen, nicht den langfristigen. Er mag die Risiken erkennen, aber er anerkennt sie nicht. Zum richtigen Handeln reicht es dann oft nicht.

Was bleibt, ist der feste Glaube an die Stärke menschlicher *Anpassungsfähigkeit*: Kultur als Überlebenstechnik. Der vom Menschen noch immer gefüllte Raum zwischen Anforderung und Bewältigung verlangt nun eine neue kulturelle Leistung: die *Kultur der Reduktion*. Nicht mehr alles machen, was möglich ist, nicht mehr blindlings voranstürmen und „mit dem Lasso alles einfangen", was sich bewegt, nicht immer neues „Land" erobern und die Grenzen einfach verschieben. Mit seiner bisherigen Lebensweise und den bisherigen Zielsetzungen ist der Mensch an seine Grenzen gestoßen. Reduzieren ist eine *Wahlmöglichkeit*, die prinzipiell zur Verfügung steht, die ein Loslassen von geistigen Fixierungen und materiellen Erwartungen bedeutet und ein *Umorientieren* zu mehr Flexibilität und Bescheidenheit beinhaltet.

Dies wird nicht überall auf der Welt so gesehen. Völlig paradox erscheinen beispielsweise Überfluss und Verschwendung im Emirat Abu Dhabi, in dem mit unvorstellbarem, grenzenlosem finanziellem und technischem Aufwand Kultur- und Tourismuseinrichtungen, Infrastruktur und künstliche Natur buchstäblich aus dem Meer gestampft werden. Ist das doch noch das ersehnte Sechs-Sterne-Leben aus Tausendundeine Nacht oder ist es der Untergang des Abendlandes im Morgenland? Sind wir mitten im Bau der letzten Stockwerke des babylonischen Turms, bevor er in sich und wir in ihm zusammenbrechen? Oder feiert die vom Menschen ersonnene Technik einen weiteren glanzvollen Höhepunkt, auf den noch viele folgen werden, die die Gefahren der Natur endgültig beseitigen und Energie- und Umweltprobleme für immer lösen werden in einem Paradies der unbegrenzten Möglichkeiten?

Merkwürdiger Höhepunkt dieser „Märchen" ist die fragwürdige Vergabe der Fußballweltmeisterschaft für das Jahr 2022 nach Katar. Das kleine Land, das über wenig fußballerische Infrastruktur verfügt und diesbezüglich wenig Traditionen aufweist, wird die Welt des Fußballs aus dem Nichts entstehen lassen. Stadien und Trainingsplätze sollen vom heißen Wüstenklima auf erträgliche Temperaturen künstlich heruntergekühlt werden. Die Portokasse des Staates reiche für die nötigen Investitionen. Anschließend könnten die kompletten Stadien abgebaut und an Entwicklungsländer verschenkt werden.

Brauchen diese Länder *solche* Gaben? Bringt das globale Gerechtigkeit und Chancengleichheit? Ist es das, was wir wollen: Brot und Spiele unter der Käseglocke im Schlaraffenland zum Amüsement der Reichen? Die Krümel kann sich der Rest der Welt, die globale TV-Gemeinde kaufen und die Glocke bzw. das, was von ihr übrig bleibt, wird in den Slums der Welt kostenlos verteilt. Solche „Spielereien" können doch nicht unser Ernst sein? Hat derartiger „Wahnsinn" Methode oder ist die „Methode" der Wahnsinn?

Meine Erfahrungen als Psychotherapeut zeigen mir, dass ein großer Teil der menschlichen Probleme, die in der Therapie zu bearbeiten sind, auf das „zu viel Wollen" oder „zu viel gleichzeitig Wollen" zurückzuführen sind. Ziele und Zwecke konkurrieren miteinander. Je mehr Optionen sich auftun, das eigene Leben selbst zu bestimmen, je größer scheint die Gefahr mangelnder Orientierung zu werden. Die Übersicht in der Lebensführung geht verloren. Es kommt zu Konflikten, deren problembehafteter Verschiebung, zu Stillstand, Unzufriedenheit, Ängsten und Depressionen oder anderen leidvollen Reaktionen. Die Spezies Mensch weigert sich wie ein pubertierender Jugendlicher an der

Schwelle zum Erwachsenwerden, sich in die veränderten Realitäten ein-
zufügen, Verantwortung für deren Gestaltung zu übernehmen und ihr
Wesen dem Wesen des Ganzen unterzuordnen. Reduzieren zu können,
ist eine *notwendige* menschliche *Entwicklungsleistung.*

Wie wäre es, wenn die gefangene Energie der evolutionären Opposition, die zuweilen fast trotzige Züge aufweist, in konstruktiven, *revolutionären Elan* umgewandelt werden könnte? Wie in der Psychotherapie
geht es mir um das *Wollen*, nicht um das Müssen, um den inneren
Aufbruch, nicht um den äußeren Zwang.

„Wir unterliegen dem Zwang nach Mehr, solange wir es als Manko
ansehen, mit weniger zu leben".[1]

Viel, auch geistige Energie, wird nötig sein, den anstehenden nationalen und globalen Fragen und Problemen zu begegnen. Denn auch
das kann in der Opposition stecken: das Gefühl, den kommenden Aufgaben und Herausforderungen nicht gewachsen zu sein. Angesichts der
sich wandelnden Realität und unüberschaubaren Komplexität scheinen
Politik und Wirtschaft tatsächlich überfordert zu sein.

John Maeda, ein führender Experte für Medienwissenschaft und
Informationstechnologie hat zehn Gesetze zum Erreichen der Einfachheit aufgestellt. Das Gesetz 1 lautet: „Reduzieren – Der einfachste Weg
zur Einfachheit führt über durchdachtes Weglassen." Seine Ausführun-
gen beginnt er mit dem Satz: „Am leichtesten kann man ein System
vereinfachen, indem man Funktionalität entfernt."[2]

„Weniger kann mehr" will das, was im Konzept des Reduzierens
steckt, das Weglassen von überflüssigen Funktionen und das geistige
und emotionale Vereinfachen auf eher psychologische Weise für das alltägliche Denken, Fühlen und Handeln begreifbar, plausibel und anwendbar machen. Dem quantitativen Diktum des Marktes „Sie haben
alles. Sie brauchen nichts. Sie irren sich."[3] soll eine *qualitative* Philosophie des „sich-auf-das-Wesentliche-beschränken" entgegengesetzt
werden.

Die Themen der Kapitel präsentieren vertraute Haltungen, Werte
und Kategorien unseres Alltags. Sie sind nicht „logisch" abgeleitet und
auch keinem religiös, moralisch oder juristisch motiviertem Kodex ent-
nommen. Sie gehören für mich einfach zu den bestimmenden Elemen-
ten und Orientierungen in unserer Zeit, auf die sich viele unserer Verhaltensweisen reduzieren lassen. Sie wollen das Menschliche in keiner

Weise erschöpfend erfassen, aber sie leiten uns, sie sind uns etwas wert und sie durchdringen uns. Sie sind uns selbstverständlich und wir hinterfragen sie nicht im Alltag. Diese Werte, diese Motive, diese Grundstimmungen haben sich *verselbstständigt* und verabsolutiert. Sie haben sich als Folge der materiellen, geistigen und moralischen Entwicklungen und Ziele technisiert und perfektioniert und drohen im Einzelnen und in ihrem Zusammenwirken, uns von uns selbst und dem Humanen zu entfremden.

Was es zu ändern und was es neu zu justieren gilt, ist in den einzelnen Kapiteln das geistige *Doppelleben*, das die eigene Identität verwischt, sind die Sturheiten und sinnentleerten, folgenreichen *Alltagsgewohnheiten*, ist das kindliche *Habenwollen* und der *informatorische* Overkill, ist blindes Wachstumsdenken und zwanghaftes Zweckhandeln im Dienste einer permanenten *Optimierung*, sind die Illusionen der *Sicherheit* als Ergebnisse des Wahrscheinlichkeitskultes, sind Allmachtsfantasien und *Unsterblichkeitswahn* sowie Objektivismus und Dogmatismus bei der Suche nach *Wahrheit* und ist letztendlich der Irrtum von der als *Wellness* getarnten Leichtigkeit des Seins.

Die ungewöhnliche Zusammenstellung der Themen will Blick- und Denkgewohnheiten sprengen und in bestem „therapeutischen" Sinne die veränderten Realitäten „reframen". Reduktion soll selbstverständlich und korrekt werden, politisch genauso wie persönlich. Die Anpassung an neue Gegebenheiten und die Lösung von Aufgaben ist den Menschen als etwas Eingeschriebenes möglich, das nicht das Leid der Seele nach sich zieht, sondern selbstverständliche Tagespflicht ist, in der der Mensch seine Fähigkeiten und sein Menschsein erfahren und ausdrücken kann. Dass der „Übergang von einer Gesellschaft des Mehr zu einer Gesellschaft des Weniger die Orientierungslosigkeit, die kollektive Depression dieses Landes ausmacht",[4] möchte ich so nicht stehen lassen.

Wer einen Ratgeber für alltägliche Simplifizierungen sucht, wird hier nicht fündig. Wer mit wachem Geist und schöpferischer Neugier eine bisher noch brachliegende Möglichkeit menschlicher Gestaltungskraft entdecken will, möge sich offen auf den Text einlassen.

„Freedom is just another word / For nothin' left to lose / Nothin' it ain't nothin', honey / If it ain't free"[5] dröhnte Anfang der 70er-Jahre Janis Joplins Aufschrei nach absoluter Unabhängigkeit und der Song tönt immer noch rund um den Erdball. Viele, sehr viele haben die Botschaft gehört. Aber wer hat sie wirklich verstanden? War sie eine blühende Phantasie oder eine unrealistische Überforderung? War sie ein revolutionärer Traum oder ist sie ein evolutionäres Projekt, dessen Ende nicht abzusehen ist? Erst durch Reduktion *befreit* sich der Mensch aus seinen folgenreichen Verstrickungen und Zwängen, die ihm kaum Zeit zum Atem holen lassen und den Blick versperren für die eigene Meinung und das Wesen seiner eigenen Individualität.

Die Neuropsychologie und andere Wissenschaften haben festgestellt, dass Stille, Abschalten, Nichtstun, kurzum: die gezielte Reduktion von Reizen notwendig für Ordnung und Funktion des Gehirns sind. Dann können wir den Bezug zu uns selbst stärken und unsere dringend nötige innere Autonomie (wieder) herstellen. Mein, durch sein hohes Alter in seiner Bewegungsfreiheit eingeschränkter und auf sich zurückgeworfener Vater antwortete mir auf meine Frage, wie er mit seinem Leben zurechtkomme, mit dem Satz: „Ich frage die Welt nicht mehr und die Welt fragt mich nicht." Seine innere Einkehr dient ihm dazu, sich auf das ihm Mögliche und Wesentliche zu beschränken und einen vielleicht letzten Lebensüberblick zu bekommen. Uns würde es nützen, ab und an inne zu halten und uns von den gewohnten, oft unnützen Dynamiken und Beschleunigungen des Geistes abzukoppeln, um zumindest vorübergehend *Überschaubarkeit* zu gewinnen. Ich gehe davon aus, dass die individuelle, selbst „erarbeitete" Veränderung der durch Regeln oder Handlungsprogramme vorgegebenen überlegen ist. Das kann bedeuten, dass neue Gesetze und gesellschaftliche Werte erst durch individuelle persönliche *Veränderungen* entstehen bzw. ihre volle Wirkkraft entfalten können.

„Weniger kann mehr" will zum Nachdenken anregen über menschliche Tugenden und Grundsätze. Sie sind zwar fester Bestandteil vieler Religionen und Philosophien, die aber einerseits durch ihren asketischen Beigeschmack und andererseits durch eine Ideologie der Steigerung an den Rand geschoben und oft in Vergessenheit geraten sind. Es ist die Krise in den Köpfen, die alte Werte verschrotten lässt, ohne wirklich neue entwickelt zu haben. Das „Herumdoktern" an Symptomen ist zu wenig. Die neuen, mit dem Zeitgeist geheulten Slogans der Autofirmen „Weniger ist genial"[6] oder „Weniger ist alles"[7] wirken nicht überzeugend und auch nicht die Abwrackprämie, die nur verdeckt, was augenscheinlich nicht sichtbar werden soll: Der materiellen Krise liegt eine geistige zugrunde.

Allein dem von Politik und Werbung selbstverständlich und oberflächlich vereinnahmten „weniger ist mehr" zu huldigen, reicht nicht. In einer „CO_2 neutral" versandten und umweltfreundlich zertifizierten, aber dennoch matt glänzenden vierfarbig gedruckten Broschüre namens „greenliving" ist der dazu typische Satz zu lesen: „Weniger ist mehr: Nirgendwo greift dieses Prinzip so gut wie bei Haushaltsgeräten. Weniger Wasserverbrauch, weniger Energieverbrauch, und weniger Umweltbelastungen – die Kompetenzen der neuen Generation Geschirrspüler sind grün."[8]

Die Fragen, die hier nicht gestellt und folglich auch nicht beantwortet werden, lauten: Zu welchen Maßzahlen und Werten wird das „Weniger" in Bezug gesetzt? Was bedeutet das „Weniger" konkret und ist es genug, um für *alle* Erdbewohner auch in Zukunft genügend Energie und Wasser bereitzustellen und die Umweltbelastung für alle und die Zukunft ertragbar zu halten? Was soll das „Mehr" sein und für wen wird es sein? Wäre das „Weniger" nicht auch konsequent umgesetzt *ohne* Geschirrspüler? Ist das nicht das bekannte Überflussprinzip, nur verpackt in zielgruppengerechtes, verkaufsförderndes Grün?

Reduzieren ist der Schritt, der in der *kulturellen* Evolution des Menschen ansteht. Das archaische Erbe, das immer noch wirksam ist, war unter anderen Bedingungen entstanden. Eine der *Anpassungsleistungen* an die veränderte Welt ist das Konzept „Reduktion", das die *Wahlfreiheit* enthält, welcher Weg in welche Richtung, in welchem Tempo, mit welcher Ausdauer und mit welchen Mitteln zu gehen ist. Sich auf den Standpunkt zurückzuziehen, bewusste Entscheidungen seien eine Illusion und unser freier Wille ebenfalls, ist zu wenig. Es gibt mehr für uns zu tun, als nur das vom Trieb nach „schnellem Verzehr" bestimmte Programm abspulen zu lassen.

Ursprünglich kreisten meine Gedanken bei der Entstehung des Buches um den Begriff „Verzicht", der grundlegend ist für eine innere Wandlung, die der äußeren vorangehen muss. „Fortschritt durch Verzicht" forderte bereits 1975 Friedrich Cramer, der damalige Direktor des Max-Planck-Instituts für experimentelle Medizin und ging in seinem, leider in Vergessenheit geratenen Buch der Frage nach, wie „das biologische Wesen Mensch seiner Zukunft gewachsen"[9] ist.

„Verzichtsdebatten" scheinen heute unbeliebt zu sein. Doch alles Weniger, das ein Mehr nach sich ziehen kann und soll, hat immer etwas mit Verzichten zu tun. Daran führt kein Weg vorbei: Wir müssen etwas aufgeben, aber wir können dafür etwas gewinnen. Es sieht so aus, als ob Wohlstand die Angst vor dem scheinbaren Verlust fördert. Das Erreichte muss unter allen Umständen erhalten, der Besitzstand bewahrt werden. Konsum und Wachstum helfen da nicht, vielmehr halten sie die Verlustangst am Leben.

„Die lange verdrängten, nun umso notwendigeren Verhaltensänderungen und Anspruchsrücknahmen haben sich deshalb zu einer immensen Drohkulisse aufgetürmt. Das sorgfältig gemiedene V-Wort heißt nicht Verzicht, sondern Verzichtsangst. Das kennen nicht nur Kinder: Je länger ich nicht beim Zahnarzt war, umso größer ist die Angst vor dem, was mich nun womöglich erwartet ..."[10]

Vielleicht verlieren „Verzichten" und „Reduzieren" ihren Schrecken, wenn klarer wird, was sie in der jeweiligen Situation konkret bedeuten: was sollte stattdessen und bevorzugter getan werden? Was ist wichtig, um das Ziel zu erreichen? Was ist das Ziel? Reduktion ist kein Verbot und kein Verlust, sondern *Fortschritt* und *Erweiterung*. Darüber möchte ich mit dem Leser einen Dialog herstellen und erhoffe mir dessen Aufmerksamkeit. Denn auch das scheint mir reduktionswürdig zu sein: das Beladen der Gegenwart mit vielen gleichzeitigen Tätigkeiten. Darunter leidet nicht nur das Zuhören.

Wenn schon die Gesellschaft und die sie konstituierenden Kollektive sich nicht beschränken und umdenken können oder wollen, der Einzelne kann es, weil er sich nicht verstecken muss hinter politischen Zwängen und mangelnden Mehrheiten. Es sei denn, er versteckt sich vor sich selbst oder es mangelt ihm an Mut. Der Einzelne *kann* es tatsächlich einfach *tun* ohne lähmende Debatten und sei es nur, um den Kopf freizubekommen oder eine *neue* Erfahrung zu machen. Die Frage, die sich dann jeder stellt, und die auch die Frage des Reduzierens ist, lautet: Was ist mir wirklich wichtig?

Durch die Kraft des Denkens ...

Gewohnheiten: Das langsame Verschwinden des Inhalts aus der Verpackung – *Neues versuchen*

Am Anfang war das Verlangen nach Maschinen. Der Mensch sehnte sich nach starken Helfern, er wollte sich ersetzen. Für Bewegungsabläufe aller Art baute er dank seines Verstandes etwas, das ihm an Ausdauer, Kraft, Genauigkeit und später auch an Planungsfähigkeit überlegen war. Die Maschinen übernahmen viele Arbeiten. Der Mensch war entlastet und konnte die in ihm angelegten Fähigkeiten weiter entfalten. Damit die Handlungen der Maschinen in sinnvoller Reihenfolge ablaufen und sich zweckmäßig aufeinander abstimmen, dachte sich der Mensch Automaten aus. Digitale Denkmaschinen übernahmen schrittweise die Kontrolle über die Arbeitsmaschinen und immer mehr auch über sich selbst.

Programme standardisieren die Abläufe. Sie „denken" mit und passen das Handeln an die Erfordernisse an. Wie von selbst werden Handlungssequenzen vollzogen, immer wieder, zuverlässig, gleichmäßig, identisch, und wenn es ein soll, flexibel und sogar kreativ. Der Mensch hat im wahrsten Sinne des Wortes die Hände und den Kopf frei, um sich anderen und neuen Aufgaben und Anpassungen zu widmen. Auch der menschliche Organismus hat einfache Funktionen automatisiert. Lebensnotwendige Abläufe verwalten sich selbst nach einem *festgelegten* Programm. Das ist ein dem Mensch eingeschriebenes Prinzip. Die Atmung, das Herz oder die Verdauung funktionieren von selbst. Wir brauchen die dort stattfindenden, immer wiederkehrenden Bewegungsfolgen nicht mit bewussten Willensentscheidungen aufrecht zu erhalten. Auch die unmittelbaren Reaktionen auf veränderte Bedingungen geschehen automatisch ohne unser bewusstes willentliches Zutun. Das Prinzip der Automatisierung von Teilen des menschlichen Organismus ist also ein schon in der „Hardware" angelegter *Vereinfachungsvorgang* mit dem Ziel, den Betrieb überlebenswichtiger Prozesse sicherzustellen und dem Effekt, dass Platz, Zeit und Energie frei werden, immer wieder neue „Verhaltenssoftware" auszuprobieren und zu entwickeln.

Wir schreiben uns unsere Software selbst

Gewohnheiten sind Automatismen, die nicht angelegt sind, sondern erst entstehen. Zwar ist ihr Arbeitsprinzip in etwa festgelegt, nicht jedoch der Inhalt, also das, was zur Gewohnheit wird. Was öfter und immer wieder getan wird, schleift sich *automatisch* ein: als mehr oder weniger stabile Verschaltung im Gehirn, als einstudierter Bewegungsablauf, als feste emotionale Reaktion auf bestimmte Reize oder als immer wiederkehrende Gedankenkette. Gewohnheiten sind nichts anderes als das Ergebnis eines *Lernvorgangs*.

Wie der intelligente PC nach nur wenigen Wiederholungen das Einrücken der Zeile als fortlaufendes Gliederungsprinzip anbietet, ob wir das wollen oder nicht, so *reduziert* der Organismus wiederholte Handlungen, Gedanken und Gefühle zu kleinen, sich selbst organisierenden Programmen und Mustern. Diese werden bei Bedarf zu immer größeren Programmeinheiten zusammengelegt. Durch wiederholtes regelmäßiges Tun und Lassen schreibt der Mensch einen Teil seiner Verhaltensprogramme selbst.

Ein klassisches Beispiel für nahezu selbsttätig ablaufende gewohnheitsmäßige Handlungen ist das Schalten beim Autofahren. Was wir da im Einzelnen machen, wissen wir gar nicht so genau. Die nötigen Handlungen greifen automatisch ineinander. Alles läuft „wie geschmiert" und wir fahren und schalten ohne Mühe, wenn wir den Vorgang zur Gewohnheit gemacht haben. Dass der Schaltvorgang an sich gar nicht so einfach ist und aus einem komplexen Zusammenspiel feinmotorischer Bewegungen mit kinästhetischer, akustischer und visueller Wahrnehmung hervorgeht, wissen alle Fahranfänger durch leidvolle Erfahrungen. Alle geübteren Fahrer wissen auch, dass nach einer Weile der Übung das Schalten zu einem Vorgang wird, dem sie keine besondere Aufmerksamkeit mehr widmen müssen. Nach noch mehr Übung ist das Schalten in „Fleisch und Blut" übergegangen.

„Wiederholte Tätigkeiten steigern den Drang zu weiterem Wiederholen und machen ihre Durchführung leichter und besser, bis sie unbewusst ausgeführt werden. Auf diese Weise bilden sich Gewohnheiten. Sie können mit Straßen und Wegen verglichen werden: Es ist viel leichter und bequemer, auf einer Straße zu gehen, als sich einen Weg durchs Gebüsch des unkultivierten Landes zu bahnen. Da wiederholte gewohnheitsmäßige Tätigkeiten vom Unbewussten übernommen werden, wird das Be-

wusste frei für andere und höhere Tätigkeiten. Das ist eine feststehende
Tatsache bei biologischen Funktionen."[1]

Von den Schwierigkeiten, die entstehen, wenn eine „fleischgewor-
dene" Wiederholung *bewusst* nachvollzogen werden soll, berichtet die
alte Parabel vom Tausendfüßler. Auf die Frage, wie er es schaffe, dass
seine vielen Beine derart synchron und harmonisch funktionieren, gerät
er ins Grübeln und seine Beine durcheinander. Er schafft es nicht mehr,
sie zu ordnen und sich vorwärts zu bewegen und muss elend verhungern.

Anders als das primitivere, entwicklungsgeschichtlich ältere, autonome
Nervensystem, das die lebensnotwendigen Körperfunktionen von selbst
steuert, ist die Fähigkeit, Gewohnheiten zu bilden, eine weiterentwickelte
und komplexe Einrichtung des Organismus, die die Option auf individuelle Entscheidungen eröffnet und die notwendige Flexibilität zulässt.

In einem immer komplexeren Leben sind Gewohnheiten notwendig
geworden für Übersicht und Strukturierung. Sie „denken" für uns. Sie
befreien uns von andauerndem Entscheidungsdruck und sie lassen
Handlungsabläufe und Reaktionsweisen von selbst und schneller abspulen, da wir weniger überlegen müssen.

„Die Herausbildung von Gewohnheiten ist für jeden Menschen
unerlässlich. Wie abfällig auch immer über sie gesprochen werden
mag, sie sind lebenserhaltend. Ohne sie könnten Menschen keinen
einzigen Tag bestehen. Sie sind der Ersatz für die dem Menschen
abhandengekommenen Instinkte. Gewohnheiten geben Sicherheit,
stiften Alltäglichkeit und Selbstverständlichkeit und bilden eine Sphäre
weitestgehender Entscheidungslosigkeit"[2]

Vor dem Hintergrund der jeweiligen Kultur erhalten Gewohnheiten
ihre alltägliche, konstruktive Bedeutung. Die, die im Dschungel der
Wälder ausgebildet wurden, sind im Dschungel einer Großstadt wenig
hilfreich, wenn nicht gar gefährdend und umgekehrt. Gewohnheit und
Kultur bedingen sich gegenseitig, denn jene hat diese durch ihr konti-
nuierliches Wirken mitgestaltet.

Willst du wissen, wer du sein wirst, so schau, was du tust

Gewohnheiten haben natürlich ganz unterschiedliche Intensitäten.
Zum eingefleischten Vorgang des Zähneputzens trägt unser Bewusstsein weit weniger bei als zur Zusammenstellung der Kleidung, die wir

für gewöhnlich tragen. Bei Letzterem stehen uns verschiedene Gewohnheiten zur Verfügung und manchmal brechen wir sogar aus diesen aus und wagen eine völlig andere, ungewöhnliche Kombination. Gerade die Mode bietet immer wieder veränderte „Verpackungen", um das Bedürfnis nach Neuem und Andersartigem, den Ausbruch aus dem Gewohnten zu stillen. Gleichzeitig fördert sie mit großem Aufwand die Sehnsucht nach einem Kleiderwechsel, der von vielen mit einem Wechsel der Persönlichkeit verwechselt wird.

„So schön wie Marilyn:... Die großen Stilvorbilder der 50er und 60er-Jahre inspirieren noch heute unsere Looks – von der Mode über die Frisur bis hin zum Make-up ... Die weißen Shorts von French Connection wirken mit ihren goldenen Knöpfen sehr edel, dazu der schmale Armreif von ... und fertig ist der wieder angesagte 50er-Jahre-Look."[3]

Der Wechsel in der Mode ist selbst zu einer sturen Gewohnheit geworden, die mit ihren zuverlässigen und glitzernden Ritualen zum Lebensalltag gehört, die aber bei genauem Hinsehen nur selten wirklich neue Inhalte bietet und sich oft mit einer Wiederholung, einem rückwärts gewandten „Look" behilft.

Rein neuronal betrachtet, stellen Gewohnheiten eine Vereinfachung und Systematisierung in der Verhaltenssteuerung dar. Gewohnheiten sorgen für Ordnung und zeitliche Kontinuität. Sie gestatten uns einen Blick in die Vergangenheit und geben uns eine Vorstellung von der Zukunft. Im Alter spielt so etwas wie Planungssicherheit eine besondere Rolle. Dann haben Gewohnheiten eine stützende und schützende Funktion und stellen ein wichtiges praktisches Gerüst für den Alltag dar, der oft nicht mehr durch Beruf, Familie oder andere Verpflichtungen gegliedert ist. Aus psychologischer Sicht vermitteln sie *Sicherheit* und das Gefühl von *Identität*.

„Das Unerträglichste freilich, das eigentlich Fürchterliche, wäre mir ein Leben ganz ohne Gewohnheiten, ein Leben, das fortwährend die Improvisation verlangt: dies wäre meine Verbannung und mein Sibirien."[4]

Gewohnheiten machen uns aus. Durch regelmäßiges Tun sind wir die geworden, die wir jetzt sind. Durch unsere Gewohnheiten und in ihnen sind wir immer zuhause.

Die Art und Weise, wie Sie sich geben, wie Sie sich die Realität konstruieren, wie Sie die Dinge sehen und verarbeiten, gegen was Sie kämpfen und was Sie hinnehmen, wie Sie mit Ihren Freunden umgehen und schlussendlich, welche Ziele und Werte Sie für sich formulieren, sind immer auch das *Ergebnis* langjähriger Gewohnheiten: „Jede Gebärde drückt nicht nur aus, was sie ausdrückt, sondern schafft auch das, was sie ausdrückt."[5] Jeder kennt die eigene Sturheit, eine Sache immer wieder nur aus einer Warte zu betrachten. Jeder kennt seine immer *gleichen* Gefühle und Reaktionen, wenn Freunde das „falsche" Wort sagen. Der Organismus speichert und lernt *alles*, auch was wir nicht mögen und wollen und auch, dass wir etwas nicht mögen oder wollen. Wir gewöhnen uns an unsere negativen Grundeinstellungen genauso wie an unsere positiven.

Wie die Liebe zu ersticken droht

Beziehungen, auch Liebesbeziehungen, leben von und sterben durch Gewohnheit. Die zermürbenden Streitereien in langjährigen Partnerschaften laufen in starren, festgefahrenen Bahnen ab. Da ist meist nichts Konstruktives, nichts Erhellendes mehr, kein Fortschritt. Nur noch eine feste Partitur, die wechselseitig sich steigernde Emotionen hervorruft und in Missklang endet. Auf der anderen Seite stabilisieren Gewohnheiten eine Beziehung. Sie gestalten das Miteinander verlässlich und kalkulierbar. Unterschiedliche Gewohnheiten regulieren Nähe und Distanz. Gleiche Vorlieben und gleiche Abneigungen können zu gemeinsamen Gewohnheiten etabliert werden. Für die Ausbildung von Gewohnheiten ist es weitgehend *ohne Bedeutung*, ob sie uns nützen oder schaden. Das, was unglücklich macht, gewöhnen wir uns genauso an, wie das, was glücklich macht. Eine gesunde Lebensführung kann genauso zur Gewohnheit werden wie eine ungesunde. Wir gewöhnen uns an tägliche Streitereien wie an ein gutes liebevolles Gespräch.

Das Glücksempfinden, das eine enge Beziehung ausmacht, kann allerdings schwinden. Das, was zunächst Spaß macht und Glückseligkeit hervorruft, kann durch Alltäglichkeiten öde werden. Adaption heißt dieser Vorgang, der durch Hormone gesteuert wird. Der starke Ausstoß von Endorphinen, die für das Glücksgefühl zuständig sind, führt zu einer Sättigung der aufnehmenden Zellen. Die hormonelle Information kann nicht mehr weiter verarbeitet werden, das Glücksempfinden lässt nach. Das bedeutet natürlich nicht das Aus für eine Beziehung, aber es weist auf die Unmöglichkeit eines permanenten Glückes hin: „Man hat sich an die Frau gewöhnt, die sich an sich gewöhnt hat, leider nicht an mich."[6] Die Leichtigkeit des Seins wird im Laufe der Zeit schwerer, sie muss es werden. Was dann zu tun ist, sagt uns auch die Biochemie: Um einen erneuten Ausstoß von Endorphinen zu erzeugen, braucht das Belohnungssystem im Kopf einen neuen Reiz bzw. einen neuen Impuls. Wir müssen also etwas tun dafür und sei es nur, dass wir durch ein liebes Wort oder eine ehrliche Aufmerksamkeit ein Lächeln in das Gesicht des Partners oder der Partnerin zaubern. Psychologen nennen das sachlich und nüchtern Beziehungsarbeit.

„Es liegt in der Natur der Sache, dass wir Dinge, die uns gefallen, möglichst unbegrenzt um uns haben wollen. Dieser Gedanke, die Steigerung von Lust sei mit einer ungezügelten Bedürfnisbefriedigung gekoppelt, ist eine prominente Fehlannahme (. . .) und entspricht dem infantilen Wunsch nach dem Immer-Mehr . . . Schon die umgangssprachliche Psychologie weiß, dass Sättigung Genuss ausschließt . . . Daher meinen wir, dass für Genuss gilt: Weniger ist mehr."[7] Genuss kann nur unter bestimmten Bedingungen Genuss bleiben. Genuss braucht Zeit und muss *kultiviert* werden. Genießen kann man nicht nebenbei und nicht auf eine allgemeingültige Art: Es muss *bewusst* geschehen und jeder wird „nach seiner Fasson selig". Schließlich sollten wir uns das Genießen *erlauben* und es nicht, was bei vielen Menschen der Fall ist, mit einem schlechten Gewissen versehen. Das Prinzip genussvollen Erlebens entspricht dem Anliegen dieses Buches: Aus einer freiwilligen und bewusst vollzogenen *Begrenzung* und *Zügelung* der Quantität kann eine genussvoll zu erlebende Qualität mit neuen Inhalten und *neuen* Möglichkeiten werden.

Gewohnheiten wirken wie *Rituale*. Sie geben Regeln und Regelmäßigkeit, Halt und Haltung. Wenn jedoch ihre Kraft und Symbolik, ihre Kreativität und Frische verloren gehen und sie trotzdem beibehalten werden, mutieren sie zu Zwangsritualen, die die Energie, Neues zu versuchen, für ihren Selbsterhalt binden.

Die täglichen *Launen*, mit denen wir unsere Umwelt und uns selbst nerven, sind ein gutes Beispiel für zwanghafte Rituale. Nicht klare Abwägungen geben die Richtung vor, sondern unsere Launen entscheiden und haben uns fest im Griff. Auf kleine Reize hin, seien es ein paar Regentropfen, ein verspäteter Anruf oder irgendeine körperliche Befindlichkeit, spulen sie unweigerlich ihr Programm ab. Wenn wir diesen Launen gewohnheitsmäßig nachgeben, geben wir viele Möglichkeiten einer *selbstbestimmten* Lebensgestaltung aus der Hand. Mehr noch als anderen schaden wir uns selbst. Unsere Willenskraft verwässert, das Ziel verschwimmt, die Klarheit geht verloren. Die „blinde" Reaktion auf Reize führt zu Planlosigkeit, Zerfahrenheit und Leerlauf.

Der Lack ist ab

In Gewohnheiten richten wir uns gerne häuslich ein. Alles bekommt seinen Platz, alles wird berechenbar. Die Dinge werden irgendwo gestapelt, mit den Menschen arrangieren wir uns irgendwie. Schallplatten und CDs liegen seit Jahren stets griffbereit, aber sie verstauben. Der Wortstamm aller mit dem Wort „Gewohnheit" in Zusammenhang stehenden Variationen ist das Wort „wohnen". Das will Sesshaftigkeit, Konstanz, Verlässlichkeit, Zugehörigkeit und Schutz ausdrücken.

„Das ist es aber, was Gewohnheiten dem Menschen bieten: eine Daseinsbehausung. In seinen Gewohnheiten ist er Einwohner. Andererseits entsteht das Gehäuse aus Gewohnheiten erst durch die Tätigkeit des Wohnens. Die Gewohnheiten und das Wohnen bedingen sich wechselseitig."[8]

Die Zeit vergeht. Wir ändern uns, die anderen ändern sich, die Welt verändert sich. Die eingeschleiften Gewohnheiten werden schal. Der Lack blättert ab. Das Licht in der Kuschelecke leuchtet noch wie früher, aber es lädt nicht mehr ein. Sicher kennen Sie das Gefühl, wenn Sie vor einem überquellenden Regal stehen oder an den Keller denken, der längst hätte aufgeräumt werden müssen. Der Fleck im Flur ist immer noch da und niemand kümmert sich um den tropfenden Wasserhahn. Partner und Freunde reagieren nach den immer gleichen Mustern und Sie auch. Vieles kommt Ihnen zu eng, ausgepresst und ewig gleich vor. Vieles passt nicht mehr so richtig zusammen.

Ihre Gewohnheiten haben sich durch das kontinuierlich in ihnen „Wohnen" *verselbstständigt* und Sie ziemlich im Griff. Sie drohen in Ihren Gewohnheiten stecken zu bleiben und entwickeln sich nicht weiter. Ihre Anpassung an die Bedingungen von damals ergibt jetzt keinen

Sinn mehr. Vieles haben Sie früher gedacht und gemacht, um etwas zu erreichen oder zu vermeiden. Sie haben sich vielleicht immer viel, zu viele Aufgaben aufgeladen, um die Anerkennung einer wichtigen Bezugsperson zu bekommen. Mittlerweile ist die Anerkennung längst erfolgt, aber Sie überfordern sich gewohnheitsmäßig weiter. Das, was erreicht werden sollte, ist aus dem Blick geraten. Es hat sich vielleicht erfüllt oder spielt keine Rolle mehr. Der Weg dorthin aber ist geblieben und führt ein Eigenleben. Also ist es nötig, sich zu fragen, ob das ursprüngliche Ziel überhaupt noch Gültigkeit hat, bzw. nicht schon längst erreicht ist oder einfach unerreichbar bleibt.

„Gewohnheiten passen uns wie angegossen. Sie sind uns wie eine zweite Natur auf den Leib geschneidert. Solange wir in ihrer Haut stecken, spüren wir sie kaum. Gewohnheiten dirigieren uns unterhalb der Schwelle unseres hellen Bewusstseins. Aber hier und da verlieren sie ihre gute Passform."[9]

Unbemerkt sind wir der selbst gesetzten Ordnung hörig geworden. Je rigider wir sie durchhalten wollen, desto größer wird die Angst, sie nicht beherrschen zu können. Es könnte etwas die *selbst gewählte Verhaltenskontrolle* durchbrechen: Impulse oder das unregierbare Chaos der Gefühle, Antriebslosigkeit oder die Unfähigkeit, Ziele zu formulieren. Die Freiheit, von der wir meinten, sie könne durch die kontrollierende Funktion von Gewohnheiten entstehen, verkehrt sich in Abhängigkeit und Unfreiheit.

„Achte auf deine Gedanken, denn sie werden Worte. Achte auf deine Worte, denn sie werden Handlungen. Achte auf deine Handlungen, denn sie werden Gewohnheiten. Achte auf deine Gewohnheiten, denn sie werden dein Charakter. Achte auf deinen Charakter, denn er wird dein Schicksal."[10]

Erinnern Sie sich noch an das magische Ritual der Kindheit auf dem Schulweg: bei Steinplatten unter keinen Umständen auf den Rand treten, um Unglück zu vermeiden. Solche spielerischen Gewohnheiten können für manche zu fixen Ideen werden: beispielsweise nur mit dem rechten Fuß ins Auto steigen oder noch weit komplexere Handlungsfolgen. Das Irreale dieser Verknüpfungen mit Glück oder Unglück ist längst klar, trotzdem behindern sich nicht wenige mit einer Verkettung solcher absurden Gewohnheiten im Alltag.

Der Mensch ist ein Gewohnheitstier: Kommt er weiter ohne ihr?

Die *Kehrseite* von Gewohnheit wird sichtbar. Dem Nutzen kann auch ein Schaden gegenüberstehen. Das Problem ist: Der Mechanismus von Mustern und deren Folgen ist nicht ohne Weiteres sichtbar. Eine Wohnung ist irgendwann abgewohnt, das können wir sehen. Wie wir in unseren Gewohnheiten wohnen und in welchem Zustand diese sind, sehen wir nicht so deutlich. Die Gewohnheiten unseres Lebens sind uns *selbstverständlich*. Wir beachten sie nicht und hinterfragen sie nicht. Wir sind nachlässig. Wir reden zwar viel von Reaktions*mustern*, von Denk*mustern*, von Handlungs*mustern* und von Emotions*mustern*, aber wir überprüfen nicht konsequent, ob sie noch sinnvoll und zeitgemäß für uns sind.

„Gewohnheitsmuster führen dazu, dass man nie mehr als drei Schritte vorausschaut. Man schaut auf den Boden, hebt den Blick nicht zum Himmel oder zu den Berggipfeln. Man versäumt es zu lächeln oder sich über den Dunst zu freuen, der sich von den Gletscherfeldern erhebt."[11]

Gewohnheiten können *Stagnation* und *Stillstand* in der persönlichen Reifung bedeuten. Das Prinzip der Wiederholung ist zu einem Selbstzweck geworden.

Sind viele unserer Gewohnheiten, die einmal etwas Nützliches bezweckten, nicht mittlerweile nur noch stabile und formale Verpackungen von Verhaltensweisen, die sich unbemerkt ausbreiten und der Entdeckung von Neuem durch pure Masse im Wege stehen? Sind die kleinen und großen Formen eingeübter Verhaltensweisen nicht unversehens zu einem eigenen „Inhalt" geworden, den wir bei genauer Abwägung so nicht gewählt hätten und den wir, wenn wir ihn nur erkennen könnten, ablehnen würden?

Dieser Aspekt ist bei der *Kindererziehung* von Bedeutung. Erziehung beruht, neben dem klaren Formulieren von Zielen und Werten sowie dem ebenso klaren Setzen von Grenzen, zu einem großen Teil auf der *Vorbildfunktion* der Erziehenden. Ihr Vorbild ergibt sich durch ihr alltägliches, *gewöhnliches* Handeln. Da ist Kontinuität wichtig, um Nachhaltigkeit zu erzielen. Doch so vorteilhaft verlässliche und gleichbleibende Verhaltensmuster sind, bergen sie auch die Gefahr, eine falsche Botschaft zu senden. Gewohnheiten sind nicht nur individuell handlungsleitend, sie geben auch unbemerkt Normen und Werte weiter, die zu nicht hinterfragten kollektiven Überzeugungen werden können.

Wenn Gewohnheiten nicht mehr den Inhalt repräsentieren, den der Erziehende beabsichtigte weiterzugeben und nur noch eine leere überflüssige *Form* sind, sollten sich Kinder diese gar nicht erst angewöhnen müssen. Nicht zuletzt darum rebellieren Kinder gegen ihre Eltern. Sie reagieren auf die in ihren Augen hohlen und überholten Muster: „Die Gewohnheit ist eine zweite Natur, welche die erste zerstört".[12]

Es ist wichtig, sich der *widersprüchlichen* Bedeutung von Gewohnheiten bewusst zu bleiben: Sie fördern Entwicklung genauso, wie sie diese verhindern, sie machen Platz für Neues genauso, wie sie Neues blockieren. Bei manchen unserer Gewohnheiten ist uns irgendwann rätselhaft, was ihr Sinn sein mag oder gewesen sein mag. Mit manchen fühlen wir uns richtig wohl und wir wollen sie auch weiterhin nicht missen. Diese Überlegungen an den Beginn des Buches zu stellen, erscheint mir notwendig. Gewohnheiten spielen in den folgenden Kapiteln immer eine Rolle: bei der *suchtartigen* Suche nach immer neuen *Informationen* genauso wie bei der sturen Optimierung all dessen, was Leben ausmacht. Unsere *eingefleischten* Sehnsüchte nach *Sicherheit*, *Wahrheit* und *Unsterblichkeit* haben überflüssige und bizarre Eigendynamiken entwickelt. Den Widersprüchen des Lebens weichen wir gewohnheitsmäßig aus in die Illusion eines *Doppellebens*. Das gierige Habenwollen erscheint uns *selbstverständlich* und auf ewig *beharren* wir auf *Wellness* als diesseitigem Paradies.

Gegen den Strich denken

Kognitionspsychologen haben herausgefunden, dass Stress gewohnheitsbedingtes Verhalten begünstigt: „Stress behindert zielgerichtetes Lernen und führt dazu, dass gewohnte Handlungen ausgeführt werden, egal ob es sinnvoll ist oder nicht."[13] Das hat Auswirkungen auf das Lernen und kann zum besseren Verständnis von Zwangsstörungen und Süchten beitragen, die durch festgefahrene Verhaltensweisen bestimmt und vom eigentlichen Ziel losgelöst sind. Es ist etwas ganz anderes, eine Gewohnheit bewusst zu erleben, als „bewusstlos" in ihr zu versinken. Wenn Gewohnheiten bewusst wahrgenommen werden, wenn Veränderungen und Wiederholungen in ein ausgewogenes Verhältnis gebracht werden, erweist sich das Alte als ein sicherer Grund, auf dem wir das Neue als Bereicherung offen entgegennehmen können.

Gewohnheiten neigen dazu, die „Führung" in unserem Leben zu übernehmen. Um das klarer zu erkennen, ist es hilfreich, das eigene Denken, Fühlen und Handeln achtsam zu betrachten: Was passiert in uns? Wie kommunizieren wir mit der Umwelt? Was machen wir immer wieder, ohne es zu merken? Wäre es nicht auch möglich, gegen den Strich zu denken und zu handeln? *Vorurteile* sind die gewohnheitsmäßige Aufrechterhaltung von Werturteilen und meistens leider ein erstarrtes und verkrustetes Bollwerk des Wahrnehmens und Fühlens gegen Neues und Fremdes, gegen Offenheit und Toleranz. Wie leicht sich diese tief verwurzelten Gewohnheiten für politische Interessen *instrumentalisieren* lassen, durch das Schüren von Ängsten etwa, erleben wir immer wieder.

Nicht nur das Vorurteil und die Abwehr des Anderen sind dabei das Ergebnis von Gewohnheiten, auch der Lebensstil und die Lebensgründung durch eine Religion sind gewohnheitsmäßiges tradiertes Denken, Fühlen und Handeln. Unsere vertraute Kultur ist uns genauso eine Gewohnheit wie die fremde Kultur uns ungewöhnlich erscheint. Wir könnten unsere Kulturen aber aneinander gewöhnen. Dazu müssten wir immer wieder etwas *miteinander tun*, statt uns nur vorurteilsbeladen anzustarren.

Die Erstarrung von Gewohnheiten macht sich auch in Gruppen, beispielsweise in Gemeinschaftsbüros unangenehm bemerkbar. Von welchen Kämpfen werden die Versuche begleitet, die Arbeit anders als bisher zu organisieren. Mit wie viel Widerstand muss der rechnen, der eine Neuerung einführen will, wie sinnvoll sie auch sein mag. „Das war schon immer so", ist dann das wenig logische Argument dagegen oder „Wir lassen lieber alles beim Alten". Das setzt nicht nur die Effizienz der Arbeit herab, es erstickt auch den möglichen Spaß an ihr. Statt notwendiger neuer Strukturen gibt es sinnlose Machtkämpfe.

Es gibt auch eine *paradoxe* Form von Gewohnheit. Das gierige Bedürfnis nach Veränderung oder die zwanghafte Sucht nach Neuem stellen oft nur einen scheinbaren Ausbruch aus der Wiederholung dar. Auf der ewigen Suche nach Abwechslung und Ablenkung drehen sich viele im Hamsterrad und verharren im gewohnheitsmäßigen Tun, dem sie doch so sehnsüchtig entfliehen wollten. Das Ungewöhnliche wird ganz schnell zum Gewöhnlichen.

Raus aus der Wohlfühlecke

Vielleicht wird Ihnen an dieser Stelle bewusst, dass Sie viel mehr *Wahlmöglichkeiten* haben, als Sie dachten und dass Gedanken und Gefühle nicht immer wieder zum gleichen Ergebnis führen müssen? Treten Sie einen Schritt zurück von Ihrem gewohnten Leben und versuchen ganz gelassen, das zu betrachten, was Sie den lieben langen Tag immer wieder tun und denken. Sie versuchen, sich einen Reim darauf zu machen. Um was geht es wirklich bei Ihrem ewigen Naschen von Süßigkeiten? Was steckt hinter den andauernden Versuchen, in jeder Situation das große Wort zu führen, oder dem Gegenteil, sich stets hinter den anderen zu verstecken? Trinken Sie Ihren täglichen Wein wirklich nur aus Gewohnheit? Was stört Sie eigentlich an Volksmusik oder an Techno? Was sind die Themen *hinter* Ihren Gewohnheiten? Vielleicht könnte es Ihnen gelingen, aus Handlungszwangsräumen wieder Handlungs*spiel*räume werden zu lassen. Sie versuchen, die Programme Ihrer Software zu überprüfen und deren Zwecke zu entdecken. Dazu ist es gut, sich innerlich zu reduzieren und das eigene Verhalten überschaubarer zu machen.

„Die ‚kleinen Gewohnheiten‘ sollen also keineswegs ganz ‚abgeschafft‘ werden. Doch wir sollten uns regelmäßig vergewissern, dass wir die Herrschaft über sie behalten, d. h. sie auch aufgeben oder verändern können, wenn wir es wünschen. Dies geschieht dadurch, dass wir von Zeit zu Zeit das reine (d. h. durch Gewohnheit unbeeinflusste) Beobachten auf die betreffende Handlungs- oder Denkweise lenken und so wieder zu einer Unmittelbarkeit der Anschauung gelangen.“14

Warum nicht ein kleines Gespräch offen und neugierig genießen, statt krampfhaft an den Zeitplan zu denken? Warum nicht auch mal neue Autoren lesen und nicht nur auf die Neuerscheinungen der alten warten? Warum nicht auch bei schlechtem Wetter spazieren gehen und nicht nur bei Sonnenschein? Das Problem beim Auflösen alter Gewohnheiten ist das ängstliche Beharren auf dem Vertrauten, das gespeist wird aus dem unterschwelligen Unbehagen, zu wenig Orientierung zu haben. Es droht erst einmal ein Vakuum. Was mache ich stattdessen? Woran halte ich mich jetzt fest? Wie soll ich die neue Situation bewerten und meistern?

„Alles Gewohnte zieht ein immer fester werdendes Netz von Spinnweben um uns zusammen; und alsobald merken wir, dass die Fäden zu

Stricken geworden sind und dass wir selber als Spinne in der Mitte sitzen, die sich hier gefangen hat und von ihrem eigenen Blute zehren muss."[15] Die vorübergehende Leere, die entsteht, ist keine Gefahr, sondern eine *Chance*, klarer zu sehen, den *Überblick* zu bewahren, eine neue Philosophie zu finden und sich weiterzuentwickeln. Aus dem Verwöhnen, das wir uns gegönnt haben, wird ein *Umgewöhnen*. Das Licht in der nur scheinbar noch kuscheligen Wohlfühlecke hat sowieso keine wärmende Wirkung mehr.

Die Macht des Ichs

Wir klammern uns an unsere Gewohnheiten wegen des lebenslangen und hartnäckigen Bestrebens unseres *Ichs*, sich als etwas Festes, Unumstößliches zu behaupten, auf seiner Existenz zu *beharren* und sich gegen alles abzusichern, was es bedrohen könnte. Das ist seine Aufgabe und nötig für die Operationalisierung des Alltags.

„Das Ich ist eine besondere Art von Illusion – und zwar die beste, die die Natur je erfunden hat. Das Gehirn hat sie sich im Laufe der Evolution geschaffen, um sich in der Welt besser orientieren zu können."[16]

Es fällt leichter zu planen, zu entscheiden, überhaupt sich zurechtzufinden, wenn man eine Art virtuelle Welt konstruiert, in die alles an Erfahrungen, Wahrnehmungen und Wünschen, an Körperempfindungen und Gefühlen, an genetischen und kulturellen Voraussetzungen einfließt, und in dieser „Wirklichkeit" ein Zentrum, ein „Ich" etabliert, das annimmt, es sei der Regisseur des gesamten Geschehens. Gewohnheiten sind ein wichtiger Teil dieser *Ich-Konstruktion*. Wenn es gelingt, sich *weniger* mit den eigenen Gewohnheiten zu identifizieren, lässt sich der eiserne Griff des Ichs lockern und die Macht der ich-verhafteten Gewohnheiten einschränken. Das heißt, Sie versuchen Ihre Gewohnheiten, beispielsweise immer wiederkehrende Gefühlsaufwallungen oder Gedankenfetzen – was paradox klingen mag – als einen *vorübergehenden, unpersönlichen Vorgang* zu betrachten. Die Gefühle und Gedanken stellen nur eine Reaktion auf einen bestimmten Reiz dar. Sie kommen und sie gehen wieder. Genauso wie z. B. die Bewegungen der Armmuskeln beim Heben kommen und gehen. Diesen flüchtigen Bewegungen messen Sie bei der Aufrechterhaltung Ihrer Ich-Konstruktion sicher keine besondere Bedeutung zu. Warum also den ebenso flüchtigen Gedanken und Gefühlen die Bedeutung von etwas Überdauerndem oder Beharrendem zukommen lassen? Mit *welchem* Ihrer vielen Anteile, die Ihr Selbst ausmachen, Sie sich identifizieren wollen und ob überhaupt, ist eine Entscheidung, die *Sie* treffen können. Es müssen nicht die immer gleichen gewohnten Gedanken und Gefühle sein. Starre Gewohnheiten wirken wie geschlossenen Gesellschaften, die sich gegen den Strom der Zeit abschotten und die Vergangenheit festhalten wollen.

„Ich wollte, dass ich mich von allem entwöhnen könnte, dass ich von neuem sehen, von hören, von neuem fühlen könnte. Die Gewohnheit verdirbt unsere Philosophie".[17]

Um sich Neuem zu stellen, muss Unsicherheit in Kauf genommen werden. Neue Sicherheiten müssen gesucht und gefunden werden. Mehr noch: Statt unsichere Situationen ängstlich zu vermeiden und sich in Gewohnheiten zu flüchten, kultivieren wir die Unsicherheit und betrachten sie als eine Herausforderung. Was wir uns *an*gewöhnt haben, können wir uns wieder *ab*gewöhnen. Das ist einer der *positiven* Aspekte an der Gewohnheit: Sie ist *prinzipiell* veränderbar. Was gelernt wurde, kann auch wieder entlernt werden.

„Wille und Intellekt können Gewohnheiten des Denkens und Wollens bilden. Wir sind für die Bildung unserer Gewohnheiten verantwortlich, und selbst wenn wir unseren Gewohnheiten entsprechend handeln, handeln wir frei."[18]

Wenn ein Mensch aus plötzlichem Anlass aus seinem gewohnten Umfeld gerissen wird, ist er in der Lage, nach einer gewissen Eingewöhnungszeit sich wieder zurechtzufinden. Durch Trauerarbeit bewältigen wir einen schweren Schmerz und gewöhnen uns an den Verlust. *Anpassungsfähigkeit* und *Flexibilität* gehören zur menschlichen Grundausstattung, werden aber zu wenig genutzt und zu selten geübt.

Veränderung durch Übung

Dass das Umgewöhnen nicht so ohne Weiteres funktioniert, wissen wir alle. *Wille, Übung* und *Ausdauer* sind dafür nötig, genauso wie stete *Aufmerksamkeit* und das Wissen, dass schon kleine Veränderungen größere und andere nach sich ziehen können.

Essgewohnheiten z. B. lassen sich schwer ändern, aber sie sind veränderbar und wenn sich der beabsichtigte Gewinn einstellt, wird die neue

Gewohnheit stabil. Auch emotionale Reaktionen und Muster sind ziemlich hartnäckige Zeitgenossen. Unentwegt versuchen sie, uns an sich zu binden. Wir hangeln uns unverdrossen an den immer *gleichen Gefühlen* entlang, auch wenn diese unserem veränderten Leben schon lange nicht mehr gerecht werden. Die gewohnte Gefühlswelt soll einfach so bleiben, wie sie ist und die Welt soll sich nach ihr richten.

Es kann sein, dass eine schlechte Angewohnheit, selbst wenn sie uns behindert und wir es ernsthaft wollen, nicht weicht. Dann müssen wir uns mit ihr erst einmal arrangieren, weiterhin geduldig an dem Problem arbeiten und hoffen, dass sich das ungeliebte Muster mit der Zeit ab- und wieder ausschleift. Unsicherheit oder Angst z. B., die keinen realistischen Hintergrund haben, die aber in bestimmten Situationen immer wieder auftauchen, werden wir nicht ohne weiteres los. Wenn wir aktiv in unserem Leben etwas ändern wollen – etwas ändern bedeutet fast immer Gewohnheiten ändern – heißt das, dass wir uns in einem ersten Schritt unseres gewohnheitsmäßigen Denkens, Fühlens und Handelns bewusst werden müssen.

Wir lernen zu erkennen, wie wir auf bestimmte, bis dahin als angstauslösend eingestufte Reize, gewohnheitsmäßig reagieren und damit letztendlich das scheinbar Angstauslösende an dem Reiz bestätigen. Im zweiten Schritt probieren wir eine *andere Reaktion*, etwas *Neues* aus und werden uns der neuen Erfahrung bewusst. Jetzt erst haben wir tatsächlich etwas *geändert* und nicht nur darüber geredet. Diese Änderung, so klein sie auch sein mag, wird neue Einsichten und Erkenntnisse nach sich ziehen und uns ermutigen, größere Schritte zu machen, um unsere gewohnheitsbedingten Sorgen oder Ängste langsam einzudämmen und vielleicht sogar zu verlieren.

„Durch Üben können wir uns ändern. Etwas ist möglich. Wir haben es in der Hand, zumindest können wir es versuchen. Wir können Altes hinter uns lassen und Neues annehmen. Übung versetzt uns tatsächlich in die Lage, innere Strukturen zu ändern und wieder zu stabilisieren, diesen Vorgang im alltäglichen Leben zu vollziehen und auszudrücken und uns als ganzer Mensch zu verändern. Wir können ausbrechen aus dem Gefängnis der Gewohnheiten, in dem wir uns selbst gefangen halten."[19]

Die Einnahme von Tabletten, Alkohol oder Rauschmitteln kann leicht aus der Gewohnheit eine Sucht werden lassen. Abhängig machende Gewohnheit nimmt viel Raum im Leben ein und steigert ihre Intensität und ihr Ausmaß kontinuierlich. Das lässt sie zu einem bestimmenden

Faktor in der Organisation des Alltags und in der Sicht auf die Dinge werden. Die Freiräume werden eng, der Blick richtet sich nicht mehr nach vorne. Es gibt weniger Platz für einen durchdachten Lebensentwurf, nicht genügend Raum für Entwicklung. Die Sucht erzwingt sich ihren Weg und der ist immer der gleiche: das zwanghafte Suchen nach Mitteln, um den immer gleichen Zustand zwanghaft zu erhalten.

Die Wahrnehmung ist nicht immer wahr

Ein Aspekt liegt mir als Psychologe besonders am Herzen, weil er zu wenig bekannt ist und in seinen Wirkungen oft unterschätzt wird. Unsere Art der *Wahrnehmung* der Welt ist für uns von großer Bedeutung: was unsere Sinne aus der riesigen unüberschaubaren Menge der wahrnehmbaren Erscheinungen herauspicken, wie sie diese Wahrnehmungsdaten verknüpfen und weiterleiten und wie unser Gehirn diese Daten zusammensetzt, einordnet, bewertet und speichert. Der Wahrnehmungsprozess ist sehr komplex. Er gehorcht grundlegenden physikalischen und psychologischen Gesetzen, aber er wird bei jedem Einzelnen – neben dessen aktuellen Bedürfnissen und Erwartungen – entscheidend durch Gewohnheiten fokussiert und moderiert. Der eine sieht die leuchtenden Farben der Tischdecke und freut sich, der andere sieht die Krümel darauf und ärgert sich. Der eine schwelgt in klassischer Musik, beim anderen lösen dieselben Stücke Abwehr aus: „Das Auge sieht, was es sucht, und was es nicht versteht, sieht es nicht."[20]
Das nützt die Werbepsychologie schamlos aus, indem sie sich für ihre Zwecke z. B. bestimmter Hörgewohnheiten bedient und ihr Zielpublikum in Kaufhäusern mit genau der Musik berieselt, die dem Konsum normalerweise zuträglich ist. Schamlos deswegen, weil uns unsere Wahrnehmungsgewohnheiten beim Hören nicht bewusst sind. Wir merken nicht, wie wir durch bestimmte Emotionen zum Kaufen animiert werden. *Sehgewohnheiten* spielen beim Herstellen filmischer Massenware, bei einfachen Serien und simplen Spielfilmen eine Rolle. Unser Sehen wird auf schnelle Schnitte mit kurzen Sequenzen getrimmt: kleine Häppchen eines belanglosen Geschehens, gut und unauffällig würzbar mit Werbeeinspielungen.
Eingeübte Wahrnehmungen führen oft zu einem mehr oder weniger gedankenlosen Reagieren, was wenig Aufmerksamkeit erfordert. Das

fördert die *selektive Wahrnehmung*. Die kann zur gewohnheitsmäßigen *Unaufmerksamkeit* werden für das, was noch alles im Feld der Wahrnehmung passiert. Wir sind dann auf ein Detail *fixiert* und deuten es falsch, weil wir das Drumherum vernachlässigen. Wir sehen beispielsweise nur die roten Backen unseres Kindes und stufen diese als Beginn einer fiebrigen Erkrankung ein. Aber alle anderen Merkmale, die es zeigt und die Gesundheit signalisieren, sehen wir nicht. Auch die *Selbstwahrnehmung* ist eine Sache der Gewohnheit. Jemand, der für gewöhnlich die positiven Wirkungen seines eigenen Handelns nicht sieht und meist nur ein Auge für die „wieder mal" schlechten Folgen hat, baut sich ein ganz bestimmtes Bild seiner selbst, das nicht zu seinem Vorteil, nicht gut für sein Selbstbewusstsein und seine innere Harmonie ist. Natürlich gilt auch die Umkehrung. Wer immer nur Positives an sich sieht, gerät in Gefahr, sich ein unrealistisches Bild seiner selbst zu machen und in seinem Umfeld auf Unverständnis und Ablehnung zu stoßen.

Wahrnehmung ist *erfahrungsgeleitet* und keine abstrakte oder isolierte Operation. Wahrnehmung und dazu gehören *Bewertung* und *Deutung* führen wir mithilfe angelernter Muster durch. Wahrnehmung ist nicht per se „wahr". Versuchen Sie, Ihr Wahrnehmen zu entkleiden von allen gewohnheitsmäßigen Konstruktionen und auf das Wesentliche zu beschränken. Versuchen Sie ganz *einfach* und *klar* zu sehen, ohne eingeübte Erwartungen und vorgefertigte Bilder im Kopf, auf die Sie das Wahrzunehmende, ohne dass Ihnen das bewusst ist, „hintrimmen" wollen. Versuchen Sie einmal, einen Gegenstand einfach nur zu *sehen, so wie er ist*. Dann können Sie zwischen reinem Wahrnehmen und Deuten *unterscheiden*.

Kribbeln in der Nase ist erst einmal nur Kribbeln in der Nase und keine gefährliche Krankheit. Der veränderte Gesichtsausdruck des Gegenüber ist nicht zwangsläufig eine abwertende Kritik, sondern zunächst nur eine muskuläre Bewegung, deren mimische Bedeutung einen Hintergrund haben könnte, der bei Bedarf zu erfragen wäre.

Öfter ins Museum gehen

Gute *Kunst* hat einen hohen Wert, weil sie bewusst das gewohnte Sehen und Hören *brechen* will. Ein Gemälde oder eine Installation vereinigen in sich neue, ungewohnte, paradoxe, überraschende Wahrnehmungen und Zusammenhänge. Fragen entstehen und, wenn Sie der Betrachter zulässt, neue geistige und emotionale Verknüpfungen und Erfahrungen: „Freie Musik ist universal. Sie kann zwar nicht alles verwirklichen – aber immerhin alles für möglich halten."[21] Die Kunst der Improvisation in der Musik befolgt konsequent und kreativ die Suche nach Neuem, Unerhörtem. Das Erwartbare, das Gewohnte ist ihr ein Gräuel. Ihr Ziel ist nicht die liebliche Harmonie, die regelhafte Dramaturgie, sondern der Versuch, das Unerwartete zu wagen. Jederzeit können die Töne und ihr Zusammenspiel „abstürzen" in Chaos oder Belanglosigkeit. Diese Spannung ist es, die die Strukturen in der gewöhnlichen Wahrnehmung ändert. Was unmöglich erschien, scheint möglich zu werden.

Perspektiven können sich verändern. Das, was vor einem bestimmten Hintergrund sich normalerweise zu einer Figur formte, verschwindet nunmehr wieder in diesem Hintergrund und etwas Neues aus eben diesem erhält im Vordergrund Bedeutung. Das utopische Potenzial der Kunst drückt sich aus in der „Umkehrung des Gewohnten, stellt altvertraute Hierarchien auf den Kopf und vermittelt die Erfahrung: es geht auch anders. Genau darin besteht immer schon die große Kraft subversiver Kunst..."[22]

Der veränderten Kunstwahrnehmung kann ein verändertes Alltagserleben folgen. Statt eher leblos in alten Mustern den Tag abzuspulen, erleben und spüren Sie Kontakte und Eindrücke *wahrhaftiger* und *tiefer*. Das Gewohnte und das Ungewohnte sind untrennbar miteinander verbunden. Erst vor dem Hintergrund von Gewohnheit erkennen wir das, was sich dieser Gewohnheit entzieht und zum Ungewöhnlichen wird.

„Man wünscht sich die Sicherheit und Vertrautheit, die Wiederholung und Gewohnheit gewähren, aufgetakelt mit dem Nervenkitzel der Entdeckung und des ersten Versuchs. Könnte man doch beides gleichzeitig haben!... Anfänge, seien sie schwer oder leicht, spontan oder von langer Hand vorbereitet, intuitiv oder ausgeklügelt, kühn oder vorsichtig, ersehnt oder befürchtet, wachsen aus Gewohnheiten heraus, nur als deren Gegenüber können sie überhaupt als Anfänge kenntlich werden."[23]

Ich hoffe, Sie reagieren beim Lesen dieser Sätze nicht auf Ihre gewohnte Art und lehnen bestimmte Gedanken und Formulierungen ab, während Sie andere, unhinterfragt, gutheißen. Versuchen Sie, offen zu

sein für Worte, nicht gewohnheitsmäßig über sie zu befinden und sich
wirklich Ihrer Denk*gewohnheiten* klarer und bewusster zu werden.
Der Mensch hat zwar die Maschine erfunden, aber er selbst ist keine.
Um sich zu verändern, muss er sich selbst bewegen: „Wenn du dich
schon´ne Weile nicht bewegst / Weil du nicht in Bewegung bist und
stehst / Du stehst und weißt, hier stimmt was nicht / denn alles andere
ändert sich / Bewegt sich und nur du bewegst dich nicht."[24]
Gewohnheiten haben etwas Sklavisches. Sie machen unfrei. Sie entbinden uns von der Aufgabe, *nachzudenken* und *Verantwortung* zu übernehmen. Wir nehmen das Angebot zur Passivität und Bequemlichkeit
gerne an. Wir entziehen uns viel zu oft dem bewussten, offenen Abwägen. Das große *Potenzial* für eine veränderte, wache und *überschaubarere*
Lebensführung liegt im Alltäglichen – trotz der zahlreichen vorgegebenen
Pflichten und Festlegungen – und nicht so sehr bei den großen Entscheidungen. Die Chance steckt im Detail.
    „Gewöhne dich auch an das, dessen Ausführung dir anfangs unmög-
lich erschien. Faßt ja auch die linke Hand, die aus Mangel an Übung
gewöhnlich schwächer ist, den Zügel kräftiger als die rechte. Denn daran ist sie gewöhnt worden."[25]
    Wir neigen dazu, Tendenzen und Konstellationen festschreiben,
Stimmungen und Handlungen einfrieren und Zustände zementieren
zu wollen, statt uns unsere Flexibilität und Neugier zu erhalten und
sich ihrer zu bedienen. Durch Neugier werden Sie die überflüssigen
Gewohnheiten vertreiben. Lassen Sie es sich zur Gewohnheit werden,
Ihre Gewohnheiten hin und wieder zu hinterfragen. Reduzieren Sie
Ihre Gewohnheiten und fragen Sie sich, was Ihnen wirklich wichtig
ist. Auf Beton gesprüht las ich im Stau auf der Autobahn die Graffiti-
Inschrift: „Die Ameisen können es nicht ... Wann erfüllen Sie sich
Ihre Träume?"
    Sie brauchen Ihr Leben nicht neu zu erfinden, aber Sie können es
entrümpeln und dann wieder neu zusammensetzen: einfacher und
übersichtlicher. Wenn es Ihnen gelingt, Gewohnheiten aufzubrechen,
haben Sie die Chance zu kleinen *Neuanfängen*. Sie sind näher bei sich.
Sie leben intensiver. Sie spüren sich mehr. Die Sicht wird freier. Sie bekommen wieder einen Überblick. Ihr Blick geht nach vorne. Vor Ihnen
liegen viele Möglichkeiten.

Information: Wissen ohne Macht? –
Wesentliches herausfinden

Ein 17-jähriger Junge geht in seine alte Schule, betritt verschiedene Klassenzimmer, erschießt dort gezielt ehemalige Mitschüler und Lehrer, wird von der Polizei vertrieben, bringt auf der Flucht weitere Menschen um und anschließend sich selbst. Fünfzehn, vor allem junge Menschen sind tot. Die Ursachen für den Amoklauf eines scheinbar unauffälligen Jugendlichen werden kaum geklärt werden können, aber sie wurden und werden diskutiert. Der zu leicht gemachte Zugriff auf Waffen, der nahezu ungehinderte Konsum von digitalen Killerspielen, die persönliche psychische Disposition des Täters – den manche auch ein Opfer nennen – und die Reaktion bzw. Nicht-Reaktion des Umfeldes werden eine Rolle gespielt haben.

Der Amoklauf von Winnenden im Frühjahr 2009 war tagelang *die* Nachricht. Falsche Bilder wurden veröffentlicht, belanglose Aussagen Minderjähriger erkauft, Angehörige der Opfer schamlos belästigt. Behauptungen aller Art wurden in den medialen Raum gestellt und an effektheischenden Formulierungen aufgehängt. Jedem, wirklich jedem – denn wir sind in diesen Tagen in Deutschland und wohl auch anderswo nicht umhin gekommen, nichts zu erfahren – musste aufgefallen sein, welche makabren Blüten der scheinbare *Zwang* zu andauernder Aktualität und immerwährender Information getrieben hat. Dass Mitgefühl und Schmerz uns teilweise auch aus der Distanz überwältigt haben, ist die eine Sache. Die andere ist, dass wir *überwältigt* wurden von einer Sturmflut der Bilder und Worte, von crossmedialer Präsenz einer Nachricht, die im Wettstreit der Medien gehandelt und behandelt wurde wie eine vorübergehend konkurrenzlose Ware höchsten Wertes.

Bücher und andere Botschaften

2009 erschienen hierzulande auf dem Buchmarkt ca. 81 000 (!) Erstveröffentlichungen. Nicht eingerechnet sind Wiederveröffentlichungen und die Bücher ausländischer Verlage. Werden noch die im Print-on-Demand-Verfahren hergestellten Publikationen berücksichtigt, steigt die Zahl der Erstveröffentlichungen auf über 110 000.[1] Etwa 1,2 Millionen lieferbarer Titel gibt es derzeit in den Buchhandlungen. Produziert und verteilt wird nach dem Gießkannenprinzip. Einige wenige Bücher sollen zu Bestsellern und Dauerläufern werden, dann rechnet sich das System in etwa. Was die unübersichtliche Masse konkret bedeutet, weiß jeder, der ein Buchgeschäft betritt. Auch die Buchhändler können nur noch vage beraten. Im Internet stehen wir dem überfließenden Buchangebot vollends allein gegenüber. Hinzu werden digitale „Bücher" kommen, beliebig erweiterbar mit Hintergrundwissen, Interviews und Querverweisen. Die Speicherkapazitäten werden handygroße mobile Bibliotheken ermöglichen, überall auf der Welt einsehbar. Wer wird sie lesen? Nur zum Vergleich: Die Buchproduktion inklusive anderer Druckwerke des gesamten 16. Jahrhunderts im deutschsprachigen Raum belief sich auf ca. 120 000 nachweisbare Werke plus einer nur zu schätzenden Anzahl nicht bekannter Drucke, sodass vielleicht mit einer Gesamtzahl von etwa 200 000 zu rechnen ist[2].

Dabei drängen Informationen bei Weitem nicht nur durch Medien und Bücher auf uns ein. Der Wettbewerb um unsere Aufmerksamkeit ist wesentlich umfassender. Alle, die etwas verkaufen wollen, egal ob der kleine Einzelhändler oder die Weltfirma, egal ob es um ein einzelnes Produkt, das Image von Marken oder die Corporate Identity ganzer Unternehmen geht, sie alle *überschütten* uns mit ihren Mitteilungen. Sie, die unsere Stimme und unsere Zustimmung wollen für Parteien, Programme und Parolen, alle, die uns gewinnen wollen als Teilnehmer, Mitglieder oder Claqueure kommunizieren mit uns. Sie überbringen uns Botschaften, sie beackern uns, sie werben um uns. Manchmal werden wir laut und bunt bedrängt, manchmal versucht man, sich subtil und raffiniert in uns „einzuschleichen", um uns etwas schmackhaft und sinnvoll erscheinen zu lassen. Ziel ist nicht der Dialog, sondern das möglichst schnelle Überreden.

Stellt man noch in Rechnung, dass wir in unserem Alltag durch Signale und Symbole, Piktogramme und Tafeln aller Art geführt und begrenzt werden, was ja auch Information bedeutet, und dass in einem weiter gefassten Verständnis alle Phänomene, seien sie belebter oder unbelebter Natur, einzeln und in ihren jeweiligen Konstellationen, Informationen kommunizieren, so ist es nur zu leicht verständlich, dass wir die Übersicht verlieren können und in mancher Hinsicht schon verloren haben.

Eine Bekannte erzählte mir, im Armaturenbrett ihres Autos leuchte ein rotes Lämpchen. Es müsse wohl „kaputt" sein und repariert werden. Für sie war das rote Lämpchen eine Information, die sich nur auf den Informationsgeber, das Lämpchen bezog. Seine symbolische Bedeutung, in diesem Fall eine gefährlich geringe Menge an Kühlwasser, war ihr nicht bewusst. Sie hatte die an sich einfache Information falsch *gedeutet.*

Warum die Evolution springen kann

Ohne Information kann kein Lebewesen überleben, sich weiterentwickeln und den jeweiligen Erfordernissen der Umwelt anpassen. Für die Naturwissenschaften ist Information deshalb, neben Materie und Energie, *der* Schlüssel zur Erkenntnis. Im evolutionären Prozess der Natur werden Informationen über die *Gene* verbreitet. In ihnen wird die Nachricht verschlüsselt weitergegeben, dass und wie sich ein Organismus prinzipiell zu entwickeln hat. Die genetischen Botschaften werden von der Natur ein wenig variiert, zufällig und oft kaum sichtbar. Mehr braucht sie nicht zu tun und ist dadurch dennoch bestens gerüstet, um den Widrigkeiten des Lebens zu begegnen und die Lebewesen, je nach ihrer Art, anzupassen an eine sich *verändernde Umwelt.* Die Varianten, die mit dieser gut zurechtkommen, pflanzen sich zahlreicher fort als die, die nicht so gut angepasst sind und folgerichtig irgendwann aussterben.

Überspitzt formuliert, könnten wir sogar sagen, der Evolution geht es „nur" um die Gene, nicht um das Individuum. Ihr geht es um die Information, die als „geschriebener" Auftrag in den Genen niedergelegt wird und als *permanente* Nachricht weitergeleitet werden „muss". Das Aussehen des Lebewesens, seine Individualität wären dann nur der *Informationsträger* bzw. die Methode, um Kopien hervorzubringen, gleich einem Blatt Papier, das rot, gelb oder blau, dick oder dünn sein kann und doch immer wieder dieselbe Nachricht enthält – mit gelegentlichen „Schreibfehlern". Das Informationsgeschehen der *biologischen* Evolution, das von der Mutation, den zufälligen Genvarianten, geprägt ist, können wir bei Menschen nicht unmittelbar beeinflussen, weil dessen Zeittakt sich durch die Dauer eines Lebens, einer Generation definiert. Wohl aber moderieren wir den *Selektionsvorgang* durch Zivilisation und Kultur und durch eine von uns *veränderte* Umwelt. „Weil" die genetische Anpassung und deren sichtbare Wirkungen und damit verbundenen Erkenntnisse erst nach vielen Takten, also Generationen zustande kommt, hat sich der Mensch die kulturelle Evolution „erarbeitet". „Wichtige von Menschen entwickelte Ideen und von ihnen gesammelte Informationen übernehmen wir von unseren Artgenossen. Sie werden durch Lernen oder Imitation in unser Gedächtnis förmlich eingebrannt. Diese Übernahme durch Imitation ist letztlich die Basis dessen, was wir unter Kultur verstehen."[3]

Mit ihr lassen sich Informationen wesentlich schneller transportieren und damit Erfahrung, Erkenntnis und Entwicklung um ein Vielfaches *beschleunigen*. Neue Informationen können durch Sprache und Schrift *unmittelbar* weitergegeben werden und wirken. Diese Art von Information fließt entschieden schneller als die im Blut.

Seine *Abstraktionsfähigkeit* versetzt den Menschen in die Lage, Informationen in Sprache, Schrift oder andere Codes zu formen und sich vom Menschen losgelöster Informationsträger zu bedienen. Er kann Informationsmengen überschaubar komprimieren und speichern sowie Entfernungen beliebig überbrücken.

„Dadurch wird die kulturelle Evolution für unser Überleben immer bedeutsamer, die biologische immer unwichtiger. Heute ist die weitere biologische ‚Optimierung' des Menschen, d. h. biologische Anpassung an seine sich verändernde Umwelt durch natürliche Selektion, weitgehend ausgesetzt. Sofern keine letalen genetischen Defekte vorkommen, sind die Überlebenschancen und der Reproduktionserfolg eines Menschen weniger von der Qualität seiner Gene als vielmehr vom kulturell-technischen Entwicklungsstand der Gesellschaft, in die er hineingeboren wird, abhängig."[4]

Die biologische Evolution kann nur innerhalb der Form wirken, die sie vorfindet und „muss" diese durch neue Lose im Topf Schritt für Schritt verändern und anpassen, wenn es nötig ist, aber sie hat uns kulturfähig werden lassen. Die kulturelle Evolution kann die Form, den Rahmen sprengen und die Entwicklung springen lassen. Sie ist ungleich schneller und hat die biologische Evolution mehr und mehr überwunden.

Beispiele dafür sind die Entstehung von Ackerbau und die Erfindung der Dampfmaschine, die das menschliche Leben jeweils massiv unmittelbar und mittelbar verändert und auf eine andere Entwicklungsstufe katapultiert haben. Die Technik des Buchdrucks kam einer geistigen Revolution gleich. Sie ermöglichte zum ersten Mal die umfassende Verbreitung von Ideen durch Information *unabhängig* von ihrem Urheber, was beispielsweise zur schnellen Wirkung der Thesen Martin Luthers beitrug.

Die Macht der Quoten

Dem Besitz und der Verteilung von Information kommen große Bedeutung zu. Informationsgewinnung und Informationsverarbeitung stellen einen eigenen Industriezweig dar, der – wenn er nicht diktatorisch verwaltet wird – nach den Gesetzen und Interessen des *kapitalistischen* Marktes abläuft.

Diesen Markt halten die Medien immer in Bewegung. „Das Radio für die Infogesellschaft, denn in 15 Minuten kann sich die Welt verändern", lautet die regelmäßig zu hörende, bedrohliche Werbung des Informationskanals B5 des Bayerischen Rundfunks. Wir sollen uns bereithalten, immer auf Empfang bleiben, damit wir kein Unglück verpassen. Eine „Breaking News" jagt die andere in den TV-Nachrichtenkanälen. „Stell Dir vor, die Welt geht unter und Du warst nicht dabei", müsste der konsequente Slogan lauten.

Information ist eine *Ware*, die produziert und gehandelt wird wie andere Waren: gut verpackt und im Dutzend billiger. Die Sprache ist die der Ökonomie: Informationsdefizit und Informationsüberfluss, Informationsgewinn und Informationsverlust, Informationsaustausch und Informationsstau, Informationsmangel und Informationsvorsprung. Bedarfsdeckung und Bedarfsweckung spielen eine Rolle, genauso wie Profitmaximierung und das Erschließen neuer Märkte. Tendenzen zur Globalisierung und Monopolisierung leiten das Handeln ebenso wie Mechanisierung und Zentralisierung.

Information ist ein Rohstoff, der verarbeitet und vermarktet wird. Sein konkurrenzloser Vorteil gegenüber anderen Ressourcen ist seine „Virtualität". Wenn Mangel herrscht, lässt Information sich nahezu beliebig und ohne viel Energieaufwand herstellen. Wertschöpfung ist garantiert, da Information eine erneuerbare Ressource ist. Auch der dem Kapitalismus eigene Kunstgriff der Knappheit lässt sich problemlos anwenden. Exklusivität beschert Gewinn und „sensationelle" Blicke hinter irgendwelche Kulissen konstruieren Geheimnisse, die „nur bei uns"

aufgedeckt werden. Investigativer Journalismus, der Informationsunterdrückung aufeckt, sieht anders aus und ist seltener anzutreffen.

Manche Informationen lässt man nur spärlich tröpfeln und nur „aus
gewöhnlich gut informierten Kreisen". Andere waren „nicht für die
Öffentlichkeit bestimmt", man ließ sie dennoch „durchsickern". Unter
Ausnutzung des Neugiertriebs und mit viel werblichem Wirbel in
Szene gesetzt, werden Sensationslust, Schadenfreude und Voyeurismus
wachgehalten und kontinuierlich bedient, im Fernsehen z. B. durch
Doku-Soaps, Reality-Shows und verkaufte Hochzeiten. Inhalte sind
dann interessant und wichtig, wenn sie „Quoten bringen".

Kennzeichnend für die Informationsprodukte unserer Zeit ist, dass
sie zum großen Teil nicht alleine daherkommen, sondern auf wunder-
same verschlungene Weise mit Werbebotschaften aller Art. Die „Partnerschaft" zwischen Information und Werbung wird so perfekt in
Szene gesetzt, dass auf Anhieb nicht mehr klar ist, welche Information
den Wunsch und welche die Wirklichkeit spiegelt und ob die Information die Werbung huckepack nimmt oder umgekehrt.

Ich weiß was, was du nicht weißt

Mittlerweile ist das richtige „Verkaufen" einer Botschaft wichtiger geworden als die Botschaft selbst. Politik besteht zu einem großen Teil
aus *Informationspolitik*. Wahlkämpfe werden weniger mit Informationen und Inhalten als mit Psychologie und Emotionen geführt. Barrak
Obamas Erfolg bei den Präsidentschaftswahlen 2009 in den USA hatte
etwas mit seiner Informationspolitik zu tun. Mithilfe von engagierten
Unterstützern ist es ihm gelungen, die Menschen über einen giganti-
schen E-Mail-Versand *direkt* anzusprechen und zu „informieren" und
damit um ihre Zustimmung zu werben. Er konnte dem Einzelnen
nicht nur deutlich machen, was er macht, sondern auch, *dass* er was
macht.

Dass in Italien jemand Ministerpräsident werden konnte, der viele
Zeitungen und TV-Kanäle unter seine Kontrolle gebracht hat, ist
sicher kein Zufall. Macht über Information bedeutet Macht über Meinungen und Macht über Meinungen bedeutet Macht über Wähler.
Zur Politik der Information gehört auch die gezielte *Desinformation*,
was weniger technisch ausgedrückt, schlicht „lügen" bedeutet. Aktien-

kurse, deren Verlauf nicht nur von harten Wirtschaftszahlen, sondern auch von Stimmungen und anderen psychologischen Vorgängen beeinflusst werden, sind durch falsche Informationen bzw. Gerüchte manipulierbar. Die Banken und Börsenmakler profitieren davon, denn sie können Kunden so leichter zum Wechsel in neue Papiere bewegen.

„Der Markt reagiert auf ein Gerücht meist nach dem gleichen Muster: Zunächst bewegt sich der Preis nach oben oder unten, je nachdem wie es der Gerüchteurheber beabsichtigt hat . . . Doch bis der Kurs sich wieder normalisiert, hat sich der Urheber des Gerüchts oft schon mit Gewinn aus dem Markt zurückgezogen . . . Die Informationen enthalten oft einen Kern von Wahrheit. Und: Sie können nur für eine kurze Zeit genutzt werden. Gerüchte setzen daher die Empfänger unter Entscheidungsdruck."5

Das *Informationschaos*, das die Wirtschaftskrise von 2009 begleitet hat, lässt eines besonders klar werden: Über das globale Finanzgeschehen, seine Abläufe und Risiken, seine Profiteure und deren Strategien waren wir *nicht* informiert. So wie die Finanzwirtschaft sich von der realen Wirtschaft abgekoppelt hat und nur noch um sich selbst kreist, auf Kosten anderer, als künstlicher Planet ohne Gravitationsfeld, so kreisen Informationen in menschlichen Zirkeln, denen der Bezug zu Arbeit und Lohn abhandengekommen ist und die jegliche *ethische Bodenhaftung* verloren haben.

Die Wirtschaftskrise macht die Abhängigkeit von Information und von denen, die sie uns verweigern und nur für sich ausbeuten, besonders deutlich. Die einen wissen etwas und behalten es für sich. Sie bleiben unter sich und profitieren davon. Manchmal geben sie das Wissen weiter, selten ganz und kostenfrei, meist scheibchenweise und mit Profit. Es gibt entschieden mehr Unwissende auf der Welt als Wissende. Das Missverhältnis, das eben auch ein Machtverhältnis ist, wird seit jeher stabil gehalten.

Ich surfe, also bin ich

Ein Ziel der technischen und wirtschaftlichen Entwicklung ist es, dass potenziell alle Menschen an alle Informationen herankommen, wo immer auf der Welt sie sich befinden. „Alle" stimmt so natürlich nicht. Bestimmte Informationen werden weiterhin nur an bestimmte Menschen verteilt. Die

Eigendynamik des Fortschritts und die Profitorientierung des Marktes möchten zwar ein totales Netz um die Erde spannen, an dem alle angeschlossen sind, allerdings mit unterschiedlichen Zugangcodes und möglichst rund um die Uhr kontrollierbar. Dennoch: Ist das World Wide Web nicht zutiefst demokratisch und wahrt die Chancengleichheit? Jeder kann sich nun Wissen „ergoogeln". Sind die Plattformen „Wikipedia" und „YouTube" nicht ein Paradebeispiel für freien Informationsfluss, für von allen kontrollierbare Wissensgenerierung und Wissensverteilung? Sind die Websites „MySpace" und „Facebook" nicht globale soziale Netzwerke, in denen nun wirklich jeder sich mit jedem bekannt machen und Meinungen austauschen könnte?

Allerdings ist es nicht so, dass nur wir auf unserer Informationssuche den Internetplattformen eine Frage stellen. Auch Google oder Amazon fragen uns und wir antworten. Jeder Suchbegriff, jede Recherche, jede Bestellung ist eine Antwort auf die Frage „Was willst du?", „Was machst du" und „Wer bist du?" Mit der Zeit kommen da eine Menge Antworten zusammen, die denen, die es interessiert, einiges über uns sagen können.

Dank des technischen Fortschritts bieten Video-Journalismus und Internet die Möglichkeit, Informationsunterdrückung zu unterlaufen und Ungerechtigkeiten und Skandale öffentlich zu machen. Im Iran konnte nach der fragwürdigen Wahl im Sommer 2009 trotz massiver Informationsunterdrückung seitens des herrschenden Regimes der Aufschrei der Empörung und der um sich greifende Widerstand *sofort* und in beträchtlichem Umfang auf die Straße getragen werden. Wikileaks sorgt dafür, dass verschwiegene Hintergründe publik werden und Informationsfreiheit als Freiheit durch Information neu und kontrovers diskutiert wird.

Zeitungen, Radio, Fernsehen und nun auch das Internet sind für viele ein Spiegel der Welt und die ist nun einmal bunt. Medien geben Halt und gelten als *identitätsstiftend*. Sie sind auf ihre Art ein verlässlicher Lebensbegleiter, der hilft, die eigene Existenz im Unwirtlichen und Anonymen, in Hektik und Leere besser zu verorten. Die digitale Welt ist längst da. Sie ist nicht wegzureden. Sie wird noch umfassender werden und uns alle mit sich *verweben*. Viele neue faszinierende und auch praktische Möglichkeiten der Datenbeschaffung, des Datenaustauschs und der Datenbearbeitung werden uns auch weiterhin geboten werden.

Es bleibt die Frage, wo bleiben wir mit unseren Anlagen und Fähigkeiten, unseren Vorlieben und Werten, die anscheinend in einer anderen Welt entstanden sind? Was müssen wir beibehalten, was neu lernen? Wie entwickeln wir uns weiter? Wie passen wir uns an? Welchen Sprung macht die kulturelle Evolution mit uns? Wie können wir ein Meister der Geister werden, die wir riefen? Sind die unkontrollierten und wohl auch unkontrollierbaren digitalen Netze dem Bildungs- und Demokratieprozess förderlich oder nicht?

„Die Einfachheit des Zugangs (...) zu irgendwelchen Daten hat die Situation der ‚Wissenshungrigen‘ keinesfalls verbessert ... Die Informationsumwelt wird von einer fürchterlichen Menge an Unsinn und Lügen verschmutzt ..."[6]

Selbst wenn es gelänge, die Unwahrheiten und die Dummheiten, den Unsinn und die Lügen zu selektieren, wären die durch die Menschheit gesammelten Erkenntnisse, auch in radikalster Verkürzung, nicht von einem Einzelnen zu bewältigen. Die geistigen Kapazitäten eines Individuums sind längst übertroffen. TV-Receiver werden mit 5000 (!) Programmspeicherplätzen angeboten. Wie sollen sie ausgewählt werden und in welchem Kopf sollen ihre Inhalte Platz finden?

Viele, besonders Jugendliche, hat der Computer fest im Griff. Stundenlanges bewegungsloses Verharren vor dem Bildschirm ist nicht die Ausnahme, sondern die Regel. Wie ein Sog zieht es die Menschen in virtuelle Welten, in denen *alles* passieren kann, darf und soll, nur dreierlei nicht: Es gibt keinen erfahrbaren menschlichen Kontakt, keine realen spürbaren Folgen der eigenen Entscheidungen und keine moralische Verantwortung, die überprüfbar wäre. Bei Kindern kann zu häufiger regelmäßiger TV- und Computer-Konsum – im Verbund mit anderen Defiziten – Suchtverhalten geradezu „züchten". Wer sich dessen nicht bewusst ist, läuft Gefahr, Abhängigkeiten zu fördern. Wenn das Unlebendige zum *Ersatz* für das Lebendige wird, stehen Stagnation und Vermeidung im Vordergrund, nicht Entwicklung und Reifung.

Reglementierung und *Selbstdisziplin* sind nötig, um aus einem vorübergehenden medialen oder digitalen Ausspannen keinen geistigen Dauerzustand werden zu lassen. Als „theatrale" Entlastung ist das digitale Spiel von Nutzen, nicht jedoch als Ersatz für das Selbst. Statt die Welt im Netz zu suchen, sollten wir sie in uns entdecken.

Bildung ist keine Ware

Als Bildung galt einmal die *Selbstbildung* des Menschen, die *Entfaltung* von Körper, Geist und Seele, die Entwicklung der Individualität hin zur Autonomie und weg aus der Unmündigkeit. Bildung ist *erkennendes* Denken und zuweilen mühsames Verstehen geistiger und kultureller Traditionen. Sie ist der zweckfreien Zusammenschau des Erfahrenen und Gelernten verpflichtet. Sie anerkennt und praktiziert *ästhetische* und *ethische* Prinzipien und ein *vernunftorientiertes* Vorgehen. Der Bildungsprozess ist untrennbar verbunden mit *geistiger Arbeit* an sich selbst und an der Welt. Die Durchdringung der Welt mithilfe von Wissen und Reflexion, die Verbindung des Ichs mit der Welt formen Geist und Bewusstsein. Bildung ist ein *aktiver* Prozess, der das Gemeinwohl genauso mit einbezieht wie die persönliche Erweiterung. Information führt zu Wissen, Wissen führt zu Bildung und möglicher-, aber nicht notwendigerweise führt Bildung zu Weisheit. So lautete die einfache ideelle Formel des kulturellen Fortschritts.

„Was du weißt, kann dir niemand mehr wegnehmen", war einmal der Leitspruch für bessere wirtschaftliche und soziale Chancen durch Lernen und Wissen.

Geblieben sind die externe Festplatte und ein Aktualitätswahn, bei dem zuweilen der Eindruck entstehen kann, dass die Nachricht vor dem Ereignis entsteht und nicht danach. Die Anforderungen an die Menge des zu Wissenden haben sich unendlich und geradezu unmenschlich erhöht. Spezialistentum und wandelnde Lexika sind dadurch entstanden. Der Begriff des „Fachidioten" macht schon lange die Runde und meint nichts anderes als jemanden, der mit der Scheuklappe des Fachwissens den Baum definiert und nicht sieht oder nicht sehen will, dass er im Wald steht.

„Unbildung heute ist deshalb auch kein intellektuelles Defizit, kein Mangel an Informiertheit, kein Defekt an einer kognitiven Kompetenz – obwohl es alles das auch weiterhin geben wird –, sondern der Verzicht darauf, überhaupt verstehen zu wollen. Wo immer heute von Wissen die Rede ist, geht es um etwas anderes als Verstehen."[7] Infolge der „Diktatur" der Information ist es unversehens zu einem Paradigmenwechsel gekommen, der nunmehr die *Informationsgesellschaft* propagiert. Bildung, in dem oben genannten Sinne, ist unter den Tisch gefallen. Was zählt, ist Faktenwissen, die Sammlung von Daten in Speichern aller Art und die Aufzählung von Einzelheiten. Was nicht mehr zählt, ist die Fähigkeit, *Wesentliches* von Unwesentlichem zu unterscheiden und sich mit Ersterem aktiv *auseinanderzusetzen*.

„Die Antwort auf unsere behauptete oder tatsächliche Orientierungslosigkeit ist Bildung – nicht Wissenschaft, nicht Information, nicht die Kommunikationsgesellschaft, nicht die moralische Aufrüstung, nicht der Ordnungsstaat, nicht ein Mehr an Selbsterfahrung und Gruppendynamik, nicht die angestrengte Suche nach Identität."[8]

Vom Finden und Formen ist zu wenig die Rede. Unverbindlich und beliebig werden die Inhalte nebeneinandergestellt. Der singuläre und vor allem ökonomische Blick auf das Wissen ist geprägt von den Gesetzen und Notwendigkeiten des Marktes. Von menschlichen Ressourcen und Humankapital ist nun die Rede. Der schauende und verstehende Geist als „Motor und Herz des Humanen" wurde kapitalisiert. Seine Kurse sind im Fallen begriffen. Der *Markt*wert einer Information ist eben nicht dasselbe wie der *Bildung*swert einer Information. Ihr *Unterhaltung*swert ist wichtiger als das, was sie transportiert. „Infotainment" nennt das Fernsehen diese krude Mischform.

Wer wird Millionär?

Um Sinn und Bedeutung zu erkennen, reicht kein lexikalisches Wissen. Die Suchmaschinen des Internet, Berge von Frage- und Antwort-Büchern und als mediale Krönung eine TV Sendung wie „Wer wird Millionär?" wählen ihre Inhalte mehr oder weniger zufällig aus und stellen völlig unterschiedliche, wertlose und wertvolle Aussagen und Antworten gleichberechtigt nebeneinander. Gerade an letztgenannter Wissensshow lässt sich sehen, wie die scheinbare Demokratisierung von Information das Wissen zu einer Buchstabiererei verkommen lässt, bei der nicht aus Worten Sätze und aus Sätzen Sinn ersonnen werden soll. Vielmehr ist das Alphabet auswendig zu lernen und multiple choice gilt als ultima ratio.

„Das Ziel der Wissensgesellschaft ist nicht Weisheit, auch nicht Selbsterkenntnis im Sinne des griechischen Gnothi seauton (Erkenne dich selbst; Anm. d. Verf.), nicht einmal die geistige Durchdringung der Welt, um sie und ihre Gesetze besser zu verstehen. Es gehört zu den Paradoxa der Wissensgesellschaft, dass sie das Ziel jedes Erkennens, die Wahrheit oder zumindest eine verbindliche Einsicht, nicht erreichen darf. In ihr, in dieser Gesellschaft lernt niemand mehr, um etwas zu wissen, sondern um des Lernens willen. Denn alles Wissen, so das Credo ausgerechnet der Wissensgesellschaft, veraltet rasch und verliert seinen Wert".[9]

Schon vor dem Zeitalter des Internets hieß es im Studium: „Das musst du nicht wissen, du musst nur wissen, wo es steht." Gefragt war das geschickte Nachschauen einzelner Daten. Auf der Strecke zu bleiben drohte und droht – durch die unüberschaubaren digitalen Informationsbestände – immer mehr das Erlernen der Fähigkeit, die *Essenz* von etwas zu erfassen und wiedergeben zu können.

Was die Aufklärung zu erreichen suchte – alle können alles wissen, die Welt mit Vernunft durchdringen und humane Werte entwickeln –, ist, wie vieles in unserer Zeit, technisch machbar und organisatorisch möglich, aber die Mittel haben sich zur Macht aufgeschwungen und der Zweck ist entstellt. Die Aufklärung ist in der Auflösung begriffen. Das Rationale droht im Meer der Information zu versinken. Wer nicht lernt, den Kopf über Wasser zu halten, um den Blick freizubekommen und wer nicht ausdauernd schwimmen kann, verliert die Orientierung und klammert sich an das *Irrationale*. Wir mögen viel wissen, aber wir verstehen sehr wenig. Wir sammeln die Teile, aber wir erkennen kein Ganzes mehr. Aufklärung verkommt zum Alibi für andere Interessen. Wissen ist zwar für viele zugänglich, aber wird es so dargeboten, dass wir es uns verstehend aneignen und vernünftig damit umgehen können?

„Wo ist die Weisheit, die wir im Wissen verloren haben? Wo ist das Wissen, das wir in der Information verloren haben?"[10]

Weisheit hat nicht zwingend etwas mit der Anhäufung von Wissen zu tun, auch nicht mit Bildung. Eher ist das Gegenteil der Fall: Weisheit ist ein Abstand halten vom Zuviel, eine *innere Reduktion*. Weisheit ist das Herausfinden des Wesentlichen der äußeren Informationen und das Entdecken der schon vorhandenen inneren Informationen.

Um noch einmal auf die weiter oben angeführte „Formel" des kulturellen Fortschritts zurückzukommen, könnte vielleicht folgendes Schema den Prozess der Aneignung der Welt klarer machen und der Information ihren Platz zuweisen, der sie nur zu einem Bestandteil dieses Prozesses macht: Information entspricht dem *Input* von „geistigem Material". Wissen entspricht dessen aktiver und vernünftiger *Verdichtung*. Bildung bedeutet dessen erarbeitete und übertragbare *Struktur*. Weisheit schlussendlich ist mit seiner *Durchdringung* und dem Erreichen einer persönlichen Wahrheit gleichzusetzen.

Wollen wir die Welt verstehen, uns in einer zufriedenstellenden Weise in ihr zurechtfinden und von ihr lernen, ist also mehr nötig als nur das wilde Anhäufen von Bytes und Tags, Apps und Tweets. Wenn die „Haufen" zu groß werden, können wir sie nicht mehr abarbeiten. Wenn wir ihnen keine Struktur geben, verstopfen sie uns, sodass die wesentlichen Informationen nicht durchdringen und wir deren Wesen nicht erkennen können.

Zu viel Input

Uns fällt die *Abstinenz* vom Informationskonsum schwer, denn wir Menschen sind darauf getrimmt, zu jagen und zu sammeln. Wir wollen möglichst viel Neues aufnehmen und haben uns folglich völlig eingebunden in ein totales Informationssystem, das wir so perfekt eingerichtet haben, dass es sich teilweise verselbstständigt hat. Vielleicht setzt sich evolutionär eines Tages ein anderes Verhalten durch. Nicht mehr Information an sich ist dann von Bedeutung, sondern nur noch solche mit bestimmten Merkmalen. Der Menschentyp, der diese geschickt auswählen kann, würde sich dann gegenüber den „Allesfressern" besser durchsetzen. Das leuchtet auch ein: Wie sollen wir aus all den Informationen, die auf uns niedergehen, noch klug werden? Vielen fehlt schlicht das Wissen, dass zu viel Information ungesund ist. „Zu viel Input" gibt der beseelte Roboter in dem Film „Nr. 5 lebt" als Grund für seine Störungen und Fehlleistungen an.[11]

Eine Studie der Techniker Krankenkasse hat ergeben, dass die ständige Erreichbarkeit per E-Mail oder Handy nach dem Termindruck an zweiter Stelle der Stressfaktoren von Deutschlands Angestellten steht und für ein „Informations-Chaos" sorgt. Fast 180 Nachrichten sendet und empfängt jeder Beschäftigte pro Tag. „Die unkontrollierte Informationsflut vor allem durch E-Mails und das damit verbundene ständige Unterbrechen des Arbeitsablaufes führt auf Dauer zu Gereiztheit und Stress ... Die Folgen sind psychische Krankheiten, sinkende Arbeitszufriedenheit und die Zunahme von Krankheitstagen."[12]

Wir sind permanent „on-line" und haben vergessen, dass „off-line" auch *leben* bedeutet. Digitale Müllhalden aus unzersetzbarem Abfall und wildwucherndes Informationsgestrüpp versperren den Blick auf das reale Leben. Oft wollen wir uns auch nicht ausblenden und ausschalten. Es ist uns eine Lust, abgelenkt zu werden durch Belanglosigkeiten. Wir fühlen uns entlastet durch einfache, kleine Geschichten. Wir geben nur allzu gerne dem Spieltrieb nach und surfen in virtuellen Weiten oder zappen uns durch die Programme, als ob wir uns durch den Sand buddeln. Wir gieren nach Sensationen. Wir wollen, dass unsere Sinne gereizt werden, und seien die Reize auch noch so arm an Gehalt.

Die Unverbindlichkeit der Infohäppchen ist reizvoll: hier ein Banküberfall, dort eine Hochzeit, hier ein Raketenangriff, dort eine Ausgrabung, hier ein kleiner Krieg, dort ein großer Präsident, hier die Aktienkurse und dort die Fußballergebnisse, hier ein Orkan und dort ein einsamer Eisbär. So wird die Illusion genährt vom Kontakt mit der Welt. Mittendrin wähnen wir uns und sitzen doch sprachlos nebeneinander auf der Couch.

Die immer gleichen Nachrichten berieseln uns, aber wir spüren sie nicht mehr. 10 000 Bürgerkriegsopfer und 5000 Hungertote, das berührt uns nicht mehr. Wir hören von Armut und Ausbeutung und regen uns nicht mehr auf. Unmoral hat sich als Dauerzustand in unserem Kopf eingenistet. Wir werden nicht mehr rot und schämen uns nicht. Ab und an eine Spende gehört zum Alltag. Hier und da noch ein innerer Aufschrei bei einem besonders schrecklichen Bild in den Nachrichten, aber dann kommt wieder „Das Wetter mit Claudia Kleinert" und die Welt wird wieder schön geordnet in „Strömungsfilm" und „Regenwahrscheinlichkeit" eingeteilt.

Was ich nicht weiß, macht mich nicht heiß

Wer wirklich sein Verhalten ändern will, kommt nicht umhin, seinen Medienkonsum gezielt einzuschränken. Ich sage mit Absicht „Konsum", denn zum überwiegenden Teil *verbrauchen* wir die Informationen und Nachrichten wie ein Stück Schokolade oder ein Papiertaschentuch. Wir *gebrauchen* sie nicht, um wiederkehrend davon Nutzen zu haben. Wirklich weg ist der informatorische Konsum allerdings nicht. Unser Gehirn mit seinen komplexen Strukturen tut sich schwer mit dem absoluten Löschen. Selbst wenn es sie gäbe und wir sie betätigten, funktioniert die Taste „Papierkorb" im Kopf nur bedingt. Auch auf der Festplatte ist der geleerte „Papierkorb" von Fachleuten wieder rekonstruierbar. Einmal im Internet platzierte Daten bleiben immer irgendwo, wandern auf Homepages, werden von Suchenden gefunden oder nicht und führen ein Eigenleben, das wir nur teilweise verfolgen und das wir nicht vernichten können.

Das Gehirn bzw. der Körper speichert Informationen und auch das, was wir bei deren Aufnahme noch zusätzlich aus ihnen gemacht haben, seien das Gedanken, Gefühle oder muskuläre Konstellationen. Wenn wir keine „Ordner" bereithalten, werden die Informationen und ihre möglichen Begleiterscheinungen irgendwo und irgendwie „abgelegt". Kaum bearbeitet und nicht verankert kann dieser *Informationsmüll* uns mit der Zeit belasten und unter bestimmten psychologischen Voraussetzungen eine störende Eigendynamik entwickeln. Das, was an Informationen vom Organismus empfangen wird, bewirkt immer etwas, ob uns das bewusst ist oder nicht. Das Allermeiste erreicht zwar nicht das Fenster des Bewusstseins, aber es steuert innere Kreisläufe und Systeme, beeinflusst das Handeln und geistige Prozesse.

Aus dem Medien*konsum* muss eine Medien*nutzung* werden. Diese *veränderte* Grundeinstellung ist der Schlüssel für mediale Einschränkungen. Das bedeutet, dass wir uns bewusst entscheiden, *ob* wir ein Gerät einschalten, *wie* wir es nutzen und *wann* wir es wieder ausschalten. Dabei geht es nicht nur um Quantität, sondern auch um Qualität. Die Medien leben von negativen Erzählungen. Das kann nicht ohne Folgen für unsere Tagesform und unser Lebensgefühl bleiben. Zeitgenossen, die Ihnen immerzu das Schlechte in der Welt vorhalten, meiden Sie ja auch. Bei unseren Wanderungen und unserem Suchen im Internet berauschen wir uns an neuen Pfaden und am Finden, aber wir vergessen, weswegen wir eigentlich unterwegs waren. Vor lauter Browserfenstern sehen wir den Weg nicht mehr. Sind wir zu viel „online", vergessen wir, wie „off" sich anfühlt und dass gelebtes Leben etwas anderes ist als ein belebter Bildschirm. Es geht nicht darum, Kommunikationstechniken und deren Neuerungen zu verteufeln. Es geht darum, dass wir mit diesen Neuerungen etwas machen und nicht diese mit uns. Der Tag ist nun einmal begrenzt und unsere Wahrnehmungskapazität auch.

„Wir müssen die Welt nicht verstehen. Wir müssen uns in ihr zurechtfinden.“[13]

Eher komische, aber bezeichnende Auswirkungen haben zuweilen Navigationsgeräte, vor allem dann, wenn sie den gesunden Menschenverstand ersetzen sollen, was in diesem Fall ein oder zwei Blicke auf die Landkarte bedeutet. Manche Autofahrer lassen es am notwendigen Misstrauen gegenüber ihren virtuellen Beifahrern fehlen und entbinden sich von ihrer Verantwortung als Fahrzeuglenker. Die Informationen im Straßenverkehr überfluten uns ohnehin. Nur einen kleinen Teil davon können wir verarbeiten: „Wir Menschen sind ja eigentlich nur für Geschwindigkeiten von sechs Stundenkilometern gebaut“.[14] Das Ergebnis solcher technikgläubigen, aber orientierungslosen Fahrten sind dann das Erreichen einsamer Waldwege oder unüberquerbare Flüsse.

Unser Denken und Handeln funktioniert viel archaischer, viel emotionaler und, wie im vorhergehenden Kapitel zu lesen war, viel gewohnheitsmäßiger als uns lieb ist. Also müssen wir zumindest versuchen, mit uns selbst Schritt zu halten. Wenn wir uns und den Überblick verlieren, müssen wir zurückschalten, nicht weil wir pessimistische, ängstliche Neinsager und Verweigerer sind, sondern weil wir *konstruktiv* mit den Neuerungen umgehen und *mehr* vom Leben haben wollen.

Tausche Filmtipps gegen Einkaufstipps

Den Fluss und die Verbreitung von Nachrichten können wir nicht steuern. Aber wir können *auswählen* und *entscheiden*, welche Nachricht wir an uns heranlassen und welche nicht. Wir können entscheiden, was wir genauer wissen und welche Informationen wir gezielt suchen möchten. Wir können entscheiden, wie wir Informationen *bewerten* und in *unser* Bedeutungssystem einordnen wollen.

Nicht jeder „Furz“ ist eine Nachricht wert. Nicht jede Privatheit muss öffentlich gemacht werden. Nicht jedes Phänomen braucht einen Kommunikator.

„Information ist nicht Wissen, Wissen ist nicht Weisheit, Weisheit ist nicht Wahrheit, Wahrheit ist nicht Schönheit, Schönheit ist nicht Liebe, Liebe ist nicht Musik, Musik ist das Beste.“[15]

Im kulturellen Leben gibt es viele Menschen, die Neuigkeiten und Ereignisse sammeln und wie Trophäen aneinanderreihen. Die Teilnahme ist wichtig. Namen müssen parat sein, der neue Trend muss identifiziert werden. Auf der Premiere gewesen zu sein, die Bestsellerlisten zu kennen, Besprechungen im „Spiegel" gelesen zu haben, Filmtitel gesprächsweise zu tauschen wie Einkaufstipps, Ausstellungen abzuklappern, immer dem neuesten Hype zu folgen, Kulturkonsum scheint zunehmend die kulturelle Bildung zu prägen.

„Bildung, zumindest theoretisch eine lebendige Auseinandersetzung des Geistes mit sich selbst und der Welt, wird zu einem Sammelsurium von Kulturgütern transferiert, die wohl erworben und konsumiert, jedoch nicht mehr angeeignet werden können."[16]

Mir geht es um das Entdecken von *Zusammenhängen*, die aus einzelnen Teilen ein Ganzes werden lassen, damit wir wirklich etwas verstehen können. Auch dieses Buch ist so gedacht. Es will nicht Wissen ausbreiten, um des Wissens willen. Ich kann und will das Phänomen „Information" hier nicht erschöpfend darlegen. Ich war mit viel Informationen über Information konfrontiert. Ich musste auswählen, habe Etliches einfach ausgeblendet, um mein Ziel nicht aus den Augen zu verlieren, das nicht im Sammeln von Daten besteht, sondern in dem anregenden und auch überraschenden *Zusammenführen* aus einer subjektiven, reduzierenden Perspektive.

Das Kapitel „Information" ist nur *eine* Facette, ein Blickwinkel auf das *grundlegendere* Phänomen „Reduktion". Das soll sich in den Köpfen des Lesers zusammensetzen zu einer Gesamtschau, zu einem Verständnis „des aus dem Ruder Laufens" und was das für uns bedeutet und was wir eventuell in uns ändern können. Die Kapitel sollen sich durch ihre Mischung und ihrer jeweiligen *dosierten* Information befruchten und ein kreatives Öffnen, Denken und Erleben wahrscheinlicher machen.

Um etwas zu ändern und der einzelnen Nachricht, dem einzelnen Ereignis wieder Bedeutung zukommen zu lassen, ist es wichtig, sich von der Gewohnheit und dem Zwang zu *befreien*, an Informationskreisläufen immer und überall teilnehmen zu müssen. Sie behalten Ihre Neugier, aber Sie kultivieren die Grundeinstellung, dass Sie Ihre Informationsaufnahme *steuern*, dass Sie Informationen zu bestimmten Bereichen und zu bestimmten Zeiten ausblenden können und dass das ein *Gewinn* und kein Verlust ist. Es ist ein befreiendes Gefühl, nicht alles wissen zu müssen. Es ist ein gutes Gefühl, das selbst ausgewählte Wissen zu *verstehen*.

Auf die innere Stimme hören

Statt nur auf Information zu setzen, die von außen kommt, sollten wir auch auf Signale setzen, die von *innen* kommen. *Intuition* ist eine menschliche Kompetenz zur Informations*verarbeitung*, die unbewusst geschieht und angesichts der großen Komplexität der Welt und der Daten, die sie generiert, eine *notwendige* und *nützliche* Reaktion des Organismus. Intuition „ist so ein merkwürdiges Zwischending aus rationalem Denken und emotionalen Vorgängen des Unbewussten."[17]

Auch ohne bewussten rationalen Diskurs können wir „Einsicht" in Zusammenhänge bekommen und gute Entscheidungen treffen. Das Unterbewusste hat einen viel größeren Arbeitsspeicher und kann mit wesentlich mehr Informationen umgehen als das uns direkt zugängliche Bewusstsein. Das Problem ist, dass unser prinzipiell misstrauisches, ich-haftes Bewusstsein diesen nicht „nachweisbaren Mitteilungen" nur ungern vertraut.

Darum erscheint *Kreativität* oft als etwas Gewagtes, den Rahmen sprengendes, denn ihre Grundlage ist die freie, nicht der Vernunft unterworfene Intuition.

Jeder hat in sich eine riesige Menge an Informationen gespeichert, die er allerdings nicht gezielt und aktiv aus Ordnern abrufen kann, weil es keinen direkten Zugang zu ihnen gibt. Dennoch: Wir tragen nützliche Wissensbestände in uns, und wenn diese flüsternden Ahnungen sich melden, dann „taucht" das „vorbewusste" Wissen auf und trägt zu Bewertungen und Entscheidungen bei. Wir sollten dem Rechnung tragen, nicht immer nach dem „Warum" fragen und darauf vertrauen, dass unser Organismus als Ganzes oft ganz gut „weiß", was gut oder schlecht, günstiger oder schädlicher für ihn ist. Es geht darum, aus dem eigenen inneren Fundus zu schöpfen, sich durch sich selbst zu informieren, erst einmal zusammensuchen und ordnen, was schon da ist, und nicht blind dem Slogan zu folgen: „BILD Dir Deine Meinung."[18]

Vor Entscheidungen hilft es oftmals, keine weiteren Informationen einzuholen und stattdessen das Problem ruhen zu lassen. Dank der Intuition können sich Lösungen ganz unvermittelt einstellen: „Es ist eine absurde Meinung, dass immer mehr Stoff klüger mache. Das Wissen ist wertlos, wenn es nicht neu kombiniert und kreativ aufgearbeitet wird."[19]

Die konsequente *Schulung der Achtsamkeit* kann dazu beitragen, dass wir einen klareren Blick bekommen für das innere Wissen und es ab und an sogar *bewusst nutzen* können. Eine der Wirkkräfte dieser Geistesschulung ist das „beobachtende Innehalten".[20] Wir lassen es stiller werden, um uns besser hören zu können. Wir werden dessen gewahr, was *gerade* geschieht, ohne gedanklich immerzu fortzueilen. Wir bleiben bei dem, was ist, ohne es zu bewerten. Dadurch wird das Jetzt in unserem Gehirn bewusster registriert und verortet. Das ist eine Essenz von Reduktion.

Intuition wird in der rationalistischen Welt nur ungern ernst genommen, aber im alltäglichen Denken und Handeln arbeitet jeder mit ihr. Intuition ernst zu nehmen, bedeutet nicht das Ende der Aufklärung und ist auch kein Verrat an ihr. Das Anerkennen und Nützen von Intuition kann eine aufgeklärte Weiterführung von ganzheitlicher Bildung und individueller Entfaltung bedeuten. Der Mensch soll sich zum *Subjekt* bilden. Dazu gehören auch die Nachrichten aus dem Inneren. Er ist zu sehr Objekt geworden und hat sich selbst als quantifizierte statistische Größe aus den Augen verloren. Der „gesunde Menschenverstand", so schwierig er auch zu erklären und zu definieren ist, so sehr er auch missbraucht wurde und wird, kann wieder zu Ehren kommen. Mit der Formulierung „gesund" soll ausgedrückt werden, dass es eine erprobte Erfahrung und stillschweigende Übereinkunft gibt, die besagt, dass im Menschen eine Menge an Wissen und auch Weisheit *a priori* vorhanden sein kann.

„Der Menschenverstand wird mit dem gesunden Menschen rein geboren, entwickelt sich aus sich selbst und offenbart sich durch ein entschiedenes Gewahrwerden und Anerkennen des Notwendigen und Nützlichen."[21]

Den Alltag auf das Wesentliche zu reduzieren hat sehr viel mit dem Finden der eigenen Geschlossenheit und Ganzheit zu tun. Mit dem „Wesentlichen" ist das eigene Wesen gemeint, dessen naturgegebene Ganzheit nur schwer in Erscheinung treten kann vor lauter „Unwesentlichem". Der Mensch kann sich als Ganzes erst erkennen, wenn er zu seinem Wesen vordringt und sich nicht in Abspaltungen und Ablenkungen verliert.

Um was geht es wirklich?

Die Evolution hat uns kulturfähig gemacht, diese Entwicklung ist nicht umkehrbar. Sie kann aber durch uns gestoppt oder stark beeinträchtigt werden. Unsere kulturellen Leistungen sind grandios gewesen, aber nun sind sie auch gefährlich und ziehen Folgen nach sich, deren Bedrohlichkeit uns immer klarer wird. Kulturelle Entwicklung, und die technische gehört dazu, wird meist pauschal mit Fortschritt gleichgesetzt und Fortschritt steht meist für etwas Positives, Besseres. Unsere Kultur hat aber auch Prozesse in Gang gesetzt, Ereignisse stattfinden lassen und Gegenstände hervorgebracht, die wir *keinesfalls* positiv nennen können und deren evolutionäre Anpassungsleistung aus unserer jetzigen Sicht kaum verständlich ist. Der evolutionäre Prozess geht weiter. Der Evolution sind menschliche Kategorien wie gut und böse oder rational und irrational völlig fremd. Wir suchen ja immer gerne nach Sinn und Ziel. Ich fürchte, die Evolution hat keinen tieferen Sinn außer sich selbst und wir müssen sie als blinden Mechanismus begreifen, der als solcher immer wirkt, egal in welcher Umwelt und wer seine genetischen Akteure sind. Einen Mechanismus allerdings, in den wir eingreifen können. Wir sind die ersten Lebewesen, die die Selektionsgesetze außer Kraft setzen können. Auch schlecht angepasste Individuen unserer Art können überleben. Kranke und Schwache müssen nicht zurückgelassen werden.

Was uns bleibt und wozu wir in der Lage sind, ist die *Verpflichtung*, uns selbst Ziele und Werte zu setzen. Darin enthalten sein sollte das stete Bemühen, Information *aktiv* zu nutzen und nicht passiv ihren Reizen zu erliegen. Information, die gehört und verstanden werden kann, birgt die Chance zur Verständigung. Verständigung birgt die Chance zur Abkehr von Gewalt, Ausbeutung und Zerstörung. Information ist Teil der Evolution, der biologischen genauso wie der kulturellen. Ein Teil, den wir steuern können. Wichtig ist es, die *Essenz* von Sachverhalten zu erkennen und sich nicht vom schmückenden, Aufmerksamkeit heischenden Drumherum verwirren zu lassen. Um sich *Kritikfähigkeit* zu erhalten, ist es erforderlich, das *Wesen* einer Nachricht zu erfassen. Lassen wir die Dinge mehr auf uns wirken, betrachten wir die Wirkungen und versuchen sie auszudrücken, anstatt die Dinge und die Wirkungen immer weiter zu zerlegen, bis sich ihr für uns wahrnehmbares Wesen zersetzt hat.

Eine Folge und Option der kulturellen Evolution ist *Zerstörung*, im Großen wie im Kleinen. Das können und werden Kriege und Naturkatastrophen sein, das können und werden Amokläufe sein. Die Geschichte lehrt uns das und wir müssen diese Tatsache hinnehmen. Gerade für das Zustandekommen von Amokläufen spielt Information eine besondere Rolle. Deren weltweite, schnelle und „spannende" Verbreitung – möglichst noch live – führt potenziellen Tätern bilderbuchhafte Modelle und eindringlich die Möglichkeit medialen Ruhms vor Augen, dessen Erfolg garantiert zu sein scheint. Wir alle laufen dabei ein bisschen Amok mit. Die Medien eilen voraus, aber wir sind beteiligt, weil wir deren Bilder und Töne goutieren, ihren Konsum nicht verweigern und nicht gegen sie angehen. Unsere inneren, auch moralischen Schwellen werden herabgesetzt: Unzeigbares wird gezeigt, Unsagbares wird gesagt und Unerhörtes wird erhört.

Der, der Amok läuft, wendet Gewalt gegen andere an. Die ausufernde und ausbeutende Information tut es auch. Sie schadet unserer Seele und unserem Verstand. Eine andere Option unserer Weiterentwicklung ist *vernünftiges* Handeln. Das setzt Wissen voraus über die unmittelbare und mittelbare Schädlichkeit von unvernünftigem Handeln. Der reduzierte, strukturierte Umgang mit Information ist *ein* Weg, um zur Vernunft zu kommen. Diese *zivilisatorische Anstrengung* sollten wir auf uns nehmen. Unsere Kulturfähigkeit sollten wir nicht aufs Spiel setzen, sondern *nutzen*. Es ist noch mehr in uns angelegt. Der Geist ist noch entwicklungsfähig, die Ressourcen sind noch lange nicht zu Ende. Eine Abwrackprämie für uns gibt es nicht, an wen sollte sie auch ausgezahlt werden?

Optimierung: Mehrwert ist nicht mehr wert –
Das Ganze sehen

Dem Konzept der Optimierung verdanke ich viel. Ohne den allgegenwärtigen Druck zur Optimierung wäre dieses Buch nie entstanden.
Mein innerer Widerstand gegen den Geist dieses Wortes und was alles
in ihm mitschwingt, brachte mich vor rund zehn Jahren dazu, mit dem
Schreiben zu beginnen. Ich war ein begeisterter Gesundheitsläufer und
gab – und gebe immer noch – Kurse zum bewussten, langsamen Laufen, zu denen auch Übungen der Entspannung und Körperwahrneh-
mung gehören. Die Idee dazu hatte ich als Gegenentwurf entwickelt
zu den herkömmlichen Laufgruppen, denen meist ein zackiger Sports-
mann voraneilte, ohne Kontakt zu den hinter ihm stampfenden, he-
chelnden und überforderten Teilnehmern. Eine ganzheitliche, den ganzen Menschen berührende und fördernde Sicht auf das Laufen wurde
damals kaum vermittelt.

Die jedem angeborene Bewegungslust konnte so nur schwer geweckt
werden, da der Organismus kaum positive motivierende Rückmeldun-
gen erhielt. Statt dessen galt auch für Anfänger und Gelegenheitsläufer
das Leistungsprinzip. Es ging in diesen Gruppen weitgehend um die einseitige Optimierung von Geschwindigkeit und Durchhaltevermögen.
Das bedeutete in vielen Fällen das Ende der Laufbemühungen und eine
verpasste Chance zur eigenen Gesundheitsförderung.

Laufen aus Lust

Die damalige Literatur zum Thema Laufen war fast ausschließlich von
demselben Geist beseelt. Immer ging es um Trainingspläne, Altersnor-
men, Bestzeiten. *Leistungssteigerung* in möglichst kurzer Zeit war das
Ziel oder, wie ich irgendwo las, „die Optimierung des Suboptimalen".
Das ging an meinen Intentionen vorbei und erschien mir eine sträfliche
und tragische Vernachlässigung der heilsamen Wirkungen bewussten
langsamen Laufens und vor allem der völlig falsche Einstieg in ein *be-
wegtes* Leben. Diese Art des Laufens war für mich „eine Fitnesstechnik,
anleitungs- und motivationsbedürftig, mit wissenschaftlich verklärten
Optimierungsprogrammen ... trendgerecht verpackt in bunte Vlies-
pullis".[1] In meinen Laufbüchern versuchte ich den Unterschied zwi-

schen leistungsorientiertem Sport und leistungsfreier Laufbewegung zu klären und beschwor den natürlichen Nutzen des Letzteren.

Die Idee der Leistungsoptimierung stellte ich in diesen Büchern hinten an, weil ich der Überzeugung war und es immer noch bin, dass deren Einseitigkeit dem an Gesundheit und Ganzheitlichkeit, Genuss und Nachhaltigkeit interessierten Läufer eher schadet als nutzt. Aus den Erfahrungen meines eigenen Laufens und denen mit meinen Laufgruppen einerseits, sowie den Botschaften der gängigen Laufbücher und -zeitschriften andererseits, war mir die Fragwürdigkeit des Konzeptes „Optimierung", so wie es stur auf das alltägliche Laufen übertragen worden war, bewusst geworden. Mittlerweile sehe ich auch Jogger, die einigermaßen gemütlich vor sich hin trotten, ohne Anzeichen von Eile. Auch in der nun überbordenden Laufliteratur ist jetzt mehr vom *eigenen* Tempo und *gesundheitlichen* Nutzen die Rede.

Optimierung jedoch bleibt für mich ein Reizwort. Seine Verwendung ist für mich ein Signal, genauer hinzusehen: Was soll optimiert werden, zu welchem *Zweck*, mit welchen *Mitteln* und vor allem, mit welchen *Folgen*? In welchem Verhältnis steht das, was optimiert werden soll zu dem Ganzen, das es umgibt? Auf Kosten welcher Anteile dieses Ganzen, zulasten welcher anderen Aspekte geht die Optimierung? Bei dem Wort „optimieren" schwingt immer etwas Absolutes und Endgültiges mit. „Perfektionieren" und „vervollkommnen" sind die sinnfälligen Synonyme. Es geht nicht nur um das einfache „Verbessern", sondern darum, dass Beste, das Optimum herauszuholen bzw. zu bewirken und das mit allen Mitteln und um nahezu jeden Preis.

Der nur mit Blick auf die Uhr und Normentabellen dahinhetzende Läufer zahlt seinen Preis: Genuss, Naturerleben mit allen Sinnen und das tiefe Gefühl von Ganzheit entgehen ihm. Er spürt sich nicht wirklich und es gelingt ihm nicht, sich laufen zu *lassen*. Unter Umständen stellt er das Laufen mangels ausreichender Motivation sogar wieder ein. Gesundheitlicher Nutzen ist so nicht garantiert, Schaden nicht ausgeschlossen.

Zwang des Zwecks

In Technik und Wirtschaft wird versucht, das Beste, ein Optimum zu erreichen. Das bedeutet in nahezu allen Fällen eine Verbesserung hinsichtlich *materieller* Kriterien wie Effizienz, Geschwindigkeit oder Kos-

ten. Aus diesem Kontext heraus haben die Begriffe „Optimierung" bzw.
„optimieren" auch im Umgangssprachlichen Fuß gefasst. Sie werden
ungefiltert und unüberlegt auch auf Zustände und Vorgänge angewendet, in denen ihre grundlegende, auf eindimensionale materielle Steigerung ausgerichtete Struktur nichts zu suchen hat.

In der den neoklassischen Wirtschaftskreisen genehmen Annahme
eines stets maximierenden Homo oeconomicus „wird der Mensch als
ein langfristig optimierendes Individuum betrachtet, das seine Wünsche und Bedürfnisse kennt."[2] Die Vorstellung allerdings, er sei ein Individuum, das immer rational handele, nur an seinen Nutzen denke,
sich an feststehende Werte halte und über alle (!) notwendigen Informationen verfüge, ist modellhafter Natur und hält der Realität nicht
stand. Dieses, aus speziellen Forschungsfragen entstandene, theoretische Konstrukt eines eigennützigen und nutzenmaximierenden
Wesens, das sich durch wenig hinterfragtes Zitieren fast zu einem
eigenständigen Menschenbild aufgeschwungen und in der Literatur
verselbstständigt hat, ist geradezu zu einem Treibriemen der Optimierung geworden.

Da aber Theorie und Praxis so gar nicht zueinanderfinden können angesichts des Emotionswesens Mensch, das zum Glück weit entfernt von
Perfektion funktioniert, gibt es neue Erklärungsversuche, aber immer
noch im Dienste einer Instrumentalisierung des Menschen für vorhersagbare ökonomische Entscheidungen und damit Gewinne: „Die verhal-
tenswissenschaftliche Forschung verwirft die Annahme, dass Entschei-
der perfekt rational sind. Der Mensch wird menschlich modelliert."[3]
Das Konzept der Optimierung aber bleibt bestehen. Der Optimierungs-
vorgang, der wie eine mathematische Formel ein geschlossenes System
repräsentiert, geht zulasten der Menschen. Die Menschen sind nicht als
Menschen im Blickfeld der Optimierer, sondern als *Humankapital*, das
es optimal einzusetzen gilt oder radikaler: Es wird ausgetauscht zugunsten billigerer Arbeitskräfte oder ganz aussortiert, um erst einmal eine Optimierung der Rendite zu erreichen. Der Mensch wird betrachtet als ein
Produktionsfaktor wie jeder andere auch. Der Zwang zum Zweck der op-
timalen Ressourcennutzung gilt auch für ihn.

In vielen Lebensbereichen aber muten diese systemische Abgeschlos-
senheit und die einseitige leistungsorientierte Betrachtungsweise sehr
fremd an. Nicht immer lässt sich das Leben mit messbaren Zielen und

definierbaren Ausgangspunkten bewältigen. Die unüberschaubare
Komplexität der Bedingtheiten lässt oft nur einen *offenen* Blick zu:
Ziele ergeben sich immer wieder neu, werden formuliert und wieder
verworfen. Manchmal steht gar nicht das Ziel im Vordergrund, sondern der Weg. Das Leben ist ein Fluss und keine 400 Meter Bahn.
Der Geist der Optimierung hat sich verselbstständigt und hält uns gefangen in einem engmaschigen Netz von *Verbesserungszwängen*. Permanent sich optimierende Menschen sollen in einer optimierten Gesellschaft leben.

„Das ist auch Ausdruck des Zeitalters des Individualismus, das jeder
für sich verantwortlich ist und jeder das Interesse hat, seinen Möglich-
keitsspielraum zu erweitern, und das hat die kapitalistische Mentalität
ganz wesentlich befördert. Im Grunde ist das Individuum Unterneh-
mer seiner selbst, muss in jedem Moment schauen, wo kann man was
optimieren, wo kann man effizienter werden, wo kann man sich besser
vermarkten, und das ist natürlich anstrengend."[4]

Einen verantwortungsvollen, integeren, in sich ruhenden Menschen
würden wir wohl kaum als einen „optimierten Menschen" bezeichnen.
Genauso wenig wie wir einen verlässlichen Freundeskreis eine „optimierte Gruppe" nennen oder einer harmonischen Ehe das Prädikat „optimierte Partnerschaft" zuweisen würden.

In der Kunst darf das Leben noch fließen. Kreativität, individuelle
Entwürfe, Visionen, Verrücktheiten sind gefragt. *Alles ist möglich.*
Wahre Kunst ist als optimierungsfreier Raum geduldet. Wahre Kunst
kann niemals optimiert werden, Kaufpreise schon, was leider „optimierende" Rückwirkungen auf manche Künstler hat.

Das Streben nach Verbesserung ist nicht falsch und hat uns weit gebracht. Das Beste aus einer Situation zu machen, ist etwas, was uns seit
ewigen Zeiten vorantreibt, aber was ist das Beste?

Schneller, höher, weiter

Im Leistungssport lassen sich die Auswüchse des Optimierungszwanges
gut beobachten. Die Frage, „wer gewinnt" wird zunehmend verdrängt
von der Frage, „welche Mittel haben die Sieger genommen." Im
Grunde werden wir Zuschauer und Sportbegeisterte, aber auch die
Konkurrenten und andere Beteiligte mit zwei unterschiedlichen, sich

jedoch ständig mischenden Wettbewerben konfrontiert. In dem einen gibt es Konkurrenzkampf unter Ausnutzung dessen, was ein Mensch aus sich heraus zu leisten imstande ist, also vor allem Anlage, Training und Motivation. Im anderen Wettbewerb werden chemische Mittel und biologische Tricks verwendet und lassen die Leistungsfähigen vor allem im Muskel- und Ausdauerbereich zu etwas Maschinenhaftem, Monsterartigem mutieren.

Manche Aktive rutschen in das Doping hinein, ohne sich dessen richtig bewusst zu sein. Powerdrinks, Nahrungsmittelergänzungsstoffe oder eine Cola im richtigen Moment erscheinen völlig harmlos und doch „wirken" sie bei entsprechender Aufnahmebereitschaft und Einstellung. Kommen noch Gruppen- und überzogener individueller Leistungsdruck hinzu, der oft für ein ganz anderes unerfülltes Bedürfnis oder eine raffinierte Vermeidung von etwas steht, ist der Übergang zu konkreten gesundheitsschädigenden und verbotenen Dopingmitteln nicht mehr weit. „Ich probiere es nur mal aus", „Die anderen machen es doch auch" und andere Verharmlosungsargumente reißen die an sich vorhandenen vernünftigen und moralischen Mauern ein. Der Schritt zu Betrug, Manipulation und Beschaffungskriminalität ist nicht mehr weit. Das im Illegalen angesiedelte Geschäft mit dem Doping führt ein schwer zu durchdringendes Eigenleben, in dem es Opfer gibt, etliche Profiteure und viele Zuschauer, die die „unglaublichen" Leistungssteigerungen ihrer „Helden" geradezu herausfordern.

Gerade das Doping im Sport macht die *eindimensionale* Sichtweise der sich verselbstständigten Optimierung deutlich. Es zählt nur die eine Dimension. Ein bestimmter Wettbewerb *muss* gewonnen, eine bestimmte Leistung *muss* erreicht werden. Die Folgen, die die Dopingeinnahme für andere, nicht unmittelbar zu der Leistungssteigerung beitragende Teile des Organismus, etwa bestimmte Organe oder emotionale Befindlichkeiten, hat, werden nicht berücksichtigt – meistens sind sie gar nicht bekannt: weder die unterschiedlichen Auswirkungen nach der Dopingeinnahme noch die, die sich erst nach vielen Jahren einstellen.

Es wird versucht, das System Mensch gezielt an *einer* Stelle für *bestimmte* Zeitpunkte zu *manipulieren*. Ich kann nicht glauben, dass die, die das tun oder in irgendeiner Form daran beteiligt sind, nicht wissen oder nicht wahrhaben wollen, dass ihr Optimieren auch das *ganze System*

auf verschiedenste Weise verändern wird. Die Spuren des Dopings werden auf jeden Fall – wiederum durch chemische Gaben – vertuscht. Viele
sportliche Wettkämpfe sind nicht mehr fair, sie sind ausgeartet zu einem
Wettstreit der Mediziner und Funktionäre. Ein Wettstreit, den der Laie
nicht verstehen kann und den immer häufiger Juristen mit leider untauglichen Mitteln klären sollen. Der Optimierungsdruck im Leistungssport
ist symbolisch für unsere Leistungsgesellschaft, in der das Fortkommen
mit *allen* Mitteln gesucht und erwartet wird. Nur sein Bestes zu geben,
reicht nicht mehr aus.

Pillen für den Geist?

Zurzeit wird die Optimierung des Gehirns unter dem Stichwort
„Neuro-Enhancement" heftig diskutiert. Gemeint sind damit Interventionen zur Steigerung der geistigen Leistungsfähigkeit und Verbesserung
der psychischen Befindlichkeit mit Hilfe von Drogen oder Psychopharmaka, unabhängig von medizinisch notwendigen Indikationen.

Diese Diskussion ist deshalb interessant, weil sie die Fragwürdigkeit
des um sich greifenden Optimierungszwanges an einer zentralen
menschlichen Stelle berührt. Nebenwirkungen sowie mittel- bis langfristige Folgen der medikamentösen Steigerungsbemühungen sind
kaum untersucht und dadurch nicht bekannt. Einer möglichen Verbesserung der Konzentrationsfähigkeit z. B., ohnehin nur *ein* Faktor geistiger Leistungsfähigkeit, steht unter Umständen eine unkontrollierte
Veränderung des Gemütszustandes gegenüber, was, neben mehr oder
weniger ausgeprägten emotionalen Störungen, den Leistungswillen beeinträchtigen kann. Geistige Leistungsfähigkeit ist zudem, obwohl sie
gerne so „verkauft" wird, kein Garant für größeren beruflichen Erfolg
oder größeres Lebensglück. Wie alle Dopingmaßnahmen steht auch
die Gehirnvariante im rechtlichen Abseits und befördert einen uferlosen „Selektionsvorgang", der Konkurrenz ad infinitum betreibt – die
bessere Leistung ist immer nur besser *im Verhältnis* zu anderen. Eine
Gruppe von Wissenschaftlern setzt sich in dem Memorandum „Das
optimierte Gehirn" für die ethische und rechtliche Billigung ein und
vertritt die Ansicht, „dass es keine überzeugenden grundsätzlichen Einwände gegen eine pharmazeutische Verbesserung des Gehirns oder der
Psyche gibt. Vielmehr sehen wir im pharmazeutischen Neuro-En-

hancement die Fortsetzung eines zum Menschen gehörenden geistigen Optimierungsstrebens mit anderen Mitteln. " Immerhin geben sie prinzipiell zu bedenken: „Eingriffe in die komplizierte und weitgehend unverstandene Natur lebendiger Wesen, vor allem des Menschen selbst, dürfen nur mit äußerster Sorgfalt erfolgen. Die Metapher von der evolutionären ‚Weisheit der Natur' ist gerade im Hinblick auf das menschliche Gehirn eine berechtigte, pragmatische Mahnung."[5]

Kritischer und philosophisch konkreter äußern sich die Gegner, die das Wesen dieser neuen „Freiheit" hinterfragen: „Wahre Freiheit bewährt sich gerade in der Anerkennung von Grenzen, viel mehr im Verzicht auf das Machen des Machbaren als in der stetig erweiterten Unterwerfung der Natur unter die menschliche Verfügungsgewalt. Insofern wirft das Memorandum mit seinem Verständnis von Freiheit als Freiheit zur Perfektionierung des Menschen unabweisbar die Frage nach dem Menschenbild auf, das uns in der Erforschung und Anwendung von Mitteln zur Veränderung der ‚natürlichen Beschaffenheit' des Menschen leiten soll."[6]

Die Frage, um die es hier auch geht, lautet: Ist es „liberale" Pflicht, dem Menschen das anzubieten, was technisch, hier chemisch machbar ist? Hat das Individuum uneingeschränkte Verfügungsgewalt über Leib und Seele oder ist es Aufgabe des Staates, Interessen des Allgemeinwohls als höheres Gut zu schützen und Grenzen zu ziehen? Dazu kommt noch die Frage, ob bloße Machbarkeit und die Aussicht auf ökonomische Verwertung, genauer gesagt: Ausbeutung, Grund genug ist, solche Mittel zu legalisieren? Und falls sie einmal zum Tablettenalltag gehören: „Wer darf, wer muss und wer kann diese Mittel einnehmen? Ist dann wirklich jeder so „frei", angesichts von sozialem und ökonomischem Druck, frei über die Einnahme zu entscheiden?

Ich denke, die Ausschöpfung oder Erweiterung des psychischen Potenzials sollte *ganzheitlich*, d. h. unter Berücksichtigung *aller* Anteile des Organismus und deren jeweiligem Zusammenspiel sowie mit den *in uns angelegten* Mitteln erfolgen. Statt einzelne Funktionskreisläufe von außen einfach nur „hochzupuschen", sind Meditation, Selbsterfahrung oder auch nur gezielte kontinuierliche geistige und körperliche Übungen geeignete Mittel, unsere psychische Koordination und Stärke zu fördern. Das sind aktive, kontrollierbare Verbesserungen und Veränderungen, die auf innerer *Erfahrung* beruhen und dass „sich seiner selbst innewerden" grundlegend und nachhaltig befördern. Selbstsicherheit und Selbstvertrauen werden gestärkt. Aufgaben und Herausforderungen werden besser bewältigt, weil der *Zugang* zu den eigenen Möglichkeiten und Energien leichter fällt.

Du musst dich ändern

Nie zuvor in der Geschichte war der Mensch einem derartigen Druck durch seine selbst auferlegten Erwartungen ausgesetzt. Die Möglichkeiten der Selbstgestaltung sind stetig gewachsen. Nach der „Unterwerfung" der Natur, den verschiedenen technischen „Revolutionen" und den Sichtbarmachungen des Makro- wie des Mikrokosmos, erscheint es dem Menschen ganz natürlich, sich selbst zu perfektionieren und zu manipulieren. Das Ich, als gedachter, scheinbar machtvoller Akteur der Selbstverbesserung, steht in voller Blüte und seine Optimierung ist uns Menschen des 21. Jahrhunderts selbstverständlich. Leistungsdruck und Konkurrenz auf der einen Seite, Verluste des Halts in inneren und äußeren Strukturen auf der anderen Seite scheinen uns geradezu in eine Haltung der Ich-Optimierung nach sportlichem Muster zu zwingen.

Zumindest in der „westlichen Welt" bzw. dort, wo die Existenz in den grundlegenden Bedürfnissen gesichert ist, haben wir das Ideal der Individualität so weit vorangetrieben und uns technische und organisatorische Möglichkeiten an die Hand gegeben, die die Illusion eines souveränen Ichs hat Fuß fassen lassen. Dieses wie eine Produktserie oder einen Rekord ständig zu verbessern zu wollen, ja zu „müssen", ist Standard in der Welt der Optimierung. Der „Ruf nach permanenter Ego-Veredelung (ist) der schwer erträgliche Imperativ des 21. Jahrhunderts"[7] geworden.

Ein Blick in die Ratgeberecken der Buchgeschäfte, Fernsehkanäle oder Kursverzeichnisse der Volkshochschulen lässt den Druck erahnen, dem wir auf dem nunmehr breit gepflasterten Weg der Selbstfindung ausgesetzt sind. Dabei die Spreu vom Weizen zu trennen, macht die Suche nach dem besseren Ich nicht leichter. Was den gedruckten Rat betrifft, so bietet Amazon derzeit 173 Buchtitel zum Suchwort „Selbstkompetenz" in der Kategorie „Ratgeber" an. Darunter sind klassische Optimierer wie „Selbst-Marketing: Zeigen Sie, was in Ihnen steckt" oder „Erfolgsprinzip Persönlichkeit: Selbstmanagement mit Psychosynergetik", aber auch rätselhaftes wie „Zeitfusion: Gehirn im Glück?" oder „EASY!Living".[8]

Noch nie wurde dem Menschen so massiv nahegelegt, sich als Mensch zu perfektionieren. Aus den Büchern der Philosophen und Lebensberater tönt es landauf landab: „Du musst dein Leben ändern"[9] oder „ÄNDERE DICH! Der Weg zum Erfolg".[10]

Unser Ich wird betrachtet wie ein Muskel, allenfalls eine Gruppe von Muskeln, die es zu trainieren und zu formen gilt. Das Ich aber, so wir ihm überhaupt eine Existenz zubilligen wollen, ist nicht der ganze Mensch. Mehr noch: Es ist uns ziemlich unbekannt. Vor allem der riesige Fundus des Unterbewussten, der bei Entscheidungsfindungen und Operationalisierungen die Vorarbeit leistet und dem Ich oft nur die Rolle des erklärenden „Pressesprechers" überlässt, ist schwer einseh- und verstehbar. Die Regeln der Optimierung greifen hier nicht. Die Übertragung des eindimensionalen technisch-materiellen Konzeptes „Optimierung" auf das *Wachsen* und *Werden* des Menschen ist nicht angemessen. Der Ich-optimierte Mensch ist nicht der bessere Mensch, auch nicht der wertvollere und auch nicht der umfassendere.

Die vor allem in der Industrie selbstverständlich gewordenen Coachings zielen auf persönliche Perfektionierung in möglichst kurzer Zeit ohne innerdynamische Reibungsverluste. Die Seele wird zur getunten Maschine, die Selbstoptimierung zur sozialen Norm. Der Coach zielt auf eine Lösung in kürzester Zeit: „Das entspricht der Erwartung an das Individuum von heute, möglichst effektiv und effizient, möglichst schnell und ohne Zeitverlust agieren zu können. Lange Problemdiskurse verzögern den Ablauf, Verzögerungen kosten Geld, deshalb sind Unternehmen den Coachs auf einmal wohlgesinnt – aus vitalem Interesse, die Motivation des Mitarbeiters zu den eigenen Gunsten zu steigern".[11]

An sich zu arbeiten, hat nichts mit optimieren zu tun. Es ist ein nie endender Prozess mit offenem Ende, dessen Ziel mal sichtbar ist und dann wieder nicht, weil sein Fortschreiten sich immer wieder neu ergibt aus der individuellen *Entfaltung*. Der optimierte Mensch wäre der perfekte Mensch und sein Weg wäre schon zu Ende. Das aber widerspricht den Prinzipien der Natur und wird vor allem der Komplexität und den vielen eingeschriebenen und noch längst nicht zum Leben erweckten Optionen im Menschen nicht gerecht. Ganz abgesehen davon, dass ständig sich ändernde Umwelten sozialer, technischer und biologischer Natur humane Perfektion gar nicht zulassen.

Wachstum als Wirtschaft

Dem Fetisch „Ich-Optimierung" entspricht auf kollektiver Ebene das *wirtschaftliche Wachstum* und die materielle Wohlstandsmehrung als permanente Optimierungsideologie. Die Wirtschaft „muss" wachsen, d. h., das Bruttoinlandsprodukt muss jedes Jahr steigen. Nur durch Wachstum gebe es Investitionen, Arbeitsplätze und soziale Leistungen. „Wir haben uns eingeredet, permanentes Wirtschaftswachstum sei die Antwort auf alle Fragen".[12]

Die Wachstumsideologie wird unter drei Prämissen mehr oder weniger aufrecht erhalten: Kosten für die sachgemäße Verarbeitung des Produktionsmüll inklusive anfallender Rückstände bei der Energiegewinnung sowie die Eindämmung unsachgemäßer „Lagerungen" derselben werden *nicht* oder nur unzureichend eingerechnet. Zweitens wird das Problem der Energieressourcen in die Zukunft zulasten nachfolgender Generationen verlagert. Nicht erneuerbare Energien werden verbraucht und für erneuerbare werden nicht die Investitionen eingestellt, die ein verantwortungsbewusstes und zukunftsorientiertes Unternehmen normalerweise für Entwicklung ausgibt. Drittens werden die Produktionskosten ausbeuterisch gering gehalten. Die Arbeitslöhne werden durch Produktionsverlagerungen in immer wieder neue Länder unter Schaffung und Ausnutzung völlig unterschiedlicher Lebensstandards „künstlich" gesenkt. Viele Energielieferländer werden nicht in gerechtem Umfang am Wirtschaftswachstum der produzierenden Länder beteiligt und u. a. durch Verschuldung in wirtschaftlicher Abhängigkeit und Machtlosigkeit gehalten.

Eine spezielle Form der Ausbeutung ist die der Zukunft: um das Prinzip Wachstum aufrechtzuerhalten, werden Schulden aufgenommen, die die reale Situation verfälschen und das Zahlen der Zeche auf zukünftige Generationen abwälzen.

„Die Wirtschaft muss wachsen", so tönt es kategorisch und undifferenziert aus jedem politischen Lautsprecher. Wirtschaftswachstum ist einer der zentralen *Glaubenssätze* der Marktwirtschaft. Die Antwort auf die Wirtschaftskrise 2009 musste daher zwangsläufig und fraglos

„Wachstumsförderungsgesetz", genauer: „Wachstumsbeschleunigungs-
gesetz" lauten. Das sei, so hieß es, der richtige „Wachstumsimpuls"
und die richtige „Wachstumsstrategie". Die alltäglichen Folgen dieses
Optimierungsglaubens spüren nun auch wir, die wir dachten, dass wir
auf der Gewinnerseite seien, wenn wir dem Trampelpfad des Wirtschaftswachstums folgen, der sich in einschlägigen Buchtiteln so liest:
„Entwicklung eines Immobilien-Portfolio-Management-Systems: Zur
Optimierung von Rendite-Risiko-Profilen diversifizierter Immobilien-
Portfolios"[13] oder „Optimierung der Konzernsteuerquote durch internationale Funktionsverlagerung".[14]

Ob die Prämissen *Umweltverschmutzung, Ressourcenvernichtung* und
die verschiedenartigen *Ausbeutungen* weiter bestehen werden und sollen, ist die eine Frage, ob mit dem Konzept der ewigen Optimierung
des Wirtschaftswachstums dasselbe passieren muss, eine andere. Bis
dahin schwebt das Diktum der Letzteren über allen Diskussionen und
erstickt – wie das inflatorisch und oft vordergründig verschleiernd ge-
brauchte „Totschlagargument" von der Gefahr für die Arbeitsplätze –
grundlegende Überlegungen und *praktische langfristige* Veränderungen.

Sie sind uns mehr wert

Noch sind die Gegenstimmen zu leise oder zu vordergründig populis-
tisch und vor allem nicht vereint, um ausreichend gehört zu werden,
damit eine fruchtbare und folgenreiche Diskussion mit konkreten
Handlungsfolgen über mögliche *Paradigmenwechsel* in Wort und Tat
in Gang gesetzt wird.

„Das 21. Jahrhundert wird von uns verlangen, dass wir in neuer
Form über Wachstum nachdenken. Es geht nicht nur um die klassischen, ökonomischen Wachstumsgrößen, sondern es geht um ein
Wachstum, das nachhaltigen Wohlstand sichert. Dazu werden Größen
wie die Sicherheit, die Lebensqualität, die Gesundheit und der nachhaltige Umgang mit Rohstoffen eine entscheidende Rolle spielen. Wir
müssen lernen, den Wachstumsbegriff für das 21. Jahrhundert neu zu
definieren."[15]

Noch sind wir alle als Konsumenten und als Produzenten, als Wähler und Bürger zu zögerlich, vielleicht nicht mutig und konsequent genug, vielleicht zu denkfaul und zu antriebsschwach, um die Schritte zu

tun, die in unserer Macht stehen und die nötig sind, um die Idee vom Wachstum *anders* auszulegen und *anders* zu leben. Einen Schritt voraus ist die Werbung. Geschickt, fast zynisch greift die Firma Edeka die inhaltliche und sprachliche Ambivalenz von Wachstum und Mehrwert auf und versucht, die Stimmung des Wandels für ihre Zwecke zu nutzen, indem sie behauptet: „Sie sind uns mehr wert."[16]

Glaubwürdiger trotz bzw. gerade wegen der doppelten Bedeutung wirkt dagegen der Slogan der Gewerkschaft Erziehung und Wissenschaft: „Bildung ist MehrWert!"[17] Wirtschaftstheorien einander gegenüberzustellen und neue wirtschafts- und finanzpolitische Wege zu belegen, ist nicht Aufgabe dieses Buches. Mir geht es hier nach wie vor um den *Geist der Optimierung*, der, u. a. getarnt als Wachstumsideologie, im wirtschaftlichen, politischen Leben und in unserem Alltag tiefe, einseitige und damit zerstörerische Spuren hinterlassen hat. Ziel dieses Buches ist es, die tiefe, weil selbstverständliche Verwurzelung dieses und anderer „Geister", und ihre *unbemerkte* und *unheilvolle* Vermehrung im alltäglichen Denken, Handeln und Fühlen aufzuspüren.

„Die Bedrängnisse der Zukunft sind existenzieller als die bisherigen. Bis weit in das 20. Jahrhundert hinein hatten die Menschen Rückzugsgebiete, die sie aufsuchten, wenn es für sie irgendwo und irgendwie eng wurde. Wasser, Land, Rohstoffe – immer gab es noch etwas Ungenutztes. Zum ersten Mal in der Menschheitsgeschichte ist dieser Ausweg versperrt. Alle stehen mit dem Rücken zur Wand. Geblieben sind lediglich die unerschlossenen Weiten menschlicher Fantasie und Innovationskraft. Doch ebenso wie Menschen in den zurückliegenden Jahrzehnten die Mehrung ihres materiellen Wohlstands überschätzten, neigen sie jetzt dazu, ihre mentalen Fähigkeiten zu überschätzen."[18]

Wetten, dass wir untergehen!

Wie stetiges „Wachstum" von manchen hergestellt wurde und trotz aller Beteuerungen immer noch wird, das haben wir erfahren. Wachstum bedeutet für diese Menschen und Gruppen Optimierung des *persönlichen Gewinns*, ohne Regeln einzuhalten und ohne sich um die Folgen für andere zu kümmern. *Profitgier* hat in der von der realen Wirtschaft abgekoppelten Finanzwirtschaft – ohne dass die meisten von uns diese

Abkoppelung richtig verstehen könnten, geschweige denn über ihr Zustandekommen informiert wurden – einen „Wachstumsgrad" erreicht,
der durch reine Reduktion schon gar nicht mehr zu beheben ist. Auf
die schlechte Entwicklung von Unternehmen oder ganzen Staaten mit
speziellen Finanzprodukten hochwertige „Wetten" abzuschließen, die
wiederum über vernetzte Strukturen der Finanzwirtschaft auf eben
diese Entwicklungen indirekt Einfluss nehmen können, ist ein zyni-
sches Spiel mit und gegen den Rest der Welt. Die Risiken bei solchen
oder ähnlichen „Spielen" und Spekulationen auf den Staat und damit
den nahezu unbeteiligten Steuerzahler abzuwälzen, die Gewinne aber
einzustecken, ist, vorsichtig formuliert, ein schwerer Fehler im politischen System und zeugt von *moralischer Dekadenz* der Handelnden
und derer, die davon wissen und schweigen. Die Kosten werden sozia-
lisiert, ausgelagert oder in die Zukunft verlegt, die Gewinne intern sofort verteilt.

Als Entwickler, Anbieter und Verteiler dieser Art des „Handelns" immer dabei sind Banken, denen, ob sie das wollen oder nicht, gerade
wegen ihrer Schlüsselfunktion im Wirtschaftskreislauf eine große gesellschaftliche Verantwortung mit großer ethischer *Symbolkraft* zukommt.
Ihr spezialisiertes Tun in allen seinen Dimensionen ist nicht irgend-
ein Tun, sondern eines, das getragen wird vom *Vertrauensvorschuss* der
Bürger.

„Kapitalbildung ist nicht Selbstzweck, sondern Mittel zur Entfaltung der Volkswirtschaft. Das Geld- und Kreditwesen dient der Werte-
beschaffung und der Befriedigung der Bedürfnisse aller Bewohner."[19]

Die derzeitige Finanzkrise ist noch nicht bereinigt, deren Auswirkungen in manchen Staaten zurzeit noch ziemlich offen, da fallen die
Bonuszahlungen an leitende Mitarbeiter einiger privater Finanzhäuser
unverständlich üppig aus. Und das, obwohl sie nur mit staatlichen Sub-
ventionen und Garantien in Milliardenhöhe am Leben erhalten werden. Das ist bemerkenswert und belegt den Unwillen der Akteure, am
System etwas zu ändern und deren Willen, von ihm zu profitieren. Weniger freundlich ausgedrückt ist das Gebaren dieses Teils der Finanzwirtschaft Profitmaximierung der übelsten Art. Es ist eine global wirkende *Ausbeutung* mit modernsten Mitteln, deren Legitimität bei
konsequenter Auslegung der jeweiligen Gesetze und der diesen zugrunde liegenden Moralprinzipien fraglich ist.

Wer falsch spielt, trägt die Verantwortung, muss genannt werden und dafür haften. Diebstahl wird hierzulande normalerweise im Vergleich zu anderen Delikten streng bestraft. Der Schutz des Eigentums ist ein hohes Rechtsgut. Das Dilemma ist: Eigentum verpflichtet nicht mehr, weil es in diesen neuen Profitsystemen den klassischen Eigentümer nicht mehr gibt. Was alleine zählt, ist die Vermehrung des „abstrakten" Geldes.

„Geld hat keine Grenzen, weil es eben nur Zahl ist, Rechnungseinheit, und darin liegt schon die Möglichkeit, die Möglichkeit beliebiger Vermehrung. Die Frage ist dann, wie können wir es begrenzen … Also die Geldgier war schier unendlich erfinderisch, immer die jeweilige Begrenzung zu überwinden. Und deshalb kann nicht aus dem Markt selbst heraus die Beschränkung der Geldgier erwachsen. Das muss man mal vom Prinzip her verstanden haben, das ist das Entscheidende."[20]

Make the most of now

In einer der großen sogenannten „Wachstumsbranchen", der Telekommunikation, wird hintersinnig geworben mit dem Satz „Make the most of now"[21]. Gerade an dem Beispiel Handy stellt sich die Frage, ob der Sinn von Wachstum darin bestehen soll, die Welt in großer werblicher Anstrengung mit einem Produkt zu überschwemmen, das in immer neuen, letztendlich beliebigen Gestalten und teils überflüssigen und sinnlosen Leistungskombinationen aufgelegt wird. Endloses Wachstum im Einklang mit den (Überlebens-) Interessen *aller* Menschen, die den Erdball bevölkern, und im Einklang mit den natürlichen *vorgegebenen Kreisläufen*, von denen wir nun einmal abhängig sind, kann es nicht geben, weder in der Natur noch sonst wo auf der Erde und auch nicht in der Wirtschaft.

Die „Grenzen des Wachstums" sind schon lange benannt und berechenbar. Bereits 1972 (!) erschien die erste Studie des „Club of Rome", die bis heute als Buch über 30 Millionen mal verkauft worden ist und zum geflügelten Wort für ein anderes Denken wurde. Die Untersuchung zur Zukunft der Erde als Wirtschaftsraum bis ins Jahr 2100 ergab damals, „dass ohne drastische Maßnahmen der Gegensteuerung Bevölkerungs- und Produktionswachstum durch Rohstoffverknappung und Umweltzerstörung ein Wachstum zum Tode bedeuten würden".[22]

Wachstum per se kann kein Selbstzweck sein. Unser individuelles Glück kann nicht formelhaft mit individuellem Konsum gleichgesetzt werden. In den Untersuchungen zum Glücklichsein tritt klar zutage, dass das Maß für Zufriedenheit, ein gewisses Niveau der Existenzsicherung vorausgesetzt, von den Menschen nicht durch materiellen Wohlstand definiert wird. Gut leben bedeutet mehr als nur „haben".

„Das Ziel Wirtschaftswachstum macht in den westlichen Industrieländern nicht nur keinen Sinn mehr, da es nicht/kaum zu mehr Lebenszufriedenheit beiträgt, sondern es ist ökologisch auch nicht durchhaltbar. Das Ziel kann nicht Wirtschaftswachstum sein, sondern vielmehr ein ‚glückliches langes Leben', das sich aus der Lebenserwartung und der Zufriedenheit mit dem Leben errechnet, unter der Bedingung nachhaltigen Wirtschaftens."[23]

Die Wachstumsideologie ist zum Glaubensersatz geworden, zu einer Droge der Verdrängung, die blind gemacht hat für die tatsächlichen Zusammenhänge und Bedingungen eines *gerechten* und *humanen* Lebens. Die Probleme von gestern können nicht auf morgen verschoben werden und die einen können es sich nicht wohlergehen lassen auf Kosten der anderen. Derzeit arbeitet eine Kommission des Bundestages an dem Thema „Wachstum, Wohlstand und Lebensqualität". Solange aber diese Begrifflichkeiten nach wie vor unter einen Hut gebracht werden, ergibt das *keine neue Philosophie*. Die aber ist notwendig. Solange es an dieser mangelt, solange es keine neuen Leitgedanken, Ziele oder Vorgaben gibt, für die ein gesellschaftlicher Konsens nicht nur des Strebens, sondern auch des *Handelns* besteht, solange bleibt die Öffentlichkeit dem alten Denken verhaftet.

„Kein Verzicht – nur ein anderes Wachstum, so lautet die parteiübergreifende Hoffnung, ein umweltverträglicheres und ein gerechteres." So käme man weg von der „Verzichtsdebatte"[24] und könne über ein anderes Wachstum reden. Warum kein Reden über Verzicht? Was ist so schlimm an Verzichten? Warum die Dinge nicht mal *zu Ende* oder *völlig neu* denken, statt immer wieder dem Wachstum eine Tür zu öffnen?

Wachstum, Wohlstand und Lebensqualität sind von uns geschaffene Konstrukte, die so *oder* ganz anders gefüllt werden können. In der Natur kommen sie nicht vor, aber die Natur kommt in ihnen vor, genauer:

Sie verkommt durch sie. Wir könnten uns diese Konstrukte auch weg-
denken und versuchen, sie durch neue Perspektiven und Prinzipien zu
ersetzen.

Den derzeitigen wirtschaftlichen „Aufschwung" nach der großen
Krise zu feiern mit der Aufwärmung alter Illusionen, dass wir auf der
„Schnellstraße zu Vollbeschäftigung"[25] seien, sich auf die Schultern zu
klopfen und in einen Wettstreit der Urheberschaft zu treten, ist zu wenig und kein Beispiel für Lernfähigkeit. Es muss ein Wettstreit derjeni-
gen geben, die sich trauen, wirklich etwas zu verändern.

Sehnsucht nach Seele

Was ist, wenn wir *alle* zwei oder drei Handys besitzen und die Anreize
für den Kauf des neuesten nachlassen, die ohnehin kaum noch optimiert werden können, es sei denn, man verspricht uns neben einem
kostenlosen Fotoapparat, einem kostenlosen DVD-Player und anderen
kostenlosen Elektroteilen eine sichere Rente? Erfinden und verkaufen
wir uns dann andere überflüssige Geräte und spielen die Optionen der
Chips durch, nur um die Theorie des Wachstums mit allen seinen
schädlichen, bedrohlichen und inhumanen Folgen aufrechtzuerhalten?
Werden wir da nicht zu dressierten Hunden, die nach allem schnappen,
was gut riecht, nur weil wir vorgeben, nicht zu wissen, dass der gute
Geruch aus den Kadavern überkommener Gewohnheiten kommt?

Das erschiene mir eine deprimierende Vorstellung und erinnert
mich an einen in seiner Entwicklung und Reifung blockierten Menschen, der sich in immer wiederkehrende neurotische Vermeidungen
verschwendet, unzufrieden wird, sich in überflüssigen Gefechten an
den falschen Fronten verschleißt, in Ersatzbefriedigungen verzettelt
und vor allem nicht an sein Potenzial und seine innere Wahrheit heran-
kommt. Ein Mensch, der sich tief in seiner Seele nach Zufriedenheit,
Ausgeglichenheit und innerer Freiheit sehnt, der es aber durch sein
Tun und Lassen irgendwie schafft, gerade das nicht zu erreichen. Wo
steht geschrieben, dass sich immer alles verbessern muss und wenn ja,
immer zu unserem Vorteil? Weshalb soll es uns immer „besser" gehen?
Fortschritt wird zu einseitig gesehen. Der *innere* Fortschritt ist selten gemeint. Wir haben das Verbessern den materiell Orientierten überlassen
und uns der Illusion hingegeben, dass es nur darauf ankomme, die rich-

tigen Gegenstände in der richtigen Weise um uns herum aufzustellen. Lebenssinn erschien uns als etwas *Machbares*, Glück als ein machbares Wunder.

Je besser wir die Dinge machten, je besser, verlässlicher und tragfähiger sei unser Leben mit seinen unbekannten, verwirrenden und beängstigenden Anteilen. Also machten die Menschen: Sie verbesserten und optimierten, was sie nur konnten, aber es geht ihnen nicht unbedingt besser damit. Wesentliches Element des Wachstums- und Optimierungswahns ist die Sucht nach dem *kurzfristigen* Erfolg und der *schnellen* Verwertbarkeit. Die Seele aber braucht den *langfristigen* Einklang. Der Mensch muss sich als ganzer Mensch in seiner *Naturgebundenheit* und *sozialen Verstrickung* im Blick haben. Die Sehnsucht des Menschen ist Geborgenheit *und* Autonomie. Dazu braucht er Verlässlichkeit und Vertrauen für die Dinge, die er sich schafft.

Offensichtlich ist der Mensch in einem Entwicklungsstadium angelangt, in dem er die Kraft besitzt zu einem (neuen) Entwurf seiner selbst und der Welt um ihn herum. Den technischen Entwurf hat er schon ziemlich optimiert und ist dabei, ihn in die Tat umzusetzen. Die Auswirkungen sind jedoch schon jetzt nicht gut. Sie sind nicht gut genug für das ersehnte ganzheitliche beglückende Lebensgefühl „Hier bin ich Mensch, hier darf ich's sein."[26]

Der Mensch wird nicht in seinem Menschsein gesehen, nicht in seiner Ganzheit, nicht als „Gesamtkunstwerk", sondern als pures Mittel zum Zweck der Maximierung und Optimierung materieller Vorteile. In diesem System ist kein Platz für die Entfaltung von Ideen und Vorstellungen und für die, die sie kreieren und verbreiten wollen. Das sind im Prinzip alle Menschen, denn ein Merkmal des Menschlichen ist Kreativität und der Wunsch zu wachsen. Damit ist jedoch ein *anderes* Wachsen gemeint, nicht das auf ein festes Ziel normierte und optimierte, sondern das offene, das das Selbsterkennen und die Verwirklichung des Einzelnen meint. Das ökonomische System ist das beste, welches dem Menschen *dient*. Schlecht ist das System, das ohne Weitblick nur sich selbst aufrechterhalten will und falsch ist das, welches nur einzelnen nutzt.

Die Schöpfung ist keine Wertschöpfung

Was kann der einzelne tun, der in den Systemen lebt und von ihnen abhängig ist? Hauptsächlich misstrauisch sein gegen alles, was sich umgibt mit Bekenntnissen wie: „Nur das Beste ist gut genug", „. . . das Maximum herausholen . . ." oder „Wir wollen doch nur das Beste für Sie."

Über das Zustandekommen der Optimierung sagen die Versprechungen nichts. Das Optimum von etwas ist oft das Minimum für etwas anderes. Mehr Wert für die einen ist weniger Wert für die anderen. Der Mehrwert entsteht nicht im luftleeren Raum. Ein „Mehr" zieht immer ein „Weniger" nach sich. Die Informationen über Auswirkungen und Nebenwirkungen für uns selbst, für andere und anderes fallen, wenn sie überhaupt bekannt sind, oft unter den Tisch. Es gilt, das Prinzip von Ursache und Wirkung allen Geschehens ernster zu nehmen. Alles Tun und auch alles Nichtstun hat *Folgen*. Die teils bedrohlichen und deprimierenden Realitäten sind nicht mehr zu verschleiern, aber *Vernunft* ist neben und trotz allem Chaos *auch* und immer noch ein Begleiter der Menschen. Die Schöpfung besteht nicht nur aus Wertschöpfung.

„Der Wandel wird auch unseren Lebensstil verändern – wir werden lernen, mit weniger Verbrauch glücklich und zufrieden zu sein. Wir werden nach einer neuen Art von Wachstum streben: nach wachsendem Wohlergehen für Mensch und Schöpfung."[27]

Im Rad laufen wir alle ein wenig und dadurch drehen wir alle an ihm, aber wir sind keine Hamster und wir könnten versuchen, unsere Käfigtüren zu öffnen. Es geht um die Entwicklung und Aufrechterhaltung *individueller Autonomie* gegen die Zwänge des Systems der Optimierung, das nur permanente starre Perfektionierung kennt. Individuelle Autonomie bedeutet *selbstbewusste, selbstsichere* und *selbsterkennende* Menschen. Ein solcher Mensch zu werden, ist eine lebenslange schwierige Aufgabe, die der gesellschaftlichen, moralischen und spirituellen Unterstützung bedarf. Wirtschaftliche Not erschwert diese Aufgabe. Ein intaktes Lebensumfeld, die Option auf einen der Gesundheit dienenden Lebensstil und die Chance auf freie Informationsbeschaffung, sind die jedem zustehende Voraussetzung für diese Herausforderung. Vielleicht ist das ein hoher Anspruch. Es erscheint mir dennoch wichtig, ihn zu formulieren und zu fordern. „Utopie optimiert"[28] war ein Weckruf der Bauhausbewegung, um die Grenzen des Denkens zu er-

weitern und zu verschieben. Hier ist das Konzept „optimieren" gerecht-
fertigt, denn wie die Utopie ist das wahre menschliche Optimum *nie* erreichbar. Der Wille zum Verbessern bleibt bestehen, das Ziel jedoch definiert sich im Wachsen immer wieder neu. Für den Optimisten kann
sich das Konzept „optimieren" als hilfreich erweisen: Er stellt sich im
Geiste ungeklärte, eventuell negative Zustände als „optimiert" vor. Das
ist eine Art angewandter fruchtbarer Utopie. Nur mit *innerer* Stärke
und *kritischem Denken* ist es möglich, der „Verschlimmbesserung" in
vielen grundlegenden Lebensbereichen Einhalt zu bieten.

Das innere persönliche Wachstum muss mit dem äußeren gesellschaftlichen Schritt halten. So banal es für die einen und so paradox es
für die anderen klingen mag: Natur*beobachtung* und Natur*erleben* fördern das geistige und seelische Wachstum, da sie Kreisläufe *erfahrbar*
machen und das im Optimierungsgeschehen verloren gegangene Gefühl für Ganzheit sowie der Teilhabe und Verantwortung einem Ganzen gegenüber wiederbeleben können.

Ich erinnere mich an einen Klienten, dessen Problematik sich hauptsächlich um das Umschiffen beruflicher Hindernisse drehte und der
sich kontinuierliche finanzielle Verbesserungen wünschte. Meine wie-
derholten sanften Hinweise auf eine innere Entwicklung, deren Möglichkeit und eventuelle Notwendigkeit er für sich nicht bestritt, beant-
wortete er regelmäßig mit dem hilflosen Satz „Was könnte das sein?"

Versuchen Sie sich in alltäglichen Zusammenhängen der *einseitigen*
Optimierungsideologie bewusst zu werden: Welche Folgen hat der
kurzfristige „Gewinn"? Ist die zweitbeste oder drittbeste Lösung nicht
viel sinnvoller? Warum ist mir nichts gut genug? Wie funktioniere ich
eigentlich als Käufer und Konsument? Was an mir will ich wirklich verbessern und bei was werde ich getrieben?

Mehr Sinn ist mehr wert

Den Prämissen des oben dargestellten ungebremsten Wirtschaftswachstums, das auf materielle Effizienz aus ist, sind für die *menschliche
Reifung*, dem, wenn Sie so wollen, „spirituellen Mehrwert", andere Voraussetzungen gegenüberzustellen. Die Aufgabe des Einzelnen, die individuelle Herausforderung ist es, *Verantwortung* und *Achtsamkeit* für die
Folgen seines Handelns zu entwickeln.

Jede Medaille hat eine Kehrseite, jedem Vorteil ist ein Nachteil immanent. Konsum erzeugt Abfall, Mobilität bedeutet Energieverbrauch, Monokultur zieht Gift nach sich, Perfektion muss einseitig sein und verleugnet das Ganze, aus Unachtsamkeit wird Egoismus und Bequemlichkeit schwächt die Kraft des Geistes. Die Umwelt und die anderen Menschen sind kein Ablageplatz für Lasten aller Art. Es gibt keine „Bad Bank", die Rücksichtslosigkeit, Unmoral und Machtgier in sich aufsaugt und die negativen Anteile des Ganzen abspaltet. Das ist eine absurde und verlogene Vorstellung, wo immer sie auch angewendet wird.

Zum Zweiten trägt jeder ein großes Potenzial in sich, ein generell menschliches und ein ganz persönliches. Oberflächliches Dahineilen verhindert den Zugriff auf dieses. Ein räuberischer Umgang mit den eigenen Kräften verringert deren Wirkung. Nur der klare mitleidslose Blick auf sich selbst, der Schwächen und Blockaden durchdringt, stellt die Verbindung her zu dem, was, jedem mitgegeben wurde und das zu entdecken und zu leben, Sinn des Menschseins ist. Die zweckfreie Imagination des im Menschen angelegten muss möglich werden. „Um wahre Gelehrte sein zu können, müssen wir im Leben eine Haltung entwickeln, in der wir nicht versuchen, durch unsere Tätigkeit irgendetwas zu erreichen."[29]

Eine Glücksoptimierung gibt es nicht. Das wäre ein Widerspruch in sich. Glück ist nicht herstellbar, nicht das Ergebnis von Perfektion. Glück entsteht auf dem inneren Weg, aus dem Unfertigen, es passiert. Glück ist im Übrigen auch eine Konstruktion und zwar eine sehr große, in die sich viel, oft zu viel packen lässt.

Die dritte der menschlichen Wachstumsprämissen ist die *Hoffnung*. Sie wendet sich gegen die Ausbeutung. Unterschiedliche Löhne für gleiche Arbeit, unterschiedliche Chancen auf Bildung, unterschiedliche Beteiligung an den Produktionsmitteln und unterschiedlicher Zugang zur Macht, all das gehört zur Ausbeutung, national *und* global. Genauso bedeutet es Ausbeutung, das gemeinsam bewohnte Haus zu vermüllen, die Vorräte aufzuessen, das Haushaltsgeld zu verbrauchen und die Reparaturen und Schulden den Kindern und Enkeln zu hinterlassen mit dem Argument: Wir sind hier nur auf der Durchreise.

Wie ideal und unrealistisch mag es klingen, dem *Kooperation*, *Verzicht* und *Mitgefühl* gegenüberzustellen. Dennoch gehört es zum Potenzial des

Humanen, daran arbeiten zu können, um dem Wirtschaftswachstum
für einige ein *menschliches Wachstum* für alle entgegenzustellen. Wenn
Begriffe wie Solidarität, Mitgefühl, Verantwortung Bedeutung haben
sollen, dann sind sie hier zu fühlen und zu erfüllen. Als Gegenpol zu den
Auswüchsen der Optimierung sind sie wertvoll, notwendig und unver-
zichtbar. Einen gerechten Ausgleich mit seinem Gegenüber herzustellen,
von einer Gruppe, sei sie klein oder groß, nicht nur zu profitieren, sondern auch etwas einzubringen, das ist jedem im Alltag möglich. Dafür
braucht er kein politisches System und keine Wirtschaftstheorie. Sich
„menschlich" verbessern kann jeder. Solidarität ist verstehbar und lern-
bar. So etwas wie ein Gewissen ist jedem gegeben. Vielleicht kommt es
nur darauf an, etwas leiser und etwas langsamer zu werden und sich selbst
mehr zuzuhören und zuzusehen.

Wie beim eingangs erwähnten bewussten, natürlichen Laufen geht
es um das Reduzieren von permanenter normierter Leistungssteigerung
und das Finden eines Tempos, das den Menschen zu sich selbst finden
lässt sowie ganzheitlich und nachhaltig Gesundheit und Wohlbefinden
verspricht. Zwischen allen Phasen und Veränderungen des menschlichen Lebens gibt es und braucht es, wie in der Natur, Stille und
Ruhe, um die Kräfte zu sammeln und das Neue einzuleiten. Stillstand
ist kein Rückschritt, sondern auch Fortschritt.

Aus der Tiefe des Fühlens ...

Sicherheit: Angst macht unfrei – *Vertrauen finden*

Das einzig Sichere im Leben ist der Tod. Ungeachtet aller Zufälligkeiten und Schicksale, aller Innovationen und Beschwörungen ist der Tod ein Ereignis, das mit unumstößlicher Sicherheit eintritt. Es mögen Rettungen in letzter Sekunde stattfinden, es mögen schwere Krankheiten überwunden werden, es mögen Verlängerungen erzwungen werden, ja es mögen sogar Wunder geschehen: Der Tod eines jeden Menschen wird eintreten. Er ist das „sicherste", absolut vorhersagbare Ereignis, das völlig unabhängig passiert von dem, was der Einzelne tut oder lässt. Allenfalls der Zeitpunkt dieses Ereignisses ließe sich bestimmen oder zumindest mitbestimmen, was manche Menschen willkürlich und viele unwillkürlich praktizieren.

Alle anderen Ereignisse, selbst wenn sie naturgesetzlich determiniert sind, können durch „Unvorhergesehenes" verändert oder in ihren Auswirkungen beschränt werden. Der Apfel, der gerade im Begriff ist, vom Baum zu fallen, könnte zuvor von einem zufällig vorbeifahrenden Lastwagen abgestreift werden. Der Baum könnte gerade gefällt werden oder selbst umfallen durch ungeahnte Fremdeinwirkung und das scheinbar sichere Abfallen des Apfels verhindern. Der Apfel könnte sogar, einen unmerklich kleinen Moment vor seinem Fallen, von einem Menschen geerntet werden.

Die Schwerkraft bestimmt das Leben auf der Erde und sie ist eine verlässliche und sichere Größe. Genauso sicher kann sie auch durch eine andere vorübergehende Kraft ersetzt oder ergänzt werden. Das Stück Holz, das ins Feuer geworfen wird, wird unweigerlich verbrennen und sich in Gase und Energie auflösen. Das Öl, das ins Meer sprudelt, wird Wasser und Strände verschmutzen und Organismen zerstören. Diese Gesetzmäßigkeiten nehmen allerdings nur ihren Lauf, wenn jemand das Holz wirft oder das Sprudeln des Öls zulässt.

Auf den Tod ist Verlass

„Ursache und Wirkung" ist das Gesetz, mit dessen Hilfe wir uns die Welt erklären und erfahrbarer machen können. Das gilt auch für das Ereignis Tod. Leben und Tod sind untrennbar miteinander verbunden. Das Leben ist die Ursache für den Tod. Der Tod ist die Wirkung des Lebens. Dass das Ursache-Wirkungs-Prinzip hier auch andersherum gilt, bedarf vielleicht einer höheren Abstraktionsebene. Es erschließt sich unter der Sichtweise des *Kreislaufes* allen Seins, wie er in der Natur zu beobachten ist: Der Tod ist auch die Ursache für Leben und das Leben ist die Wirkung des Todes. Wir haben Schwierigkeiten mit dieser unausweichlichen Kausalität. Die Ursache, unser Leben, erleben wir als ein mehr oder weniger langes Leben, während der Tod, genauer das Sterben, an dessen Ende der Tod steht, im Verhältnis dazu kurz ist. Wir verweilen lieber in der Ursache und bevorzugen es, das Leben als absolutes, sich selbst genügendes Ereignis zu sehen, das keine Wirkung hervorruft. Von jeher verweigern sich die Menschen dem Tod, auch wenn von jeher die Religionen und Philosophien ihn als notwendigen Teil eines zu erarbeitenden Ganzen einordnen. Hier hätte der Mensch Sicherheit und *Verlässlichkeit*. Keine Wahrscheinlichkeiten, kein „Wenn und Aber", keine bedingenden Variablen bräuchten sein Denken, Fühlen und Handeln bestimmen. Der „Vertrag" gilt: überall, für alle und für alle Zeiten. Er ist nicht verhandelbar. Gerade diese Sicherheit in der Abfolge der entscheidenden Ereignisse scheint den Menschen zu verunsichern. So paradox das klingen mag: Er sehnt sich nach Sicherheit und sucht sie überall dort, wo es sie mit letztendlicher Sicherheit nicht gibt, nicht geben kann.

Das könnte dem Menschen klarer werden, wenn er sein bevorzugtes Instrument der Realitätsbewältigung und -erkenntnis, das Lernen durch Versuch und Irrtum, genauer betrachten würde. Dieser Lernprozess bedeutet trotz oder gerade wegen seiner wissenschaftlichen Verfeinerungen ein immerwährendes work-in-progress Projekt, dessen immer wieder neue Folgen er nicht mit Sicherheit voraussagen kann, da Versuch und Irrtum per Definition das Scheitern gleichberechtigt neben den Erfolg stellen. Aus dem andauernden, unbefriedigenden und angstauslösenden Erleben dieser Unsicherheit heraus hat er sich das „Konzept Sicherheit" erschaffen. Es wurde die Idee geboren, ein theoretisches Konstrukt mit großer praktischer Verwertbarkeit zu entwickeln, das dort, wo Unsicherheit besteht – und das kann von der Logik und der Komplexität der Dinge und Ereignisse her immer und überall sein – Sicherheit als *machbaren Zustand* etablieren soll. Ich glaube nicht, dass von Anfang an die Menschen ein Bedürfnis nach Sicherheit hatten und ein Konzept dafür in sich trugen. Ihnen ging es um das konkrete Überleben, um das Finden von Nahrung, um das Abwehren von Feinden, um den Kampf mit der Natur. Die Konstruktion von Sicherheit entwickelte sich aus zunehmend sichererem Wissen von Ursache und Wirkung und der daraus resultierenden zunehmenden Vorhersagbarkeit von Ereignissen bzw. dem Kennen der Bedingungen ihrer Auftrittswahrscheinlichkeiten. Daraus entstand die Idee von Sicherheit als *bleibender Unversehrtheit* von Menschen, Dingen und Natur.

Vor dem Hintergrund des Lernens durch Versuch und Irrtum, des Erkennens von Ursache und Wirkung und der Angst vor der Sicherheit zu sterben, entwickelte sich das Bestreben der Menschen, die Zukunft *kalkulierbarer* zu machen und die Lebensbedingungen zu *kontrollieren*. Die emotionalen und existenziellen Hintergründe dieser Sicherheits-Schöpfung scheinen in Vergessenheit geraten zu sein. Ebenso wird die prinzipielle Unmöglichkeit dieses Vorhabens gerne übersehen. Die Sicherheit des Todes aber bleibt eine ewige Quelle für die vergebliche Suche nach absoluter Sicherheit. Das „Konzept Sicherheit" hat sich prächtig entwickelt zu einem tief im Menschen verwurzelten lebensbestimmenden Faktor, der zu einem Grundbedürfnis geworden ist, das sich zunehmend täglich vergrößert und stündlich zu Wort meldet.

Kyrill kommt wieder

Den überschaubaren Abläufen einer früheren Welt, in der dieses jenes zur Folge hatte, steht nun eine hochkomplexe Realität gegenüber, in der dieses und jenes auf tausend verschiedene Arten unüberschaubar und unabsehbar zusammenspielen. In unserer neuen Welt der nachvollziehbaren Unsicherheiten hatten es die „Macher" der Sicherheit leicht, aus einem diffusen Gefühl der Angst und einem urwüchsigen Sehnen nach Vorhersagbarkeit einen komplexen Bedarf nach Unversehrtheiten aller Arten zu formen, den es zu befriedigen galt.

Das Prinzip des modernen Wirtschaftslebens ist es, Bedürfnisse zu *wecken* oder zu kanalisieren, wenn sie schon vorhanden sind, sie zu ver-

vielfältigen und zu verfeinern. Auf die Bedarfsweckung folgt die Bedarfsdeckung. Das gilt wie ein Naturgesetz, auch für komplexere Verhaltensweisen. Je tief greifender, existenzieller, emotionaler sich das be-
dürftige Sehnen gründet, mit desto mehr Waren und Dienstleistungen
lässt es sich füllen. Sicherheit ist kein Zustand, der einfach so ist, sondern eine Sehnsucht nach etwas, das über Versprechungen erzeugt und
dessen Befriedigung in Aussicht gestellt wird. Der Slogan von Daimler-
Benz: „Die Sicherheit, besser zu fahren"[1] bietet geschickt die Lösung
aller Sehnsüchte und Nöte an, indem er Vorhersagbarkeit und Unversehrtheit kombiniert. In raffinierter Doppelbödigkeit steht dem der
Konkurrent Toyota in nichts nach: „So sicher kann sorglos sein".[2] Von
der Geschichte überholt und entlarvend unsicher ist „Die Sicherheit
eines großen Namens"[3], die die Firma Grundig 1983 stolz verkündete.

Das Verlangen nach Sicherheit lässt sich in fast jedem Lebensbereich
auffinden. Wie gerne würden wir beim Wetter, den Aktienkursen oder
Wahlen klarer sehen. Die Sicherheit, dass all dies planbar, vorhersehbar
und steuerbar ist, suggeriert die Werbung. Erst macht sie uns in Neben-
sätzen ein wenig Angst, dann verspricht sie uns stabile Ewigkeiten. Die
Drohung vom Münchener Verein „Kyrill kommt wieder . . . Sichern Sie
Ihr Haus" klingt nicht harmlos, vor allem der sich prognostisch sicher gebende Satz „Und das ist erst der Anfang!"[4]

Sicherheit für alle empfundenen und suggerierten Unsicherheiten ist
zu einem Produkt geworden, zu einem käuflichen Versprechen, das heftig beworben und vermarktet wird. Spezielle Firmen, Institutionen und
Dienstleister spulen ihre diesbezüglichen Programme ab. Zur gesundheitlichen Absicherung sollen Gesundheitschecks und Präventionsmaß-
nahmen beitragen, deren tatsächlicher individueller wie kollektiver Nutzen in vielen Fällen diskussionswürdig ist.

„Vorsorge im Dreiklang" bietet die Versicherung Zurich, indem sie
durch „Sicherheit unserer Beitragsgarantie" für die private Rente „Rendite, Flexibilität und Sicherheit"[5] verspricht. Die Vermengung von Gewinn, Freiheit und Sicherheit erscheint hier eher wie ein schriller Dreiklang des Unmöglichen oder wie die bekannte Quadratur des Kreises
auf finanzwirtschaftliche Art.

Natürlich ist das Bedürfnis nach Sicherheit nichts Falsches. Sicherheiten zu gewährleisten, nach innen wie nach außen, ist eine der vornehm-
sten Aufgaben eines Staates und bestimmt das politische Handeln in im-

mer größerem Maße. Das lässt sich leicht an der Tatsache ablesen, dass das Argument „Sicherheit" durch Drohszenarien, deren Gefährdungspotenzial je nach Interessenlage zu kalkulierbaren oder nicht kalkulierbaren Risiken gemacht wird, zu einem politischen Schlagwort verkommt, das Angst schürt und Rettung preist. Aus natürlichem Sicherheitsstreben wird nicht selten kalkulierter Sicherheitswahn. Der rasante Wandel in allen Lebensbereichen hat es mit sich gebracht, dass der Wunsch nach Sicherheit zu einer elementaren *Hoffnung* moderner Gesellschaften geworden ist. Wichtig aber ist, dass diese Sicherheit keine definierte Tatsache ist, sondern ein *Gefühl*. Mit diesem Gefühl, mit dieser Hoffnung lässt sich vortrefflich arbeiten, da die Weckung der Bedürfnisse nach Sicherheit keine Mühe macht und sich in manchen politischen Gesetzen und in vielen wirtschaftlichen Aufträgen verpacken lässt.

Irgendwas, das bleibt

Neben den politischen und wirtschaftlichen Sicherheiten gibt es Sicherheiten ganz anderer Art. Gemeint ist die innere Sicherheit, nicht die Innere Sicherheit, von der die Politiker gerne reden, sondern die, die jedem Einzelnen seinen ganz persönlichen *Halt* gibt. Sich seiner selbst und der Welt sicher zu sein, ist keine Selbstverständlichkeit, sondern ein Wunsch, eine Hoffnung, die viele Menschen begleitet, deren Ausbleiben viele verzweifeln lässt.

„Sag mir, dass dieser Ort hier sicher ist und alles Gute steht hier still ... Gib mir ein kleines bisschen Sicherheit in einer Welt in der nichts sicher scheint. Gib mir in dieser schweren Zeit irgendwas das bleibt."[6]

Der Erosionsprozess traditioneller Werte und vergänglicher Selbstverständlichkeiten, Entfremdungen angesichts unverständlicher und unmenschlicher Technik, Hilflosigkeit gegenüber der nach wie vor übermächtigen und willkürlichen Natur haben löchrige Identitäten und unvollständige Selbstkonzepte hinterlassen. Nötig ist eine grundlegende Neuorientierung mit neuen Selbstverständnissen und neuer *Selbstsicherheit*. Die Suche nach Identität und Geborgenheit ist in vollem Gange. Sie spielt sich jedoch, ähnlich der vorher genannten Suche nach Unversehrtheit und Vorhersagbarkeit, auf dem Markt der Produkte und Dienstleistungen ab. Selbstsicherheit und innere Sicherheit werden wieder als ein machbarer Zustand verpackt und werbewirksam angeboten als etwas, das sich der Mensch kaufen kann auf dem Markt der Sicherheiten.

Im Angebot befinden sich zweierlei Arten von Sicherheiten. Die eine bietet den identitätsstiftenden Selbstfindungsprozess als angeleitetes Verhaltensprogramm an, die andere verkürzt und erleichtert die Eigenarbeit radikal und definiert den *Konsum* zur sichernden Identität. Ich kaufe, also bin ich. Marken und Labels sollen Identität konstruieren, indem sie öffentlich zur Schau gestellt werden. Dabei geht es nicht nur um materielle Beschaffenheit und wechselnde Formen, sondern auch um frohe Botschaften und emotionale Entlastungen, die als nachhaltig gutes Gewissen umwelt-, sprich marktverträglich mitverkauft werden.

Fragen des Seins versinken so im Glitzern des Scheins und halten, ganz nebenbei, die Ideologie des Kapitalismus (noch) am Laufen. Immer wieder generierte neue Moden halten das sich in Gruppenzugehörigkeit scheinbar erfüllende Bedürfnis nach Selbstwert wach. Qualität und Gebrauchswert der immer wieder „neuen" Produkte spielen keine Rolle, ebenso wenig wie die Tatsache, dass diese zwangsläufig nach kurzer Zeit als Müll „weggeworfen" werden.

Der materiellen Verschwendung entspricht eine *geistige Wegwerfmentalität*, deren Schadstoffausstoß nicht wahrgenommen wird. Wir verzichten auf Werte, Beziehungen, Traditionen und leben immer mehr in einem „freien" Raum, ohne religiöse, spirituelle oder moralische Bodenhaftung mit möglichst wenig zwischenmenschlichen Verbindlichkeiten. Gerade weil wir glauben, alles zu haben und für alles vorgesorgt zu haben, glauben wir, wir könnten uns die Mühe sparen, selbst etwas für uns als entwicklungsbedürftigem Wesen zu tun. Im Vordergrund stehen stattdessen Selbstüberschätzung und Bequemlichkeit. Wir glauben, das Leben ohne einengende Prinzipien bewältigen zu können. Wir glauben an die Illusion der Folgenlosigkeit unserer Unterlassungen. Dass eine Sehnsucht für das sichere und geborgene Miteinander besteht, zeigt der kollektive Rausch, den die deutsche Fußballnationalmannschaft auslösen kann. Mehr als die halbe Nation hockt während der Weltmeisterschaften um das mediale Herdfeuer, viele, vor allem jüngere, wärmen sich beim Public Viewing aneinander und Fahnen, ein hierzulande vergessen oder verdrängt geglaubtes Symbol der Einheit und Zugehörigkeit, haben wieder Konjunktur.

Wer bin ich?

Während also die Konsum-Identität die ganz schnelle Sicherheit bereithält, verlangen prozessorientierte Absicherungen etwas mehr an Arbeit bzw. überhaupt Arbeit am Selbst.

„Die Physiotherapeutin knetet mir meinen Panzer weg. Aber wo bleib ich dann. Ich brauch doch meinen Panzer!" Diese Frage, die mir einmal eine Klientin stellte, spiegelt viel: die Tatsache, dass wir einen panzerartigen Schutz unseres Selbst entwickeln und brauchen, dass dieser uns schmerzhaft behindern kann und dass dieser Schutz in der Lage ist, sich zum Selbst aufzuschwingen. Im Hochsicherheitstrakt unserer Gefühle geht nicht nur der lebendige Kontakt nach außen verloren, sondern auch der sich selbst wahrnehmende nach innen. Warum ist es so schwierig, Selbstsicherheit zu finden und zu behalten? Warum strahlen manche Menschen so viel Sicherheit aus?

Jemand, der „mit sich im Reinen ist", sagt der Volksmund, „ruht in seiner Mitte". So ein Mensch ist „aus einem Guss". Aus den Formulierungen wird gut spürbar, dass solche Menschen sich und ihre individuelle Form gefunden haben und in Ganzheit leben. Keine sich bekämpfenden Pole fressen die Lebensenergien, kein unentwirrbarer Rollenmix verhindert die Selbstfindung, keine Verdrängungen entwickeln destruktive Kräfte im Verborgenen.

„Veränderung geschieht, wenn jemand wird, was er ist, nicht wenn er versucht, etwas zu werden, das er nicht ist."[7] Dieser Satz des gelähmten Psychotherapeuten Arnold R. Beisser, der seine eigene schmerzvolle Identitätsfindung unter radikal veränderten Bedingungen beschreibt, weist auf den Unterschied hin zwischen dem Spielen von Rollen und Selbstfindung. Das differenzieren zu können, ist ungemein wichtig, um sich selbst näher zu kommen und sich dadurch sicherer zu fühlen. Ich erinnere mich an einen Klienten, der sich auf leidvolle Weise aus den Augen verloren hatte und auf der Suche nach den eigenen Bedürfnissen lange scheiterte, weil es ihm nicht gelang, seine übernommenen Lebensleitsätze als fremde zu erkennen und er das „der werden, der er ist" als abgeschlossen betrachtet hatte. Selbstsicherheit *geschieht* durch den *Prozess* der Identifikation mit sich selbst. Unter Identität wird Sicherheit und Selbstverwirklichung verstanden, die sich mit *Sinnerfüllung* und menschlicher *Stärke* verbindet. Identität ist kein fester Begriff und auch kein fester Zustand. Identität ist etwas, das immer wieder *erarbeitet* werden muss. „Wer bin ich?", lässt sich nicht mit einem Satz, auch nicht mit vielen Sätzen beantworten.

Nur die biometrischen Daten eines Menschen bleiben gleich, das, was objektivierbar ist. An ihnen kann man ihn erkennen, aber er sich nicht an ihnen. Bezeichnenderweise spielen gerade biometrische Daten eine große Rolle bei der Wahrung äußerer Sicherheiten, die auch Innere Sicherheit genannt wird. Natürlich fließen in den Prozess der Selbstfindung immer auch externe Erwartungen und Vorbilder mit ein. Identität ist auch das Ergebnis sozialer Erfahrungen. Identitätsmodelle, die von außen, meist unter Verfolgung ganz anderer Ziele, aufgedrängt werden, machen uns, wenn wir sie nicht kritisch hinterfragen und das für uns geeignete *heraus*arbeiten, unsicherer, statt uns Sicherheit zu geben.

„Wir müssen überall Rollen spielen, um überhaupt eine Rolle spielen zu können. Wir tauschen unsere eigene, unsere individuelle, unsere im unmittelbaren Austausch mit anderen Menschen entwickelte Identität gegen eine fremde, gegen eine normierte, gegen eine von außen und oben aufgenötigte Identität ein. Persönliche Selbstentfremdung und politische Entmündigung gehen Hand in Hand. Damit aber zerstören die Identitätsideen wirkliche Identität – Identität, die auch unsere „nicht-idealen" Seiten umfasst und etwas zu tun hat mit dem wirklichen Menschen in unserem Leben"[8].

Auf der Suche nach dem verlorenen Selbst

Ein bezeichnendes Signal vom Zustand der Selbstsicherheit der Menschen gibt die Einschätzung des Pädagogen Klaus Hurrelmann zu den großen Schwierigkeiten in den Eltern-Kind- Interaktionen. Bei der Erziehung ihrer Kinder sei ein Drittel aller Eltern bundesweit „echt überfordert", ein weiteres Drittel „wurstelt sich so durch". Er fordert verbindliche Erziehungskurse. Kinder bräuchten „eine klare Struktur, feste Vereinbarungen und Regeln in der Familie"[9]. Was mich bestürzt, ist die Tatsache, dass die Selbstverständlichkeit eines vernünftigen Erziehungsverhaltens verloren zu gehen droht, d. h. aus sich selbst heraus zu denken und zu handeln. Auch die Autonomieentwicklung der Kinder wird durch solche elterlichen Modelle nicht positiv bestärkt.

„Safe" nennt sich ein Kurs, der eine „sichere Ausbildung für Eltern" verspricht, damit sie die Signale ihrer Babys richtig deuten. „Wir können die Zeit (mit dem Kind) so richtig genießen", berichtet ein teilnehmender Vater. „Das liegt daran, weil wir uns vom ersten Moment an so sicher gefühlt haben."[10] Mal abgesehen davon, dass es fraglich ist, ob diese Kurse diejenigen erreichen, die sie vielleicht erreichen sollten und ob das Bearbeiten von Symptomen lange genug wirkt, wenn das „Übel" nicht grundlegend angegangen wird, erscheint es mir unsicher, ob es einen Gewinn an Selbstsicherheit bedeutet, dass Menschen es als normal erachten, wenn im Grunde (über) lebensnotwendige selbstverständliche Basiskompetenzen in Kursen gelernt werden müssen. Der Verlust der einfachen Lebensführungskompetenzen bzw. der gefühlten Sicherheit, über diese zu verfügen, drückt sich im Boom der Coachs aus, die für alles und jedes, letztendlich für ein gelingendes Leben zur Seite stehen sollen und wollen, wenn es gut geht als neutrale Feedbackgeber und als Führer auf der Suche nach dem verlorenen Selbst.

Die Ratgeberinstanzen früherer Jahre gibt es nicht mehr oder sie sind unglaubwürdig geworden, gesellschaftliche Strukturen lösen sich auf, der Leistungsdruck wird gnadenloser, weil normierte Leistung immer mehr zur alleinigen Selbstbestätigung wird. Es gibt einen Bedarf für *Rat, Zuhören* und *Anteilnahme*. Mein Verdacht ist, dass dieser Bedarf, wie alles, was massenhaft gedeckt werden soll, massiv geweckt wird. Die Frage ist, ob die lebensbegleitenden Maßnahmen sich durch schnelle vordergründige Erfolge, denen es oft an Nachhaltigkeit mangelt, selbst erhalten wollen oder ob sie die tief wurzelnde Hilfe zur Selbsthilfe geben, die das Vertrauen in das eigene Selbst wecken und dadurch Sicherheit und Selbstfindung fördern: „Ich sehe eine Menge Gefahren in den Coaching Angeboten, denn in der Logik des Coaching ist begründet, dass der Coach bei allen ressourcenoptimierten Methoden stets sagt: Du hast Beratung nötig! Darin liegt immer auch eine Demütigung und ein Moment von Entmündigung."[11]

Selbstsicherheit, verstanden als *Finden* und *Akzeptieren* des eigenen unverwechselbaren Selbst mit Kompetenzen *und* Defiziten, hat etwas mit „werden", „lernen" und „reifen" zu tun und braucht Ausdauer und Geduld, Überwindung und Offenheit. Die überfließenden Einflüsterungen von Lebensberatern und Sinnstiftern unterschiedlichster Qualitäten verwirren mehr, als dass sie Klarheit schaffen. Sie können im besten Fall zwei oder drei Schritte anschieben, aber nicht das erfahrungsintensive *Gehen* des eigenen Weges ersetzen, der aus Ausprobieren, Hinhören und -sehen sowie Vertrauen besteht.

Mythos der Zahlen

Ich möchte meine Betrachtungen des Konzepts der Sicherheit nicht falsch verstanden wissen. Mir geht es nicht um das Infragestellen der Sehnsucht nach Sicherheit im Sinne eines überschaubaren, unversehrten Lebenslaufes. Mir geht es darum, zu zeigen, dass diese Sehnsucht auf überflüssige, schädliche Weise forciert und bedient wird, sodass das, was ursprünglich gewollt und vorangetrieben wurde, durch die Art des Vorantreibens gerade *nicht* erreicht wird. Das *Zuviel* an Sicherheiten, das ihm zugrunde liegende illusionäre Konzept, das Zustände verspricht, deren Eintreten realiter nicht sicher ist, nicht sicher sein kann, erzeugt Unsicherheiten und Ängste.

Die Illusionen entstehen durch Zahlen. Da das Eintreten von Ereignissen im alltäglichen Leben nicht verlässlich auf einfache Kausalbeziehungen zurückgeführt werden kann und die Zukunft sich weiterhin vor uns verbirgt, wird die Hilfskonstruktion der *Wahrscheinlichkeit* eingeführt. Die drückt sich dann aus in Sätzen wie: „Die Regenwahrscheinlichkeit morgen Vormittag beträgt 33 %", „Die Chance mit dem Flugzeug zu verunglücken, ist weit geringer als mit dem Auto" oder „Würde am kommenden Wochenende gewählt, so würde die Regierungskoalition nur noch 43 % der Stimmen erhalten".

Wahrscheinlichkeiten sind statistische Aussagen über die mögliche Intensität und Häufigkeit von Ereignissen, d. h. über die Zusammenhänge zwischen Gruppen von Phänomenen. Wahrscheinlichkeiten geben *keine* kausalen Beziehungen wieder und sagen nichts aus über Einzelphänomene oder Einzelschicksale. Statistisch betrachtet sterben die meisten Menschen im Bett. Das bedeutet nicht, dass das „im Bett liegen" der Grund für die häufigen Todesfälle ist und auch nicht, dass Sie oder ich dort sterben werden.

Statistische Aussagen sind nichts Reales. Sie sind der Versuch einer mathematischen Abbildung der Realität, in der Sie und ich als Individuen nicht vorkommen. Zum Glück entspricht es der Natur des Menschen vor wahrscheinlichen Ereignissen weniger Angst zu haben als vor unwahrscheinlichen: „Es gibt eine Theorie, die besagt, dass uns die

Evolution dieses Missverständnis antrainiert habe. Dem Überleben sei es dienlicher, das Risiko von Situationen falsch zu bewerten."[12] Um überlebensfähig zu bleiben, sei es besser, kein richtiges Gefühl für Wahrscheinlichkeiten zu haben. Darum steigen wir immer noch in ein Auto und gehen abends zu Bett. Dennoch haben statistische Aussagen große Macht gewonnen und sind zu quasi „sicheren" Aussagen mutiert, die dem einzelnen Menschen jedoch per Definition keinerlei Sicherheit geben können.

Den Wahrscheinlichkeitsberechnungen zugrunde liegt das seit Isaac Newton praktizierte wissenschaftliche Bemühen, alle Erscheinungen durch mathematische Mechanik auszudrücken bzw. zu ersetzen. Das hat dazu geführt, dass wir in die Netze der Statistik verstrickt sind, deren scheinbare Aussagekraft uns Halt und Sicherheit geben soll, wo wir doch tief innen und jenseits aller Wissenschaft wissen, dass wir unser Leben ohne Netz und doppelten Boden bewältigen müssen.

Auch die Formulierung „mit an Sicherheit grenzender Wahrscheinlichkeit", ein Satzungetüm, das im logischen Grunde eine Nullnummer ist, hilft uns da nicht weiter.

„Mit hunderprozentiger Sicherheit" warb eine Bank für einen Sparvertrag und wollte damit wohl das Relative in das Absolute zwingen. Der „sicheren" Wirkkraft ihrer Geldvermehrung schien sie nicht so sicher zu sein, wie der Zusatz: „plus 50.– € Gutschrift" belegt. Eine Sicherheit, die es nicht gibt macht das Geschäft nicht sicherer und schon gar nicht glaubwürdiger. Leider gilt hier wie anderswo der paradoxe Satz: Mit Sicherheit kann Sicherheit keine Sicherheit garantieren. Was uns Sicherheit bedeutet und wie wir sie bewerten, hängt ohnehin weniger von Fakten und Wahrscheinlichkeiten ab, sondern wie wir ganz subjektiv die Gefahren und Risiken einschätzen. Trotz höherer Lebenserwartung und Fortschritte aller Art fühlen sich die Menschen nicht sicherer: „Umfragen zeigen, dass die Mehrheit der Deutschen das Leben heute gefährlicher findet als vor 70 Jahren."[13]

Vertrauen ist gut oder ist Kontrolle noch besser?

Da uns also keine Wahrscheinlichkeiten retten können und Sicherheitsbestimmungen und Sicherheitsberater, die den Alltag zu einem Risiko zu machen scheinen, eher verunsichern, bleibt uns nichts andres übrig, als zu vertrauen. Vertrauen in die eigene Risikobereitschaft, Vertrauen in das Risiko an sich, Vertrauen in die Sicherheit, dass es sie nicht gibt. Vertrauen ist eine Mischung aus Wissen und Nichtwissen, es ist in die Zukunft gerichtet und speist sich aus der Vergangenheit. Vertrauen ist eine emotionale und kulturelle Ressource und ermöglicht praktisches Handeln ohne ausreichende Informationen und die damit normalerweise verbundene Planungssicherheit.

Vertrauen ist ein Aspekt der inneren Sicherheit, weil es die verloren gegangene äußere Sicherheit in einer unüberschaubar komplexen Welt ersetzen kann. Im Innern kann der Mensch durch seine Vorstellungskraft Ordnung schaffen. Er reduziert die soziale Komplexität und strukturiert sie für sich. Er vertraut auf das Bild, das er sich von der Welt macht. Oder er vertraut nicht, weder der Konstruktion seines Bildes noch dem Bild selbst. Dann „strampelt" er in der Wirklichkeit, in der alles mit allem verbunden werden kann, ohne verlässliche, ihn sichernde Muster zur Auswahl von Möglichkeiten.

Im technischen Bereich hängt Sicherheit ganz pragmatisch von ihrer Definition ab, d. h., welcher Grad von Unsicherheit bei der Nutzung der technischen Funktion akzeptiert wird. Bei Störungen ohne Gefährdung spricht man vertrauensbildend von Zuverlässigkeit. Die Norm IEC 61508 definiert Sicherheit als „Freiheit von unvertretbaren Risiken".[14]

Was „unvertretbare Risiken" sind oder sein sollen, ist das, was den Menschen Angst macht. Das schön geredete „Restrisiko", das „immer bleibt", ist ihnen zu hoch. Zu oft haben sie erfahren, dass etwas „außer Kontrolle" geraten ist, besonders bei beschwichtigenden Standardverlautbarungen wie „wir haben alles unter Kontrolle."

„Sicherheit, die aus der Steckdose kommt", wie es einmal hieß, ist daher ein täuschender, zweischneidiger Slogan, der das sichere Vorhandensein von Energie verspricht und deren sicheres Zustandekommen durch geschickte Formulierung anklingen lässt, ohne dies jedoch aus gutem Grunde genauer zu erklären. Strom, der durch Atomkraft gewonnen wird, ist für viele überhaupt nicht sicher. Auch die Frage, ob Atombomben oder ähnliche sicher zerstörenden und „endgültigen" Waffensysteme Sicherheit geben oder gerade nicht, fällt darunter. In symmetrischen Systemen ist dies als Abschreckungspotenzial immerhin denkbar, aber dass solche Zerstörungspotenziale in den Händen einzelner Staaten oder Organisationen das Nichtzerstören oder gar Frieden garantieren sollen, ist nicht glaubwürdig. Naheliegender ist da die Forderung: „Wir müssen für Frieden sorgen und nicht für die Sicherheit, einzig aus dem Grund, weil nur der Frieden Sicherheit sicher machen kann."[15]

Das Prinzip von Versuch und Irrtum ist in Hochtechnologien nicht mehr anwendbar, da bestimmte zerstörerische Folgen nicht mehr rückgängig zu machen sind. Das Gefühl von Bedrohung ist subjektiv. Es bestimmt sich nicht im Verhältnis zu einem messbaren Gefahrenpotenzial, sondern an der individuellen Wahrnehmung von Risiken: „Wer vertraut, muss seine eigene Risikobereitschaft unter Kontrolle halten."[16]

Ein schönes Beispiel für das schwierige Zusammenspiel von Vertrauen und Sicherheit ist die Erziehung von Blindenhunden. Sie müssen Gehorsam lernen und ihrem Führer bzw. dem, den sie führen sollen, vertrauen. Auch der Blinde muss dem Hund vertrauen um seiner Sicherheit willen. Auf welche Probe wird dieses gegenseitige Vertrauen gestellt, wenn der Hund gezielt *ungehorsam* ist, was er sein muss und auch lernen muss, um seine spezielle Aufgabe richtig zu erfüllen?

Der Vertrauende findet seine *eigene* innere Form von Gewissheit, er sucht sie, weil Sicherheit, vor allem die, die ihm permanent angeboten wird, unzuverlässig ist. Vertrauen kann und soll Vorhersagbarkeit ersetzen, aber es bleibt eine Risikohaltung, da es nicht logisch begründbar oder ableitbar ist.

Das Recht auf Risiko

Das Bedürfnis, Unsicherheit in Sicherheit zu verwandeln, scheint evolutionär begründet. So jedenfalls erklärt der Erziehungswissenschaftler Fred von Cube das scheinbar paradoxe Verhalten der Menschen aus der Sicherheit heraus das Unsichere, das Neue zu suchen. Kein irgendwie gearteter Risikotrieb spiele dabei eine Rolle, sondern das Streben nach Sicherheit. Von Cube nennt das das „Risiko-Sicherheits-Gesetz: Wenn sich Menschen in gefährliche Situationen wagen, suchen sie weniger das Risiko als die Befriedigung der Neugier und das schöne Gefühl der Sicherheit, wenn Unbekanntes und Neues in Bekanntes verwandelt wird"[17].

Alle Risiken zu kennen, würde den Menschen handlungsunfähig machen. Er würde noch mehr nach „irrationalen" Mustern vorgehen, was er ohnehin schon tut, weil er das Wissen schlicht und einfach nicht ordnen und umsetzen kann und weil seine Emotionen ihn auch nicht das tun lassen, was vernünftig wäre. Es mag paradox klingen: Der Vertrauende leistet sich *Informationsunsicherheit*, um die Unsicherheit zu reduzieren. Er verzichtet darauf, immer alles verstehen zu wollen. Das ist produktive Selbstbegrenzung, eine freiwillige Einengung des Blickfeldes auf die Welt, mit deren unvorstellbarer Komplexität er nicht zurechtkommen kann und die ihn daher ängstigt.

Nicht das vermeintliche Ausmaß des Risikos ist entscheidend, sondern das Ausmaß unseres *Vertrauens in das Leben*. Zu viel Wissen über Eintrittswahrscheinlichkeiten und potenzielle Gefahren kann dem Vertrauen im Wege stehen. Vertrauen bedeutet Verzicht auf permanente Kontrollen der Sicherheit. Es bedeutet, *loszulassen* und *zuzulassen*. Vertrauen kultivieren heißt, zu erkennen, dass es Sicherheiten im Sinne eines gleichbleibenden Zustandes nicht geben kann, weil alle Erscheinungen sich ändern, weil alles nur vorübergehende Erscheinung ist.

„Es gibt keine Sicherheit / Es gibt nichts, was mir ewig bleibt / Auch nicht du und mein Lieblingskleid / Es gibt keine Sicherheit und nichts, was uns ewig bleibt / Wir stehen nicht auf Vergangenheit / Wir lieben den Moment, weil da die Sonne immer scheint."[18]

Sobald der Mensch (wieder) auf sich zurückgeworfen wird, fühlt er sich zwar unsicher, aber er hat die Chance, Sicherheit zu gewinnen, indem er sich seiner selbst und seiner selbst verantworteten Handlungen sicherer wird und lernen kann, sich zu vertrauen. Das passiert durch Krankheit und Verluste oft unfreiwillig und plötzlich und ist mit Schmerz verbunden. Es gibt auch die Möglichkeit, diese Vertrauensarbeit selbst und bewusst anzuschieben. Manchmal haben wir allzu viele Kompetenzen abgegeben an Maschinen oder an andere Menschen, an sogenannte Fachleute oder mehr oder weniger willige Helfer. Dies geschieht aus Bequemlichkeit, aus Gedankenlosigkeit oder aus Unwissen. Es ist auch ein Risiko, kein Risiko einzugehen. Manchmal werden wir auch psychisch „enteignet" durch gezielte Verunsicherung. Der täglich zu hörende und zu lesende Satz „Für Risiken und Nebenwirkungen fragen Sie Ihren Arzt oder Apotheker" bewirkt, von den „aufmunternden" Schadensdrohungen der Beipackzettel von Medikamenten einmal ganz abgesehen, die Unterdrückung von Kompetenzen und vor allem den Willen dazu, diese zu entwickeln. Ein Satz, der ohnehin nur als juristische Generalamnestie gedacht ist, treibt uns in die Unmündigkeit und in die Hände von Experten, die ihrerseits nur statistische Aussagen machen können.

„Sobald Du Dir vertraust, sobald weißt Du zu leben."[19] Wie wäre es, eine Weile zu Versuchszwecken das Delegationsprinzip einzudämmen und Aufgaben und Herausforderungen selbst zu lösen? Selbstvertrauen kann nur entstehen durch Erfolge und seien sie noch so klein. Das Bewusstsein, etwas auf sich genommen und zu einem guten Ende gebracht zu haben, gründet und stärkt das Vertrauen in die eigenen Fähigkeiten. Mehr noch: Diese Art der konstruktiven und positiven Selbsterfahrung erfasst den ganzen Menschen und lässt ihn sich selbst spüren. Es bleibt weniger Raum für Unsicherheiten und Ängste, aus wiederholtem Tun entsteht Sicherheit.

Alles unter Kontrolle?

Sicherheit und Freiheit hängen zusammen. Wahlweise, wenn nicht gar wahllos, je nach politischem Ziel und Hintergrund werden die Slogans ausgetauscht: „Sicherheit statt Freiheit" oder „Freiheit statt Sicherheit". Auch vor willkürlich kausalen Ableitungen wird nicht zurückgeschreckt: „Sicherheit durch Freiheit", „Je mehr Sicherheit, je mehr Freiheit" usw. Fraglos hat das ausufernde „Konzept Sicherheit" zu einem tatsächlichen und subjektiv erlebten Verlust von Freiheit geführt. Für was gibt es nicht alles Sicherheiten: soziale Sicherheit, Rechtssicherheit, Arbeitsplatzsicherheit, Rentensicherheit, Kreditsicherheit, Flugsicherheit, Informationssicherheit, öffentliche Sicherheit, Betriebssicherheit, wirtschaftliche Sicherheit, technische Sicherheit, Netzsicherheit ... Größtmögliche Sicherheit bedeutet nicht größtmögliche individuelle Freiheit. Alltägliche Vorschriften und Einschränkungen, inner- und überstaatliche Systeme und Allianzen und unbewusste übernommene und sich selbst einverleibte innere Grenzziehungen verringern den individuellen wie den kollektiven Spielraum. Die damit einhergehenden Einschränkungen der bürgerlichen Rechte sind ein Aspekt der schwindenden Handlungsfreiheit.

Eine andere, eher selbst auferlegte, sich verselbständigende Begrenzung selbstständigen und selbst verantworteten Handelns, ist das Sicherungskonzept der Versicherungen. Ein Versicherungsvertrag kann objektiv die Sicherheit gar nicht erhöhen. Er kann zum subjektiv erlebten Sicherheits*gefühl* beitragen und unter bestimmten Bedingungen einen geldwerten Ausgleich für Schäden bereitstellen. Da wir alle stark von unseren Gefühlen geleitet werden, auch wenn wir meinen, das sei nicht so und wir handelten völlig rational und vernünftig, haben wir uns fangen lassen im Netz der Versicherungen. Deren Lockungen spielen natürlich geschickt mit unseren Ängsten.

So kommen nur die wenigsten auf die Idee, den offen oder sublim vorgetragenen statistischen Drohungen *subjektives Vertrauen* entgegenzusetzen und lieber die *Ursachen* für mögliche Schäden besser und konsequenter im Auge zu behalten, statt die Verantwortung an Scheinsicherheiten abzugeben, beispielsweise lieber die Gesundheit zu sichern, als die Krankheit zu versichern. Das eingesparte Geld wäre ein Stück Freiheit.

Ganz abgesehen davon, dass die staatliche bzw. versicherungstechnische Kollektivierung individueller Risiken Eigenverantwortung nicht unbedingt fördert und damit „Freiheiten" auch nicht genutzt werden können. Unabhängig davon ist es natürlich in einem „freien" kapitalistischen Markt nötig, Rahmenbedingungen herzustellen, die es den Menschen überhaupt gestatten, ihr Leben selbst in die Hand zu nehmen. „Ohne Sicherheit gibt es keine Freiheit" ist eine historische Forderung, die die Gründung und den Erhalt bürgerlicher Gesellschaften immer schon begleitete. Je nach wirtschaftlicher Interessenlage und den damit verbundenen politischen Standpunkten wird dieses Sicherheitsstreben vorangetrieben, allerdings unter Einengung von Freiheiten und nicht zum freiheitlichen Nutzen aller. Das Machtmonopol des Staates hat es mit sich gebracht, dass auch von der Sicherheit *vor* dem Staat die Rede ist. Manche sehen eine bedrohliche Einschränkung der bürgerlichen Rechte durch zunehmende staatliche Sicherheitsgesetze.

Massenmediale Hysterien zu BSE, Vogelgrippe und Terrorismus machen es dem Staat als alleinigem, verbrieftem Hüter von Sicherheit und Ordnung schwer, zwischen den Idealen einer „freien" Welt abzuwägen. Sicherheit kann er nicht herstellen, auch wenn er alle und alles überwachen und bewachen würde. Es kann „nicht mehr um die Garantie von Sicherheit, sondern bestenfalls um die Reduktion von Unsicherheit gehen. Reduktion von Unsicherheit impliziert ein eingeschränktes Sicherheitsversprechen. ‚Absolute Sicherheit' ist angesichts sich rasant verändernder Umweltbedingungen nicht herstellbar."[20]

Zu diesen Umweltbedingungen zählen ungleiche Verteilungen von Chancen und Ressourcen und global agierende Wirtschaftsakteure ohne Verantwortung für die nationalen und menschlichen Folgen ihres Handelns. Die Schutzfunktion des Staates steht außer Frage, aber er sollte „Sicherheit und Ordnung" nicht zu sehr zur Rechtfertigung seiner Existenz benutzen.

Kultivierung der Unsicherheit

Es hilft nur den Weg des Vertrauens, um aus dem Wirrwarr eingebildeter, eingeredeter und tatsächlicher Risiken unbeschadet herauszukommen. Die Illusion einer lebensbegleitenden, das Leben völlig abdeckenden Vollkaskoversicherung ohne Selbstbeteiligung gibt es nicht. Auf dem Weg sollte klar werden, dass es so etwas wie Sicherheit nicht gibt, dass Gefühle von Geborgenheit *und* Verlorenheit zu unserer Grundausstattung gehören und dass zu viel Angst ein schlechter Wegbegleiter ist. Unsicherheit ist eine emotionale Grundbefindlichkeit, mit der wir uns arrangieren müssen.

Worte wie Gesundheitsrisiko oder Sicherheitsrisiko können uns dabei nicht weiterhelfen, denn sie vermengen und verwechseln statistische Wahrscheinlichkeiten mit polarem Weltgeschehen und dualer Weltsicht. Gesundheit ist nur der Gegenpol von Krankheit, Sicherheit nur der von Unsicherheit. Das Leben findet zwischen diesen Polen statt, als bewegter und bewegender Prozess, der gute und schlechte Gefühle erzeugt. Ein Risiko hat immer zwei Seiten, das erst macht es zum Risiko.

Das Leben an sich ist Risiko, da es aus Ursache und Wirkung besteht. Es hat Folgen für jeden einzelnen, die die gedachten Systeme der Statistik nur unzureichend abbilden.

„Obwohl sich das vielleicht merkwürdig anhört – Menschen müssen die Möglichkeit bekommen, zu scheitern. Damit ist gemeint, dass sie ausprobieren sollen, was sie bisher noch nicht gemacht haben, mit der Aussicht, dass es auch schief gehen kann."[21]

Viele haben nicht die Chance zu scheitern, weil sie immer das gleiche tun oder weil ihnen keine Möglichkeit eröffnet wird, etwas zu versuchen. Warum nicht Kinder oder Jugendliche dafür loben, dass sie Neues ausprobieren, statt scheinbar sichere, einfache Wege zu gehen, womöglich ohne Spaß und Begeisterung? Statt das Leben noch mehr zu kontrollieren und in „sichere" Bahnen zu lenken, sollten wir etwas wagen und uns auf einen inneren, risikoreichen Weg begeben. Wir sollten das Wagnis der Suche nach Orientierung auf uns nehmen und aus dem toten Verharren im Mainstream der Bequemlichkeiten und Ablenkungen ausbrechen. Wir sollten etwas durchleben, um uns dadurch zu erleben. Wir sollten „unsere Existenz aufs Spiel setzen", um die Grundlagen der Existenz zu erfahren. Statt uns mit relativen Sicherheiten zuzuschütten, sollten wir uns die Kultivierung der Unsicherheit zutrauen, die uns voranbringt. Unsicherheit ist eine Ressource, aus der neue Lösungen entstehen können.

„Sich nicht vorwärts zu bewegen, zu bleiben, wo man ist, zu regredieren, kurz, sich auf das zu verlassen, was man hat, ist eine sehr große Versuchung, denn was man hat, kennt man; man fühlt sich darin sicher, man kann sich daran festhalten. Wir haben Angst vor dem Schritt ins Ungewisse, ins Unsichere, und vermeiden ihn deshalb ..."[22]

Der Schritt ins Ungewisse kann auch bedeuten, den Dingen ihren Lauf und das Leben auf sich zukommen zu lassen, um es auszufüllen und auszudrücken. Es kann auch sicherer machen, das Leben nicht machen zu *müssen*. Wenn die äußere Sicherheit, die sich in Status, Erfolg und Gegenständen ausdrücken kann, verloren geht, was immer passieren kann, ist das ein doppelter Verlust: Die schützende äußere Sicherheit ist weg und die mangelnde Entwicklung der inneren, tragfähigeren wird schmerzlich spürbar: „Die Vorsichtigen, die Besitzenden wiegen sich in Sicherheit, doch notwendigerweise sind sie alles andere als sicher. Sie sind abhängig von ihrem Besitz, ihrem Geld, ihrem Prestige, ihrem Ego – das heißt von etwas, das sich außerhalb ihrer selbst befindet."[23]

Schöpferische Indifferenz

Der Mensch „bewegt" sich immer zwischen zwei Polen. Die *erfundene* Sicherheit ist der eine Pol in polarer Konsequenz zur gefühlten Unsicherheit. Wir wollen uns gerne im Pol der Sicherheit häuslich einrichten, während wir jedoch den der Unsicherheit dauernd wahrzunehmen glauben. Beide Pole spiegeln reale Aspekte: Wir wissen *nie*, was morgen passiert und wir wissen *sicher*, dass wir sterben werden. Dieses Wissen ist sicher, es könnte uns beruhigen. Wir machen jedoch aus den Polen

Sicherheit und Unsicherheit „große Geschichten", indem wir sie zu bekämpfen und in ihr Gegenteil zu verkehren versuchen. Dabei verlieren wir ihre existenzielle Spannung und Dynamik aus den Augen. Im Grunde stellen auch Leben und Tod eine Polarität dar, deren einen Pol wir stur vermeiden und uns dafür starr an den anderen klammern, sodass wir kein erlöstes Sein dazwischen erreichen. Auf den Polen können wir nicht leben, wir haben uns in der *Mitte* einzuordnen. Der Weg dorthin besteht darin, die Pole schwächer werden zu lassen, sie zu reduzieren und nicht übergangslos zwischen ihnen hin und her zu springen.

Etliche Menschen verwechseln auf der Suche nach innerer Sicherheit Pol und Mitte. Sie verharren im Extrem und nehmen nur von dort aus die Welt wahr. In dieser fundamentalistischen Haltung negieren oder löschen sie den anderen Pol des Verhaltenskontinuums. Diese Form der *absoluten* und bewegungsunfähigen, sturen und meist herrschen wollenden Weltsicht verträgt keine dialektische Weiterentwicklung, keine Offenheit und kein Risiko. Als starre Stütze wird sie als innere Sicherheit „verkauft" und verbreitet.

Das wahre Absolute, das, welches erarbeitet und erkämpft werden muss, findet zwischen den Extremen statt. Es ist das Ringen um polare Ausgewogenheit, um den mittleren Weg, in dem wir uns finden können. „Schöpferische Indifferenz"[24] nannte der vergessene Philosoph und einer der geistigen Väter der Gestalttherapie, Salomo Friedlaender, diesen „Ort" und Vorgang der Gewinnung von Identität und Stärke.

Ihm geht es um eine *kreative* Weltbewältigung, um den schöpferischen Umgang mit Widersprüchen. Die Befreiung aus einer selbst verschuldeten Unmündigkeit durch stures und starres Beharren auf nur einem Pol, was eine einseitige Sicht von der Welt nach sich zieht, bedeutet, die polare Welt *zentriert* zu erleben im kreativen Prozess des *Ausbalancierens*.

Erst die *Wirkkraft* des authentischen, schöpferischen Individuums *erzeugt* die Pole „Sicherheit" und „Unsicherheit" – nicht umgekehrt. Die in je persönlicher Ausprägung so konstruierten Extreme wirken zurück auf das in der Mitte sich suchende Selbst. Praktisch könnte das bedeuten, das „Konzept Sicherheit" ernsthaft infrage zu stellen, um ihm und vor allem seinen vielfältigen alltäglichen Folgen die Macht zu nehmen. Dadurch verliert auch die Unsicherheit an Bedeutung. Sicherheit und Unsicherheit sind die Rahmen-Bedingungen, unter denen wir leben.

Nicht der Rahmen ist entscheidend für ein Kunstwerk, sondern das Bild in der Mitte, d. h. der Maler, der es malt.

Im Internet fand ich einen Blog zum Aktienhandel für Online-Broker. Der Autor führt aus, dass viele mit Unsicherheit nicht umgehen könnten. Sie suchten an den Kapitalmärkten etwas, was es dort nicht gebe. Sie suchten die Sicherheit vor einem Geschäft und könnten sie doch erst danach bekommen. Sein bedenkenswerter, im Geschäft mit der Spekulation d. h. der Unsicherheit unüblicher Vorschlag lautet: „Ich kann das Verhalten der Märkte nicht vorhersehen, was ich aber tun kann, ist mein eigenes Verhalten vorherzusehen. Ich weiß, was ich tun werde, je nachdem, was die Umstände und die Situation gerade erfordern. Ich weiß daher auch, dass ich mich stets auf mich verlassen kann und das ist der Schlüssel zum Erfolg."[25]

Auch wenn diese Erfolgsstrategie auf das Merkantile zielt, so ist sie übertragbar auf den generellen Umgang mit dem Mythos Sicherheit. Sie kann uns auf den Boden der Tatsachen zurückholen und auf den einzigen Akteur des Spiels hinweisen. Das ist der Mensch in seiner jeweiligen konkreten Situation, nicht *die* „Sicherheit" und nicht *die* „Unsicherheit".

Wahrheit: Wessen Wille geschehe? –
Sich selbst verantworten

In den frühen 60er-Jahren war die sexuelle Aufklärung noch eine Domäne der Straße und voller Heimlichkeiten. Wissen zirkulierte bruchstückhaft, die einschlägigen Bilder waren verknittert und Oswald Kolle hatte seine Revolution noch vor sich. Statt ca. 2 680 000 Ergebnisse bei Google für den Suchbegriff „Sexualität" gab es Peinlichkeiten im Biologieunterricht, schweigende Eltern und gelegentlich Zeitschriftenartikel mit geschlechtslosen Abbildungen. Der erste Sexualkundeatlas erschien erst 1967.

Sexualität war kein Thema und sollte es auch nicht sein. Also wurde darüber nicht geredet, öffentlich nicht und auch nicht privat, schon gar nicht mit dem eigenen Nachwuchs. Dem Zeitgeist geschuldet reichte die elterliche Eignung auch bei uns nicht für das persönliche Gespräch. Die Verunsicherung für Heranwachsende war groß. Mindestens so groß jedoch war das Begehren, das sich, unterdrückt wie es war, seine eigenen doppelten Wege schuf. In dieses etwas trostlose, heikle und unwissende Leben platzte in meiner Jugend eine Schrift mit dem vielversprechenden Titel: „Wer sagt uns die Wahrheit? – Ein offenes Wort an reifende Jungen"[1].

Zum ersten Mal wurde ich mit „Wahrheit" konfrontiert. Auch wenn der Aufklärungseffekt damals für mich nur gering war, ist mir dieses kleine Buch nachdrücklich in Erinnerung und auch in meinem Besitz geblieben. Vor allem der wuchtig daherkommende Begriff „Wahrheit", als etwas Festes, Unumstößliches und, in diesem Fall, Bedrohliches hatte sich eingeprägt. Heißt es doch dort „von diesem Vorgang, den wir auch die geschlechtliche Vereinigung nennen", dass es eine „schwere Sünde" sei, „wenn zwei Menschen, die nicht durch die Bande der Ehe zusammengehalten sind, sich dieses Recht anmaßen – denn es steht ihnen nicht zu".[2] Demzufolge sei es nicht gut, „wenn Mädchen und Jungen in der Jugend zu viel beieinander sind"[3]. Des Weiteren ist vom „Laster der Homosexualität" die Rede, „von dem der hl. Paulus sagt, dass man es eigentlich unter Christen gar nicht nennen sollte".[4] Überhaupt keinen Anlass zur Beruhigung gaben mir damals Sätze zur „Sünde der Unreinheit"[5] wie: „Du bist solange ein sauberer Junge, als Du bewusst um deine Reinheit kämpfst" oder „Und wenn es auch trotz deines guten Willens doch wieder vorkommt: du brauchst nicht zu verzweifeln. Es ist noch lange nicht alles verloren."[6]

Das ist eine ziemlich erdrückende Wahrheit mit überhaupt nicht „offen" klingenden Worten für einen Jüngling, dem ein einschüchterndes, ziemlich eigenartiges Weltbild vermittelt wurde. Diese Art geistiger Nahrung, die in diesem Alter, neben sexueller Neugier, *auch* gesucht wird, schmeckte mir schon damals ganz und gar nicht, hinterließ aber trotz allem Widerwillen ihre Spuren. Zu meinem Glück waren die Abdrücke nicht zu tief, da sie vom liberalen Geist in der eigenen Familie und den bald einsetzenden sexuellen und anderen Revolutionen der späten 60er-Jahre verweht wurden.

Im Auftrag Gottes

Geblieben ist das Misstrauen und die Abwehr gegen Wahrheiten dieser Art, wie sie der katholische Priester in seinem, sicher gut gemeinten Aufklärungsbuch, unter die Jugend bringen wollte. Ein religiös motivierter *Alleinvertretungsanspruch* für das einzig richtige Verhalten, das einzig richtige Streben und das einzig richtige Sehnen ist mir völlig fremd. Das Nichtbefolgen der sich moralisch absolut und *unfehlbar* gebenden Anweisungen zum Ausdruck der einzig möglichen Wahrheit mit „Schuld" und „Sühne" zu belegen, ist ein reines Machtmittel, das diese Wahrheit nicht glaubwürdiger macht, sondern sie als ungerecht und politisch entlarvt.

Die Worte Christi: „Ich bin der Weg und die Wahrheit und das Leben"[7], wie sie im Johannes-Evangelium überliefert sind, sagen nichts über ihre eigene Wahrheit aus. Sie sind für mich tragende Elemente des christlichen Glaubens, so wie er im Neuen Testament dargelegt und „bezeugt" wird. Das „Bezeugen" darf nicht verstanden werden als ein historisches oder juristisches, logisches und nachweisbares Verorten, sondern als ein Bekenntnis zu einem Glauben, dessen „Wahrheit" ganz anders bemessen wird und nur von jedem selbst erarbeitet und erlebt werden kann und darf.

Jesus Christus, über dessen historische Wahrheit es keine Zweifel gibt, wohl aber über seine tatsächlichen Worte und ihre Motivierung und Entstehung, ist eine gütige, kraftvolle und inspirierende Hilfe auf dem Weg der persönlichen Wahrheits*findung* und Wahrheits*erfahrung*. Der christliche Glaube ist, wie alle anderen großen Religionen, ein monotheistischer Glaube, gefasst in einem System von moralischen Regeln und stützenden Ritualen, eingebettet in eine Heilsgeschichte mit historischen Wurzeln, die geprägt ist von Personen, Politik und mythischen Verklärungen, aber er ist ein Glaube mit einer persönlichen *Glaubenserfahrung* und einer persönlichen *Entscheidung*, etwas für sich als Wahrheit anzuerkennen und sich dieser Wahrheit zu *unterwerfen*.

Der Gottesbeweis muss auch weiterhin ausstehen, denn die Kraft des Glaubens erwächst nicht aus Formeln und deren Berechnungen, sondern aus Suchen und Scheitern. Die objektive Welt kann nicht die subjektive ersetzen. Es gibt ein Verlangen nach Glauben jenseits aller Beweise des Etwas und des Nichts, jenseits der Regeln von Gut und Böse und jenseits der institutionalisierten Rituale und Religionen. Abkehr von einer Religion bedeutet nicht Abkehr vom Glauben. Es ist unsinnig, sich als Gläubiger durch den Ungläubigen bewahrheiten zu wollen, genauso wie es unsinnig ist, sich als Ungläubiger durch eine Front gegen den Gläubigen beweisen zu wollen.

Wie notwendig ein Glaube für uns Menschen auch ist, es ist dennoch anmaßend und gefährlich, aus Glaubenssätzen Sätze einer objektiven Wahrheit abzuleiten, die für alle zu gelten haben. Das belegt das Leid, das viele Menschen in ihrer Geschichte erlitten haben durch Glaubenskriege und solche, die ihre ganz anders geartete und intendierte Wahrheit hinter Glaubensbekenntnissen versteckt hielten. Das belegen fundamentalistische Bedrohungen und Taten, die um der „Wahrheit" willen oder in diese Wahrheit verpackte andere Interessen zivilisiertes Miteinander erschweren und sabotieren. Verheerend ist es, dass diese Wahrheiten nicht nur als aggressiver Akt nach außen benutzt werden, sondern dass sie auch die im Grunde unwissenden Akteure dieser Aggressionen rekrutieren mit dies- oder jenseitigen „wahren" Heilsversprechungen.

Ein kulturelles Konstrukt

Wahrheiten anzuzweifeln, ist legitim und vernünftig. Es gibt *zu viel* Wahrheit und zu viele Wahrheiten. Was eine gültige „Wahrheit" sein möge, wie sie definierbar wäre, ist angesichts des tausende Jahre alten, sich immer wieder im Streitgespräch versammelnden Fachverstandes hier nicht möglich und auch nicht gewollt.

Interessanter ist es, darauf zu schauen, wie Wahrheit entstehen kann, wie wir sie *herstellen* und was sie für uns bedeuten soll. Noch interessanter ist es, sich um das Finden der *eigenen* Wahrheit Gedanken zu machen. Denn davon sollten wir ausgehen: Konsensfähige „Wahrheiten" gibt es nur sehr selten und noch weniger gibt es „die" Wahrheit des Lebens, die für alle oder zu jeder Zeit gültig ist.

Bevor wir uns in den Wahrheiten der anderen mit ihren Interessen und anderen Blickwinkeln verlieren, sollten wir Wahrheit als etwas Eigenes, etwas ganz *Persönliches* betrachten, dass wir *selbst verantworten* können und auch müssen.

Wahrheit existiert nicht außerhalb von uns, getrennt vom Subjekt, als etwas Eigenständiges, als ein Ding in der Natur oder gar in einem Kaufhaus, wo wir es vielleicht erwerben oder leasen könnten. Wahrheit ist ein *kulturelles Konstrukt*, das Menschen sich gesetzt haben, um im praktischen alltäglichen Miteinander besser auszukommen. Auf der Ebene der Vernunft wird mit sprachlich-logischen Mitteln versucht, Regeln aufzustellen und über deren Auslegung und Befolgung Konsens herzustellen, der, wenn er nicht friedlich erreicht wird, mit verschiedenen Formen der Gewalt, seien sie sanktioniert oder nicht, eingefordert wird.

Voraussetzung für diese Art der Wahrheitsfindung ist, wenn die diskursive, freie Art der Wahrheitsfindung nicht, wie schon erwähnt, dogmatisch vonstattengehen soll, die *Objektivierbarkeit* der Ereignisse und Dinge. Nicht die individuelle Wahrnehmung und Empfindung ist gefragt, sondern normier- und vergleichbare Messungen und Benennungen. Gerade die schrankenlose Anwendung des Objektivitätsprinzips aber hat, wie wir noch sehen werden, die Wahrheit in einer Weise vom *Wahr*nehmenden losgelöst, die diesen orientierungsloser zurücklässt und jene nicht glaubwürdiger macht.

In der Rechtsprechung ist die Objektivierbarkeit grundlegende und unabdingbare Voraussetzung ihrer Gültigkeit, Gerechtigkeit und Macht. Das Wort ‚Wahrheit' wird jedoch sparsam verwendet: „Das Gericht hat nach seiner freien, aus dem Inbegriff der Verhandlung geschöpften Überzeugung zu entscheiden. Überzeugt sein heißt dabei, für wahr halten, ohne zu zweifeln, oder für wahr halten nach überwundenen Zweifeln."[8]

Dadurch wird deutlich, dass Wahrheit gefunden werden muss durch systematisches Suchen und nicht in einem einmaligen Akt zufällig von der Straße aufgelesen werden kann. Die Erforschung der juristischen Wahrheit ist ein aktiver Prozess, der aus dem Zusammenfügen vieler Teile besteht und immer objektivierbare Dialoge beinhaltet. Das Glaubwürdigkeitsgutachten über einen Zeugen, über dessen „Wahrheit" Gutachter nichts aussagen können und auch nicht dürfen, ist einer dieser Teile. Gutachter stellen allenfalls fest, ob eine Aussage glaubwürdig ist oder nicht: „Die (Un)Wahrheit, hier im Korrelat der subjektiven (Un)aufrichtigkeit, muss erschlossen werden, sie liegt keineswegs in den erhobenen Daten unmittelbar zutage."[9]

Ich erinnere mich an einen amerikanischen Film, in dem der Verteidiger resigniert feststellte: „Wahrheit ist das, was die Geschworenen sagen." Doch brauchen wir, abgesehen von den juristischen Wahrheitsbemühungen, Wahrheit im Alltag? Ist Wahrheit und all das, was sich als Wahrheit ausgibt, der geeignete Navigator durchs Leben?

„Richtig" oder „falsch" sind leider keine feststehenden Fixpunkte. In der Natur kommen sie nicht vor und sind für deren Funktionieren ohne Bedeutung. Ein Begriff von Wahrheit, eine Festlegung darauf, was außerhalb von uns wahr sein soll, ist uns nicht angeboren, wohl aber die Fähigkeit, für die objektivierbare Welt Bewertungsmaßstäbe zu entwickeln.

Haben Lügen kurze oder lange Beine?

Wahrheit, als Ausdruck der persönlichen individuellen Wirklichkeit, wird von jedem anders konstruiert. In diese Konstruktion fließen Täuschung und Lüge mit ein, sei es anderen oder sich selbst gegenüber. Notlügen sind seit jeher sanktionierte Unwahrheiten, weil sie unnötiges Leid verhindern wollen oder, noch existenzieller, Gesundheit und Leben erhalten können.

Auch die Alltagssprache ist sich der Wahrheit nicht ganz sicher, was sich in gewundenen und relativierenden Redewendungen niederschlägt wie, etwas sei „nur die halbe Wahrheit" oder der Redner würde es „mit der Wahrheit nicht so genau nehmen", man müsse erst „die ganze Wahrheit erfahren" oder „die ungeschminkte Wahrheit" hören. Oft ist die Wahrheit auch „unterdrückt", „ungeliebt", „schmerzhaft" und „nicht zu ertragen". Wer sich ganz sicher ist, ist zwar nicht „im Besitz der Wahrheit", scheint aber „die Wahrheit gepachtet zu haben" und

wer es wirklich genau wissen will, muss „der Wahrheit ins Auge blicken". Schlussendlich liege die Wahrheit immer „in der Mitte".

Im Grunde dreht es sich meist um die Frage: Drehen wir die Welt so
hin, dass es für uns passt, oder anerkennen wir deren Gegebenheiten
und bringen unser Denken in Einklang mit ihr? Wir schwanken zwischen Manipulation und Einsicht. Entgegen der traditionellen bib-
lisch-moralischen Auffassung werden Unwahrheiten, also Lügen und
Halbwahrheiten, heutzutage von vielen als akzeptierter Bestandteil
eines psychisch und sozial gelingenden Alltags gesehen: „Jenseits überkommener Moralvorstellungen ist Lügen notwendig für unsere Psychohygiene und ein wichtiger Aspekt sozialer Intelligenz."[10] Das zu akzeptieren, ist sicher nicht einfach und der persönlichen Würdigung und
Wahrheit anheimgestellt.

Keinesfalls soll die Pflicht zur *moralischen Erziehung* als Grundlage
eines aufgeklärten humanen Zusammenlebens, deren einer Pfeiler der
unabdingbar wahrheitsgetreue Umgang mit Fakten und Ereignissen
ist, infrage gestellt werden, aber *die Realität* der Unwahrheit ist nicht
wegzuleugnen. Die eigenen kleinen Unwahrheiten, seien es nur gering-
fügige Abweichungen und Ausschmückungen oder nachträgliche Ra-
tionalisierungen und Verknüpfungen, nehmen wir oft gar nicht mehr
wahr und sind von *unserer* Wahrheit völlig überzeugt. Eine deutliche
Grenze wird auf jeden Fall zu ziehen sein: Lügen ist jenseits allen ver-
muteten psychologischen Nutzens immer noch verboten und falsch,
wenn anderen dadurch bewusst *geschadet* wird.

Vielleicht hilft die Sichtweise weiter, die die Lüge als einen notwendigen Gegenpol zur Wahrheit sieht, deren Absolutheit manchmal er-
drückend und zu lebensfern ist. Wenn beide Pole zu extrem formuliert
werden, bedarf es einer lebensgerechten Ausbalancierung. Das *reale* Leben findet zwischen Wahrheit und Unwahrheit statt und je nach Situation tendiert es zu einer Seite oder zur anderen, was nützlich sein kann
oder aber schädlich. Ein Leben ohne Lüge führen zu können, scheint
eine Selbsttäuschung und Illusion zu sein: „Sie ist unsere treue Lebens-
begleiterin, sie hilft uns über zahlreiche Schwierigkeiten und Tücken
hinweg, sie hat es verdient, nicht verleugnet oder verleumdet zu werden."[11]

Es ist anzunehmen, dass der Hauptgrund für Lügen wohl darin besteht, keine Verantwortung übernehmen zu wollen für Handlungen

oder Unterlassungen, von denen klar ist, dass sie Regeln, Normen oder
andere getroffenen Übereinkünfte verletzten oder diesen zuwider handeln. Den Wahrheitsgehalt dieser Aussage kann jeder für sich selbst
überprüfen. In jedem Moment des Lebens Wahrheit zu behaupten
oder herstellen zu wollen, ist ein mühsames Unterfangen und macht
den Alltag anstrengend. Alles ist vorübergehender Natur. Was gerade
als unumstößliche Wahrheit erschien, mag einige Augenblicke später
fragwürdig erscheinen. Ein Mittel gegen die Lüge und für innere Auf-
richtigkeit ist es, achtsamer und wacher durch den Tag zu gehen und
sich der Folgen seines Denkens und Handelns bewusst zu bleiben.

Ursache und Wirkung

So wie die Verantwortung, genauer die Selbstverantwortung, bei der
Lüge eine gewichtige Rolle spielt, so hat sie diese Aufgabe natürlich
auch bei der Wahrheit. Was wir als Wahrheit anerkennen, sollten wir
in eigener Verantwortung entscheiden und uns nicht von Wahrheitsfa-
natikern, ideologischen Wahrheiten und anderen absoluten Wahrheiten einfangen lassen. Immer wieder wird versucht, Aspekte und
Ereignisse des Lebens auf einfache monokausale Ursache-Wirkungs-
Prinzipien zurückzuführen, um daraus einfache Wahrheiten abzuleiten, die die Menschen zu einer bestimmten Denkweise oder Handlung
verführen sollen. Solche „einfachen" Wahrheiten und ihre entsetzli-
chen Folgen sind aus der Geschichte hinlänglich bekannt, sie werden
aber immer noch benutzt, um Menschen zu manipulieren. Das einfache monokausale Ursache-Wirkungs-Prinzip, wie es im physikalischen
Labor zu beobachten und nutzbar zu machen ist, kann kein geeignetes
Erklärungs- und Erkenntnismodell für die Komplexität des Lebens
sein. Jedes Ereignis ist Ursache und Wirkung zugleich. „In einem Sa-
men steckt ewige Vergangenheit und ewige Zukunft", heißt es.
    Auf eine paradoxe einleuchtende Weise gibt ein Comic zur Umkehr-
barkeit der Kausalität seinen Kommentar ab, auf dem eine sich selbst-
verliebt räkelnde Katze und ein treu blickender Hund zu sehen sind.
Dem Hund entsteigt die Wortblase: „Sie füttern mich, sie pflegen
mich, sie kümmern sich um mich … sie müssen Götter sein." Die
Katze aber sagt: „Sie füttern mich, sie pflegen mich, sie kümmern sich
um mich … ich muss ein Gott sein."[12]

Das Leben ist kein experimentelles Segment, sondern ein ewiger Fluss, in dem das eine auf das andere folgt. Diese Einsicht könnte helfen, Deutung und Bedeutung, die wir den einzelnen Phänomenen zuschreiben, zu überprüfen und auf ein sinnvolles Maß zu reduzieren. Darum kann auch die Frage nach dem „Warum" immer nur vorübergehende Klärung bringen, denn sie eröffnet eine endlose Kette von „Warum"- Fragen, deren Beantwortungen nur einfache Kausalitäten berücksichtigen können und keine systemischen Funktionalitäten. Das „Warum" bietet Erklärungsmodelle, theoretische Reduktionen und Ableitungen, es sucht ein spekuliertes Abbild der Wirklichkeit. Das „Warum" will der Wirklichkeit als Wahrheit habhaft werden, muss aber scheitern, denn jene ist schon vorbei. Deutlich macht das jene einfache, grandiose Fußballweisheit, die jenseits aller Kausalitäten, Strategien und Erklärungen feststellt: „Die Wahrheit liegt auf'm Platz." Auch für Kinder findet die Wahrheit primär im Hier und Jetzt statt. Sie erschließen sich die Welt stückweise. Für ihre „Warum"-Fragen reichen meist einfache und plausible Antworten. Kinder nehmen die Welt so in Besitz, *wie sie ist*, nicht wie Erwachsene wollen, dass sie ist.

In der Psychotherapie, in der es um das Aufspüren der inneren Wahrheiten geht, sind „Warum"-Fragen wenig hilfreich. Sie belassen die Klienten in ihren logisch-kognitiven Denkstrukturen, die alle Möglichkeiten für Ausflüchte und Selbsttäuschung bieten. Sie erfassen nur *einen* Teil der subjektiven Lebenswirklichkeit und verpassen die „irrationalen" und strukturellen Dynamiken.

Gerade die Emotionen lassen das *Wahr*nehmen der Realität, so wie sie ist, und das *Gewahr*werden der Störungen und Hindernisse in unterschiedlichem Licht erscheinen und führen zu inter- wie intrasubjektiv unterschiedlichen Wahrheiten. Erziehung und kulturelle Gewohnheiten haben es mit sich gebracht, dass wir ungern unsere wahren Gefühle zeigen. Beim Gespräch achtet der Therapeut daher beispielsweise auch auf die nonverbalen, emotional gesteuerten Äußerungen der Körpersprache, die oft mehr über die „Wahrheit" hinter einem Problem erzählen.

Wer hat recht?

Nicht nur mit uns selbst sind wir bei unserer Wahrheitsfindung nicht im Reinen, auch die gemeinsame Wahrheitssuche mit anderen erleidet immer wieder Schiffbruch. Jeder formt Sinnesreize durch *seine* Erfahrungen auf *seine* Weise zu einer *Figur*, die für *ihn* Sinn macht. Es wäre gut, diesen andauernden geistigen Prozess im Bewusstsein zu halten, denn weder der Prozess noch sein Ergebnis sind ein reales Abbild der Wirklichkeit, auch wenn sie selbst wirklich sind.

Das impliziert die konstruktive Bereitschaft, besonders in Partnerschaften, zwei unterschiedliche Wahrheiten nebeneinanderstehen zu lassen als autonome Wirklichkeiten und Sichtweisen, die aus einem Weniger an Wettkampf ein Mehr an Gemeinsamkeit entstehen lassen können, wenn wir es zulassen. Besonders nötig wird der *Wille zum Konsens*, wenn es um die Nichtübereinstimmung bei Vergangenem geht. Jede neue Erzählung einer Erinnerung legt eine neue Gedächtnisspur, die jeweils subjektive Wahrheit bedeutet. Der Erzählende kann nicht mehr genau unterscheiden zwischen dem tatsächlich erlebten Ereignis und den verschiedenen eigenen neuen Erzählungen und Rekonstruktionen. So können oft zwangsläufig Streitthemen entstehen, die prinzipiell nicht auflösbar sind und nur eine gemeinsame Annäherung ermöglichen.

Auch vor Gericht ist der Wahrheitsfindung dann ein Riegel vorgeschoben: „Die Rekonstruktionsprozesse beziehen sich dabei nicht auf das ursprünglich erlebte Ereignis oder die ursprüngliche Beobachtung, sondern auf die jeweils am kürzesten zurückliegende Aktualisierung der Vorfälle etwa in einer Vernehmung ... Bei der Beurteilung der Konstanz der Aussage muss also berücksichtigt werden, dass systematische Veränderungen der Gedächtnisinhalte zu erwarten sind."[13]

Auch im öffentlichen Leben, in der Art wie Institutionen, Unternehmen und die Politik mit uns und untereinander kommunizieren, führt der *Wettkampf der Wahrheiten* ein schwer zu durchschauendes Eigenleben. Manche „Wahrheiten" sind oft von vornherein bewusste Täuschungen und Manipulationen, letztendlich um Macht und materielle Vorteile zu erlangen. Hier kann auch nicht von einer förderlichen, die Gruppe eventuell stabilisierenden Kraft der Lüge, analog der dem Individuum nützlichen Psychohygiene, gesprochen werden. Denn hier zieht die sehr kleine Gruppe der Lügner große Vorteile und die sehr große Gruppe der Belogenen erleidet große Nachteile. Das fördert die Gemeinsamkeit nicht, sondern spaltet die Gesellschaft.

Politik und Werbung dürfen öffentlich Schwindel als Geschäft betreiben und werden dafür noch belohnt, weil immer wieder oder immer noch viel zu viele darauf hereinfallen. Sich mit Argumenten oder Fakten auseinanderzusetzen, ist den meisten zu mühsam. Sie werden uns ja auch nur selten und selten korrekt angeboten. Stattdessen werden wir mit einfachen Slogans und vor allem Bildern bearbeitet, mit denen es sich weit effektiver täuschen und überzeugen lässt, weil wir dafür viel empfänglicher sind.

„Die menschliche Psyche ist von Natur aus anfällig für Manipulationen ... Unsere Vorfahren wurden durch elementare Bedürfnisse wie Hunger oder Todesangst gesteuert, deren Beachtung überlebenswichtig war. Solche Nöte sind uns heute in Mitteleuropa meist fremd. Sie werden gleichwohl von den allgegenwärtigen Manipulatoren angesprochen und erzeugt. Ständig werden uns Wünsche und Ängste eingeredet, die wir gar nicht haben."[14]

Das, was wir für eine souveräne, eigene Entscheidung halten, ist das Ergebnis eines systematischen raffinierten Einredens, dessen wir uns, da es mit dem Unbewussten korrespondiert, nicht bewusst sind, nicht bewusst sein können. Unseren Urteilsprozessen und Handlungen sind unbemerkt Wahrnehmungsvorgänge und emotionale Bewertungen vorgeschaltet. Was können wir dagegen tun? Der erste Schritt besteht darin: „unsere Beeinflussbarkeit überhaupt zu erkennen und zu akzeptieren – dies aber widerspricht unserer natürlichen ,Unbeeinflussbarkeitsillusion'. Wir bilden uns tatsächlich ein, wir seien ohne eigene Zustimmung nicht beeinflussbar ... Sich der eigenen Verletzlichkeit gegenüber unerwünschter Beeinflussung bewusst zu werden, bedeutet auch, sich über die eigenen Bedürfnisse und Ziele klar zu werden ... Je mehr wir selbst gestaltend in unserem Alltag eingreifen, desto geringer ist die Gefahr, dass wir in unserem Erleben und Handeln unbemerkt ferngesteuert werden."[15]

Angesichts dessen, wie uns potenziellen Wählern, Käufern und Kunden schamlos das Blaue vom Himmel versprochen wird, ohne im geringsten auf Risiken zu verweisen oder die kaum zu erfüllenden Vorbedingungen für die Träumereien zu benennen, ist es wichtig, Einflüsterungen und Verdrehungen als solche zu erkennen und gegen sie anzugehen.

Die Theorie der Wirklichkeit

Ein weiterer großer und erfolgreicher Produzent von Wahrheit ist die Wissenschaft. Sie hat es leicht zu überzeugen, denn ihr Selbstverständnis, ihre Definition ist Wahrheit. „Wissenschaft verspricht Wahrheit" könnte vereinfachend der Slogan lauten. Darin impliziert ist die Festlegung, dass diese Wahrheit sich immer wieder ändern kann, je nachdem zu welchen neuen, veränderten Ergebnissen die wissenschaftliche Forschung gelangt. Das ist dann der „wissenschaftliche Fortschritt", der neue Wahrheiten generiert, die natürlich gewaltige Auswirkungen haben auf das alltägliche Leben und das, was wir als richtig oder falsch erachten.

Einige Haken aber hat dieses System der Wahrheitsbildung. Das, was erforscht wird bzw. überhaupt erst eine Chance durch Förderung und Sponsoring dazubekommt, sind nicht immer vernünftige naheliegende Fragestellungen, die von allgemeinem Interesse sind, sondern solche, deren Beantwortung bestimmten Menschen und Gruppen dient. Diese Herstellung von Wahrheit ist verknüpft mit bestimmten Interessen und damit *selektiv*. Zudem setzt sich die wissenschaftliche Forschung aus einer unübersehbaren Anzahl von Einzeluntersuchungen zusammen, die in unterschiedlichen Kontexten entstanden sind, mit unterschiedlichen Mitteln und unterschiedlichen wissenschaftlichen Standards durchgeführt werden, deren Ergebnisse sich teilweise widersprechen und die manchmal fast beliebig zur Stützung einer übergeordneten Hypothese beitragen können und sollen.

Uns werden diese Untersuchungen und ihre Deutungen bruchstückhaft und willkürlich per Medien zur Kenntnisnahme vorgesetzt. Unsere Chance, ihre Präzision, Aussagekraft und Deutbarkeit genauer zu beurteilen, ist eher gering. Wir sollten wachsam sein, wenn Wahrscheinlichkeiten zu Wahrheiten mutieren, wenn einfache Kausalitäten hochgejubelt und gleichzeitig Wirkungsprinzipien beliebig werden, vor allem, wenn Deutungshoheit sich anmaßt, absolut zu sein.

„Es werden von Zeit zu Zeit umwälzende neue Theorien aufgestellt, der Fortschritt kann enorm rasch sein und gewaltige technologische und kulturelle Änderungen herbeiführen. Ob wir damit aber der Wahrheit näher kommen, wissen wir nicht. So gesehen liegt in wissenschaftlicher Forschung ein Element der Resignation: Nur durch Verzicht auf eine ‚ganzheitliche' Aussage, eine Globaltheorie, eine Weltformel, lässt sich der wissenschaftliche Fortschritt im Einzelnen herbeiführen."[16]

Schlussendlich aber ist dem System Wissenschaft immanent, dass es wahrnehmbare Tatsachen, die nicht mit den Regelwerken und Instrumenten dieser Wissenschaft erfassbar sind, nicht anerkennt und als „unwissenschaftlich" abtut, was in unserem Kulturkreis so gut wie einem Ausschluss aus dem edlen Zirkel dieser Wahrheit gleichkommt. Wieder vereinfachend könnte das heißen: Wahrheit kann nur sein, wenn sie wissenschaftlich erwiesen ist, wobei, konträr zu den Prinzipien einer wahren und funktionierenden Demokratie, Legislative, Judikative und Exekutive meist in einer Hand liegen. Allerdings hat diese Hand sehr viele Finger, die alle im Sinne einer wissenschaftlichen Moral und Ethik tätig werden könnten – wenn sie wollten.

Wissenschaft, wenn sie korrekt angewandt wird, ist ein ungemein produktives, nachvollziehbares und überprüfbares Erkenntnissystem, ohne dass das, was wir Fortschritt nennen, nicht denkbar wäre. Jedoch schließt sie, da sie sich erhalten will und soll, Erkenntniswege aus und negiert Wirklichkeiten. Wahrheit als „Theorie der Wirklichkeit" darf das subjektiv Erfahrene und Wahrgenommene nicht prinzipiell ausschließen. Sie muss sich auch auf den Vorgang der Wahrnehmung, das Sinnliche, das Subjektive stützen, denn das gibt Auskunft darüber, wie die Wirklichkeit beschaffen ist. Auch das Metaphysische existiert. Die Wirklichkeit ist der Ort, an dem etwas wirkt.

„Wirksam ist, was wirkt. Das müssen diejenigen, die immer nach der objektiven Wahrheit rufen, schmerzhaft erfahren."[17]

Wissenschaft ist eine Macht, jedoch hat sie nichts Allmächtiges und sollte sich in ihrer Grandiosität hüten vor Selbstüberschätzung und Machbarkeitswahn. Exemplarisch mag hier der Streit über die Wirksamkeit der Homöopathie genannt werden. Die medizinische Lehrmeinung, die nicht ohne Hintersinn als Schulmedizin firmiert, spricht den homöopathischen Gaben jegliche Wirksamkeit ab, da deren stark verdünnte Substanzen wissenschaftlich nicht nachweisbar sind. Was nicht ist, könne auch nicht wirken. Zudem widerspräche das Potenzierungsverfahren der Grundsubstanz naturwissenschaftlichen Erkenntnissen. Selten wird dabei jedoch der Hinweis gemacht, dass die *derzeitig* zur Verfügung stehenden Methoden und das *derzeitige* Wissen keinen Nachweis im üblichen Sinne zulassen. Eventuell wirksame „Substanzen" oder „Kräfte" könnten aber durchaus existieren, wir sind nur nicht in der Lage, sie *wahr*zunehmen.

Objekt oder Subjekt?

Es geht darum, ein kritisches Bewusstsein zu bewahren gegenüber der Gleichsetzung von Wissenschaft und Wahrheit. Jene ist nur ein Hilfsmittel, um zur Konstruktion dieser beizutragen. Trotz der gewaltigen evolutionären Entwicklung, die den Menschen zu dem gemacht haben, was er jetzt ist, sind wir dennoch, vielleicht weil die letzte Wegstrecke sich in einem atemberaubenden Tempo vollzog, immer noch hin- und hergerissen zwischen Magie und Moderne, zwischen Offenbarung und Aufklärung, zwischen Dogma und Diskurs, zwischen ewigem Bekenntnis und vorläufiger Erkenntnis.

Um den für uns schmerzlichen Verlust von Zusammenhängen auszugleichen, der entstanden ist durch die immerwährende Informationsflut über zusammenhangslose Details, durch den Verlust von stabilen Werten und die Unglaubwürdigkeit von Eliten und um wieder Ganzheit zu finden, ist es notwendig, über Wissenschaft hinaus zu denken, zu fühlen und zu handeln. Um zu einseitige Sichtweisen der Welt zu vermeiden und sich nicht in den ohnehin unerfüllbaren Erklärungswahn zu verwirren, sollte wissenschaftlich erzielte Erkenntnis mehr der menschlichen Erfüllung und dem Einklang dienen, nicht nur dem sachlichen Mittel zu einem vielleicht nützlichen Zweck, dessen Nebenwirkungen aber verdrängt werden.

Der Mensch kann sich in seinem Menschsein erkennen, indem er sich als Mensch *individuell* verwirklicht, nicht indem er sich, von einer äußeren Warte betrachtend und analysierend, optimiert. Das ist der Weg vom erkannten Objekt zum *erkennenden Subjekt*.

Der logischen Form soll die sinnliche Form des Erkennens an die Seite gestellt werden: „Erst mit der Wahrnehmung ... wird das möglich, was wir brauchen, nämlich das schauende Erkennen des Schönen und das reflektierende Denken des Machbaren, das auch den Weg zum Richtigen weist."[18] Erst eine von Bewertung und Deutung freie Wahrnehmung kann das Wahre wirklich nehmen. Versuchen Sie, den Mut zu entwickeln, auch andere, bisher unwahrscheinlich erscheinende Wahrheiten zuzulassen oder deren Existenz zumindest in Erwägung zu ziehen. Beschäftigen Sie sich weniger mit ausgrenzenden Normen, von denen es viele gibt, und *öffnen* Sie sich mehr dem subjektiven Erleben.

Wie sehr das Unpersönliche und Unwirkliche der wissenschaftlichen Objektivierung auch in andere Lebensbereiche vordringt, habe ich selbst erfahren, als ich in jungen Jahren Filmkritiken schrieb. Sätze, in denen ein „ich" vorkam oder ähnliche subjektive Äußerungen strich mir der Feuilletonredakteur zu Beginn meiner Tätigkeit radikal aus dem Manuskript mit der Begründung, der Text habe objektiv zu sein. Wissenschaft und Subjektivität können nicht dieselbe Sprache sprechen, auch wenn sie dasselbe meinen. „Beschreiben" ist nicht „sein".

Jahrzehnte lebt ein Sohn in seiner Familie mit seinem Vater, um dann aufgrund einer DNA-Analyse zu erfahren, dass er nicht der Sohn dieses Mannes sein kann. Welcher Vater ist der wahre für ihn? Am Himmel sehen wir, vielleicht durch ein Teleskop, einen Stern und freuen uns. Später lesen wir, dass er gar nicht mehr existiert. Was wir sehen, seien nur Lichtstrahlen, die immer noch zu uns unterwegs sind. Ist der Stern nun noch wahr für uns?

Eine Weile bewahrte Goethe den Schädel Friedrich Schillers auf seinem Schreibtisch und schrieb in kontemplativer Betrachtung dieses Schädels als Requiem an seinen Freund ein berühmtes Gedicht: „... wie mich geheimnisvoll die Form entzückte! / Die gottgedachte Spur, die sich erhalten! /.../ Geheim Gefäß! Orakelsprüche spendend, / Wie bin ich wert, dich in der Hand zu halten?..."[19] Vor einiger Zeit wurde zweifelsfrei festgestellt, dass dieser Schädel zu einem anderen, unbekannten Menschen gehören muss. Welche Wahrheit hat Goethe inspiriert: die auf dem Schreibtisch oder die in seinem Kopf?

Der Moment der Wahrnehmung

In den frühen 60er-Jahren entstand in Frankreich eine besondere Art, dokumentarische Filme zu machen, die sich „cinéma vérité" nannte. In Amerika gründete sich etwa zeitgleich die Bewegung „Direct Cinema". Ziel war es, möglichst wenig Verfälschungen der Wirklichkeit zuzulassen und ganz nah an ihr dran zu bleiben, um die Wahrheit der Realität zu erfassen und weiterzugeben. Ein filmisches Mittel dafür war, ohne den üblichen technischen und personellen Aufwand, die Verwendung von leichten Handkameras, die ein authentisches Produzieren ermöglichten und beim Zuschauer den Eindruck erwecken sollten, er selbst gehe durch die Realität und betrachte sie. Die schwankenden und wackeligen Bilder, die im Gegensatz zu statischen Aufnahmen und fixierten Kamerafahrten standen, wurden bewusst in Kauf genommen bzw. bewusst erzeugt, um direkte und „wahre" Wahrnehmung zu suggerieren. Es ging darum,"die sonst übliche kinematografische Fiktion zurückzuweisen und den Zuschauer dem Entstehungsprozess des Geschehens beiwohnen zu lassen; die ‚Wahrheit' sollte nicht als fertiges Resultat, sondern in ihrem Werden, ihrer Entwicklung auf die Leinwand gebracht werden".[20]

Im Vordergrund stand das Bemühen, die Wirklichkeit spontaner, realistischer abzulichten, um der verpönten Scheinwirklichkeit der gängigen Filmindustrie etwas Realistischeres, Kritischeres entgegenzusetzen. Natürlich musste dieser filmästhetische Versuch einer Erneuerung als Massenbewegung scheitern, da die Mehrheit der Menschen ins Kino geht, um gerade nicht die Wahrheit zu sehen, sondern um sich eine andere Realität vorgaukeln zu lassen.

Diese Entwicklung zeigt auch, wie schwierig bzw. unmöglich es für Medien ist, Wirklichkeit einfach zu verdoppeln, um dadurch etwa eine vorgefundene Wahrheit wahr zu machen. Alle Bemühungen einer noch so wahrheitsgetreuen Ablichtung müssen scheitern, da sie *immer* Technik, Perspektive, Auswahl, Wertung, Weglassung, Detaillierung usw. beinhaltet. Die Wahrheit wird nicht abgelichtet, sondern neu *zusammengestellt*, erst im Medium und dann im Kopf des Betrachters. Wahrheit definiert sich durch den Blick auf etwas. Der Augenblick der Wahrheit ist der Moment der Wahrnehmung.

Gerade das künstlerische Schaffen spielt bei der Entstehung der eigenen individuellen Wahrheit eine wichtige Rolle. Der Künstler braucht das Rationale, das Zwingende, das Wahrscheinliche nicht zu berücksichtigen. Er kann kurze, schnelle Wege gehen. Er reduziert Umständlichkeiten und Umwege auf verblüffend direkte Verbindungen. Wenn der Betrachter oder Hörer von Kunst sich diese Freiheiten auch erlaubt – und er muss sich diese Freiheiten erlauben, weil sonst der Weg der Kunst nicht funktionieren kann –, entdeckt er einen ungeheurer Fundus von Wahrheiten *in sich*, aus dem er Kraft und Inspiration ziehen kann.

Sich völlig frei selbst künstlerisch zu betätigen, ohne die einengende Norm, dabei „Kunst" machen zu müssen oder zu wollen, fordert und fördert die Entwicklung des wahren Selbst. Das Individuelle und die dort angelegten Möglichkeiten drücken sich aus, wenn *alles mit allem* verbunden werden kann. Kreativität ist eine der Wurzeln der individuellen Wahrheit. Zu viel verordnete und vorgekaute Wahrheiten können diese Wurzeln kappen.

„Dichtung und Wahrheit" überschrieb Goethe seine Autobiografie, in dem sicheren Wissen, dass er die Wahrheit seines Lebens und seines Wirkens ohnehin nicht zum Zeitpunkt des Schreibens genau erfassen oder rekonstruieren konnte. Er verzichtete auch darauf, mit „objektiver" und „subjektiver" Wahrheit zu hantieren: „Jede Dichtung, die nicht übertreibt, ist wahr, und alles, was einen dauernden tiefen Eindruck macht, ist nicht übertrieben."[21] Dem Erinnerten oder von anderen Bezeugten stellte er bewusst das Imaginierte an die Seite, das im Detail nicht der Wahrheit entsprach, aber im Kern die Wahrheit enthielt, die ihm wichtig war: „Ich habe bemerkt, dass ich *den* Gedanken für wahr halte, der für mich fruchtbar ist, sich an mein übriges Denken anschließt und zugleich mich fördert."[22]

Die Macht des Glaubens

Trotz aller Vorbehalte über die verschiedenen Wahrheitsfindungen und gerade wegen ihrer Vielzahl brauchen Menschen eine überzeugende, bergende und tröstende Wahrheit, wie immer sie auch entstehen mag. Für uns endliche und erdgebundene Wesen, unausweichlich konfrontiert mit materiellen und seelischen Nöten, ist es nötig, inneren Frieden zu finden. Der besteht im Finden der *Übereinstimmung mit sich selbst*: dem Entdecken der eigenen Wahrheit. Das heißt auch, zu versuchen, die Verantwortung für das Suchen und Finden zu übernehmen und nicht der Versuchung zu erliegen, die Antworten auf existenzielle seelische Fragen einem fremden Willen zu überlassen, der mit objektiv „Richtigem" winkt.

Das, was in uns entsteht und heranwächst, was wir uns erkämpfen und immer wieder überprüfen müssen, was wir erfahren haben und durch was wir zur Einsicht gelangt sind, ist bleibender, ehrlicher und hat mehr mit uns zu tun als lockende Heilsversprechungen, die uns Halt garantieren, wenn wir nur einen Parcours von Normen absolvieren, seine Hindernisse nicht infrage stellen und an seinem Sinn nicht zweifeln.

Die erlebte und erlittene Wahrheit mit allen ihren Folgen ist die, die trägt. Über deren Wert und Wahrhaftigkeit zu richten, steht keinem anderen zu, auch nicht der Gemeinschaft der Gläubigen.

Den lähmenden Vereinnahmungen durch das Konzept „Schuld" mit seinen vielfältig sich ausbreitenden Wirkungen zu entkommen, ist eine weitere Voraussetzung für den eigenen Weg. Bei zu vielen Gedanken und Handlungen bzw. Unterlassungen knipst sich *automatisch* und ungefragt das rote Lämpchen des „Schuld-auf-sich-laden" an – manche sagen, es sei immer schon an –, das fälschlicherweise Verantwortung signalisiert bzw. herüberschiebt, wo es gar keine geben kann. Auf dem Display erscheint der Text: „ Ist das nicht falsch? Darf man das überhaupt? Ich mache mich schuldig. Der Zorn Gottes wird über mich kommen. Ich werde sicher bestraft."

Mit der Macht des eigenen Glaubens ist dem Menschen vieles möglich. Psychologische Studien haben ergeben, dass „religiöse Einstellungen und geistige Praktiken durchaus nachweisbare Wirkungen auf Körper und Psyche" haben, andererseits aber „hängen diese Wirkungen entscheidend von den Voreinstellungen der Versuchspersonen ab, ihren Werten und kulturellen Prägungen – kurzum: von ihrem Glauben".[23]

Sachverhalte, durch die Brille von Glauben und Voranahmen gesehen, stellen sich unterschiedlich dar. Realität wird dann zur Ansichtssache. Die Realität des Religiösen ist geistiger Natur: „Eine Religion hilft vor allem denen, die stark daran glauben, dass sie ihnen hilft."[24]

Die selbst verantwortete Wahrheit zu suchen und zu finden, bedeutet nicht, an Gott und seiner Existenz zu zweifeln. In dem Maße, in dem sich im Menschen ein Bewusstsein seiner selbst und der Welt entwickelte, brauchte er existenziell das Bild von und den Dialog mit einem Gott. Er brauchte zur Menschwerdung ein Gegenüber, um sein Bewusstsein und das Wissen von der Welt und ihrem Leid auszuhalten. Vielleicht war in seiner Bewusstwerdung ein Werden des Glaubens mit angelegt. Gott, welcher auch immer, ist Projektionsfläche *und* Spiegel.

Um seiner selbst „inne zu werden", um als Subjekt in einer objektivierten Welt zu wohnen und nicht als seelenloses Objekt in ihr zu verschwinden, ist dieser Dialog von großer Bedeutung. Dieser gedachte oder geglaubte Gott ist in der Lage, uns in unserer *Unteilbarkeit* und

Einmaligkeit zu spiegeln. Er kann uns dabei helfen, uns als Person zur Persönlichkeit zu formen und uns aus der Welt des Relativen, in der wir gefangen sind in polaren Fixierungen, zurückholen in das unteilbare Hier und Jetzt der persönlichen *Erfahrung*, in der wir mehr sind als nur eine Fehlerquelle der objektiven Erkenntnis.

Es ist so, wie es ist

Eine ähnliche Macht wie unser Glaube über unsere gelebte wahre Realität haben auch unsere Emotionen. Auch diese färben und konstituieren unsere Wirklichkeit, auch diese können wir, wenn wir es wirklich wollen, beeinflussen, damit sie wiederum uns beeinflussen und uns ein *anderes* Bild von der Welt geben, als das, was wir vorher hatten. Es ist nicht nötig – abgesehen von krankhaften Formen –, seinen Gefühlen und Stimmungen allzu freien Lauf zu lassen und unter ihnen zu leiden. Sie werden zwar meist durch äußere Reize ausgelöst, aber wir haben die Möglichkeit, sie zu kontrollieren, zu moderieren und in unserem Sinne mit ihnen umzugehen. Oft werden Emotionen eingesetzt, um andere zu manipulieren, in den Medien z. B., aber auch am Arbeitsplatz oder in der Partnerschaft. Dann hat schlechte Laune eine Funktion und versucht, neue Wahrheiten herzustellen. Natürlich gilt das auch umgekehrt und hat positive Effekte: Gute Laune kann ansteckend wirken.

Es lohnt sich, zu verstehen, wie die eigenen Gefühle entstehen und durch was: „Man sollte sich schon gelegentlich fragen: Was passiert da eigentlich mit mir, was löst man in mir aus? Will ich lernen, mit meinen Emotionen selbstbestimmt umzugehen, sie selbst zu steuern, oder will ich das lieber anderen überlassen?"[25]

Die Forschung versucht, Gefühle oder Stimmungen herunterzubrechen auf ihre hormonellen oder neuronalen Korrelate, um sie dingfest zu machen als nachweisbare Materie und der jeweiligen, immer kleiner werdenden substanziellen Wahrheit dadurch nahe zu kommen. Das wird auch mit dem Bewusstsein auf vielen Wegen versucht. Die Forschung dringt immer weiter ein in die Bezirke des Gehirns und kann ihnen bestimmte körperliche Vorgänge und auch Entscheidungsprozesse zuordnen. Sie möchte das Bewusstsein gerne physikalisch begründen.

Aber es besteht Unklarheit darüber, ob die Gedanken im Gehirn chemische Prozesse auslösen können und ob alle mentalen Ereignisse nur materielle Ursachen haben können, also nur aus physikalischen Prozessen *entstehen*. Was Gedanken genau sind, ist noch ungeklärt, sodass eines Tages vielleicht die Unterscheidung zwischen materiell und geistig keinen Sinn mehr macht und die Fragen, die heute die Wissenschaft und die Philosophen bewegen, lösen sich in Wohlgefallen auf zugunsten einer Wahrheit, durch die wir bis anhin unbekannte Realitäten sehen und verstehen werden. Einstweilen wird die Frage, „ob das Bewusstsein auf physikalische Prozesse reduziert werden kann oder ob unsere subjektiven Erfahrungen ein immaterielles Merkmal der Wirklichkeit sind, vielleicht immer eine Frage der philosophischen Überzeugung sein."[26]

Viel wichtiger als die theoretisch mögliche Wahrheit ist die praktisch anwendbare Wahrheit, die erkennen lässt, dass das Gehirn form- und veränderbar ist. Wir können Neues lernen, auch auf den Ebenen des Denkens und Fühlens und uns dadurch verändern. Ein guter Weg dafür ist die Meditation, in der es im Grunde darum geht, das Bewusstsein aus einer *subjektiven* Warte zu erforschen. Beobachter, Objekt der Beobachtung und Mittel der Beobachtung fallen dabei zusammen. Sie sind „Aspekte desselben Sachverhalts, nämlich des Bewusstseins eines individuell Experimentierenden."[27] Meditation ist eine Übung für den Geist, eigene innere Zustände zu betrachten. Wenn *ich* weiß, wie ich funktioniere, wie die interne Kommunikation zwischen Denken, Fühlen und Handeln abläuft, wie ich geistige Prozesse zulasse oder erzeuge, beschleunige oder abbreche, ohne dass mir das bis anhin so richtig bewusst war, erst dann kann ich sagen, was für mich wahr ist oder nicht.

Einen Schritt weiter ist die Werbung. Sie hebt den Gegensatz von „richtig" oder „falsch" auf und stößt in neue Dimensionen vor. In einem Spot zum derzeit die Spitze der Entwicklung markierenden multifunktionalen iPad der Firma Apple heißt es: „Es ist flach. Es ist schön. Es kommt überall mit hin und hält den ganzen Tag. Es gibt kein richtig oder falsch. Es ist unglaublich Leistungsfähig. Es ist magisch ... Es ist eine Revolution und die hat gerade erst begonnen."[28] Hier wird im philosophischen Höhenrausch vorgeschwärmt, unsere wahre, schöne, gute Wirklichkeit transzendieren zu können zugunsten einer neuen, voller Magie und ohne Gegensätze.

Das eigene Geheimnis entschlüsseln

In allen buddhistischen Traditionen gelten die „Vier Edlen Wahrheiten" als das Herz der Lehre Buddhas: Der Kreislauf des Lebens ist leidvoll. Nicht das Leben an sich ist gemeint, wie in der christlichen Religion, sondern die verfehlte Haltung des Menschen dazu. Ursachen des
Leidens sind Gier, Hass und Verblendung. Werden die Ursachen aufgehoben, verschwindet das Leiden. Der Weg zum Beenden des Leidens
ist der „Edle Achtfache Pfad".

„Ich möchte allein die menschliche Wahrheit überall verbreiten, mit
der wir ‚Gott' oder ‚Buddha' erschauen. Wahre Kunst oder wahre Religion sollten der geistige Impuls sein zum Erwecken tiefer Menschlichkeit auf dem Grunde der Wirklichkeit."[29]

Die Wahrheit des (Zen) Buddhismus lässt sich dem Intellekt nicht
klar machen. Derjenige, der den benennenden, wertenden Geist über-
steigt und den Intellekt aus den Angeln hebt, der nur isst, wenn er isst
und bereit ist, das Leben so zu leben, wie es ist, wird „zur Wahrheit erweckt". Unser „Ich" braucht einen durch *Erfahrung* gefestigten Unter-
grund, um abzustürzen und doch nicht abzustürzen.

Unabhängig von Religionen und Glaube geht es immer darum, zur
eigenen Wahrheit vorzudringen, indem die fremde losgelassen und der
äußere Halt aufgegeben werden: Hingabe als Möglichkeit der Erkenntnis und Einsicht. Im Grunde geht es darum, die eigene Existenz infrage
zu stellen, um zum Grunde der Existenz vorzustoßen. Es geht darum,
über einst gewonnene und schon sicher geglaubte Standpunkte des Lebens hinauszugehen und sich wieder in sich selber zu verwandeln. Es
geht darum, das Heft, soweit es geht, in der Hand zu behalten und
sich nicht selbst zur Projektionsfläche fremder Fantasien zu entmün-
digen. Das Wort „Opfer" ist ein zurzeit gängiges, aufschlussreiches
Schimpfwort auf Schulhöfen, mit dem Schüler andere einfach so oder
um sie lächerlich zu machen, etikettieren, wenn bei diesen irgendetwas
nicht in gewünschten Bahnen verläuft.

Sich in die Opferrolle zurückzuziehen oder gar hinter ihr zu ver-
schanzen, so wie es Menschen oft tun, um einer Entscheidung oder
einer notwendigen inneren Aktivität auszuweichen, ist eine passive Blo-
ckade auf dem Weg der Wahrheitsfindung. Was die Voraussetzungen
und Vorleistungen sind, was erst aus dem Weg geräumt werden muss,

um die Erfahrung der persönlichen Wahrheitsfindung zu machen, dazu gibt es viele Übungen und Systeme. Alle Lehren und Richtungen, die diese Herausforderungen unserem selbst verantworteten Tun ohne Allmachtsansprüche, Dogmen und Schuldzuweisungen überlassen und uns nur einen Weg und die Art und Weise diesen Weg *selbst* zu gehen, vorschlagen, sind hilfreich.

John Lennon hat seine ganz persönliche Suche nach Wahrheit in seinem Song „God" in die folgenden Worte gekleidet:

„. . . I don't believe in magic / I don't believe in I-Ching / I don't believe in Bible / I don't believe in Tarot / I don't believe in Hitler / I don't believe in Jesus / I don't believe in Kennedy / I don't believe in Buddha / I don't believe in Mantra / I don't believe in Gita / I don't believe in Yoga / I don't believe in Kings / I don't believe in Elvis / I don't believe in Zimmermann / I don't believe in Beatles / I just believe in me / Yoko and me / And that's reality."[30]

Der eigene Grund, die eigene Wahrheit ist dem Menschen immanent als Teil seines Geheimnisses, dessen Entschlüsselung ein Leben lang dauern kann, und eine Chance ist, sich weiterzuentwickeln. Ob der Mensch dem „Geheimnis" näher gekommen ist, auf seiner hoffentlich leidenschaftlichen Suche nach Wahrheit, kann nur er selbst bezeugen. Darüber reden muss er nicht. Selbst wenn das vollständige Entdecken der eigenen Wahrheit Utopie bleibt, so ist sie dennoch eine große Hoffnung, die als große Kraft antreiben und erhalten kann.

Unsterblichkeit: Nobody is perfect – *Grenzen akzeptieren*

Extremläufer sind Menschen, die sehr lange Strecken ununterbrochen laufen können. Sie laufen tage- und wochenlang, kommen mit wenig Schlaf und Pausen aus und lassen sich auch von schlechtestem Wetter nicht aufhalten. Sie können große Entfernungen überbrücken und das in einem Tempo, das normal gehenden bzw. laufenden Menschen immer unverständlich sein wird.

Einen Marathonlauf zu schaffen, ist für viele Läufer und auch Nicht-Läufer das erklärte Ziel im Leben. 42 km am Stück laufen zu können und dafür vielleicht fünf Stunden zu brauchen, stellt für uns Menschen eine gewaltige Leistung dar, die freiwillig nur von ganz wenigen und nur mit guter Vorbereitung erreicht wird. Die Marathonstrecke als Ritual der Ausdauer ist zum Statussymbol der Erfolgreichen geworden. Für weniger Erfolgreiche ist sie ein Prüfstein der inneren Stärke. Als Ressource schlummert das Potenzial in jedem körperlich gesunden Menschen. Die ist jedoch angesichts der vielfach gelebten Bewegungslosigkeit mit ihren gesundheitlich negativen Folgen kaum noch oder nur schwer zu wecken. Umso erstaunlicher muten daher Laufleistungen an, die über diese Strecke und diese Dauer und damit über unsere Vorstellungskraft hinausgehen. Wie ist es möglich, 100 km oder 24 Stunden am Stück zu laufen? Wie stellt es einer an, wenn er zehn Tage lang, unterbrochen nur von täglich höchstens drei Stunden Schlaf, über 1000 km im Kreis läuft? Wie funktioniert jemand, der vom Nordkap nach Sizilien läuft, bei Wind und Wetter, über Berg und Tal und dabei in 55 Tagen 5735 km zurücklegt?

Bei meinen Interviews mit Achim Heukemes, einem der weltbesten Extremläufer, habe ich einiges gehört und gelernt über persönliche Grenzen, wie sie entstehen und wie sie zu verändern sind. „Ich muss wissen, ob ich bereit bin, das zu machen. Dann kann ich meine Grenze verschieben von 48 auf 72 Stunden, auf sechs Tage, auf zehn Tage und immer weiter. Bei den 1000 Meilen von Hamburg habe ich gedacht, ich bin an meiner Grenze, aber ich konnte sie verschieben. Am 8. Tag war ich völlig kaputt, aber ich bin trotzdem noch drei Tage gelaufen und habe die zweitbeste Zeit der Welt erreicht. Durch meinen absoluten Willen, das Ding zu Ende zu bringen, habe ich meine Schmerzgrenze und meine Erschöpfung und alles, was damit zusammenhängt, weiter verschoben und nach oben katapultiert."[1]

Auch ohne Extremsportler zu sein, wissen wir, dass Leben durch *Grenzen* bestimmt wird, die sich in den Weg stellen und dadurch einiges an Richtung, Geschwindigkeit und Umwegen auf dem Lebensweg vorgeben. Diese Grenzen können unbeeinflussbarer Natur sein, wie durch Geburt oder Unfälle bedingte Defizite, Entwicklungen des Klimas oder der wirtschaftlichen Lage und willkürliche Einflussnahmen und Behinderungen durch andere.

Grenzen im Kopf

Die persönlichen Grenzen, also die Faktoren, die das persönliche Denken, Fühlen und Handeln maßgeblich beeinflussen und beeinträchtigen, sind auch bestimmt durch das, was sich jeder für sich als Grenze *setzt*. Das bezieht sich auf viele, letztendlich auf fast alle Lebensbereiche, findet meist gewohnheitsmäßig und unbewusst statt und selten als Folge einer gezielten, aktiven Abwägung. Wir haben bei unserer muskulären Leistungsfähigkeit Grenzen im Kopf genauso wie bei unserer geistigen. Wir glauben, etwas emotional und nervlich ertragen zu können oder nicht. Wir setzen uns Ziele, die für manche viel zu hoch und für manche viel zu niedrig sind. Wir kapitulieren schon im Geiste vor unserem eingebildeten Unvermögen oder wir meinen, der Himmel stünde uns offen und nur wir könnten die Sterne von dort holen.

Diese Grenzsetzungen beruhen entweder auf *Erlebnissen* mit Grenzen oder auf deren mehr oder weniger willkürlichen Setzungen, die *theoretischer* Natur sind. Im letzteren Fall werden die Grenzlinien durch Erziehung oder andere, nicht immer wahrgenommene Beeinflussungen gezogen und stellen übernommene Normen dar, deren persönlicher Bezug nicht gegeben ist. Wenn wir unsere Grenzen aus Erfahrungen festlegen, so sind dies unter Umständen einschneidende, einzelne Erlebnisse. Mit dem negativ oder schmerzlich Erlebten wollen wir nicht mehr in Berührung kommen und hören mit unserem diesbezüglichen Wollen und unseren Aktivitäten *vorher* auf.

Was oft fehlt, sind Erfahrungen mit und an der Grenze. Erst *Grenzerfahrungen* lassen einen konstruktiven und kreativen Umgang mit den freiwilligen oder unbewusst etablierten Beschränkungen zu. Durch solche Erfahrungen wird es möglich, die eigenen Grenzen als etwas *Flexibles*, im Fluss Befindliches zu betrachten und nicht als einen auf ewige Zeiten im Grundbuch eingetragenen Gartenzaun, der keine Verlegung duldet.

In der Pubertät testen die Heranwachsenden ihre Grenzen, die äußeren genauso wie die inneren. Sie probieren, je nach ihrem Wesen, heftig oder vorsichtig, alles Mögliche aus und testen so die Reaktionen der Umwelt und ihre eigenen. Diese Grenzerfahrungen, die das Übertreten von Grenzen implizieren, sind nötig, um den richtigen bzw. überhaupt einen Weg zu finden, der den Dschungel des inneren Chaos verbindet mit den vorerst sinnlos erscheinenden Normen der jeweiligen Bezugsgruppe und der Gesellschaft im Ganzen. Für junge Menschen ist das die Zeit der Entdeckung der Machbarkeit. Sie sind nun bereit für die Welt und glauben, diese gehöre ihnen: „We want the world and we want it now."[2]

Treibende Kraft sind Neugier und Expansionsstreben, die den Menschen zumindest in jungen Jahren die Welt erobern lassen wollen, wo immer sie im individuellen Fall auch angesiedelt sein und wie immer sie auch aussehen mag. Diese Kraft wird begrenzt durch „Regeln" der Natur und der Kultur sowie die individuellen Möglichkeiten bzw. deren Beschneidungen. *Begrenzung* zu erfahren, ist notwendig, um Wege zu finden, die aus der Überfülle der Welt etwas Überschaubares machen. Vernünftige und transparente Grenzsetzungen der Erziehenden sind keine autoritären Übergriffe, sondern Hilfen und Hinweise für die Heranwachsenden.

Sich selbst versuchen

Ohne Grenzen wäre alles „grenzenlos", ohne Form, ohne Ziel, ohne Funktion.

Eine Grenze macht aus dem Diffusen eine Figur. Grenzen sind der nötige und natürliche Gegenpol zur Beliebigkeit und zur Unendlichkeit. So stehen auch Sterblichkeit und Unsterblichkeit in einer polaren Spannung. Während jene für den Menschen eine todsichere, unverrückbare *Tatsache* darstellt, hat er sich diese *erdacht*, um jene auszuhalten. Der klaren Grenze „Endlichkeit" wird die grenzenlose Unsterblichkeit gegenübergestellt. Den Horror „Tod" kann der Mensch nur schwer ertragen. Er erfand sich daher Mythen und daraus „kondensierte" Religionen mit ihren unsterblichen Gestalten und Göttern, denen er wiederum Visionen und Versprechungen in den Mund legte, die auf Möglichkeiten eines unsterblichen Lebens hindeuteten, allerdings nicht jetzt, sondern erst später, und nicht immer hier, sondern dort im Jenseitigen.

„Solange nichts anderes fruchtet, setzt der Mensch den Aufstand gegen den Sensenmann mit metaphysischen Mitteln fort – er schützt sich gegen das Unerträgliche mit der Religion, dem Glauben an Seelenwanderung, Auferstehung und ewiges Leben im Jenseits. Der Erfolg solch spiritueller Anstrengungen ist indes schwer nachprüfbar, und so geht die Revolte gegen das scheinbar unabwendbare Diktat der Evolution weiter – nun mit den Mitteln der modernen Biowissenschaft."[3]

Die wissenschaftlichen Bemühungen sind in vollem Gange und manchmal schwer von Science-Fiction zu trennen. Da in beiden, Religion und Wissenschaft, das „ewige Leben" an kaum zu erfüllende Voraussetzungen geknüpft und im Grunde nicht greifbar ist, muss der Mensch im Diesseits, hier und jetzt Mittel und Wege finden, seiner *Angst* Herr zu werden. Er kann die Sterblichkeit schlicht verdrängen, er kann sie symbolisch entmachten, durch Ruhm etwa, oder sie transzendieren, indem er Leben und Tod als Einheit zu erfahren sucht. Alle diese Wege entfalten verschiedene Wirkungen und ziehen unterschiedliche Folgen nach sich, die unter Umständen gerade wieder zur Angst zurückkehren.

Alles, was sich *grenzenlos* gibt, seien es Gier oder Gefühle, Macht oder Wachstum, Sucht oder Substitution, bringt den Menschen in Schwierigkeiten. Eine entgrenzte und auch eine entgrenzende Wirklichkeit sind für das Finden der inneren Stärke wenig hilfreich. Nötig ist daher ein kreativer *Umgang mit Grenzen*: Begrenzung erfahren, sie akzeptieren, sie versuchen zu ändern oder neu zu betrachten. Entwicklungspsychologisch betrachtet könnten wir sagen, jene grenzerfahrenen Ausdauerläufer befinden sich in einem Prozess der Selbstfindung. Was aber wie ein pubertäres Suchen aussehen mag und vielleicht manchmal sogar diesen Hintergrund hat, ist durchaus lehrreich, um etwas vom Umgang mit und der Veränderung von Grenzsetzungen zu erfahren: „Das ist für mich das Schöne, wenn ich im Grenzbereich noch ein Stück drauf setzen kann. Manchmal sind es nur ein paar Meter. Das ist das Gefühl, was mich so reizt. Über diesen Tellerrand gehen und schauen, was ist dahinter. Und nicht sagen, hier ist jetzt Schluss, weil ich abgesichert und geschützt bleiben möchte. Wenn ich in den Grenzbereich gehe, verlasse ich die Zone der Wohlbefindlichkeit und der Behütung und bin dann wirklich auf mich alleine gestellt."[4]

Natürlich bedarf es für solche Grenzleistungen eines sehr starken Willens und einer besonderen Motivation. Sie sind die Ausnahme und nicht die Regel. Es geht um die Tatsache, dass es sich die allermeisten innerhalb dessen, was sie als ihre Grenzen erachten, *gemütlich* gemacht haben und meinen, keinerlei Veränderungen oder Verschiebungen anstreben zu müssen oder zu können. Innerhalb unserer Grenzen fühlen wir uns wohl und geborgen. Die Anforderungen, die wir an uns stellen, halten sich in Grenzen und normalerweise werden wir nicht aus diesen herausgefordert.

Erst wenn wir uns selbst fordern, verschieben wir unsere Grenzen und kommen heraus aus unserer Gemütlichkeit. Grenzverschiebungen kann jeder in jeder Situation *ausprobieren*, z. B. um ein unnötiges, angstbedingtes Vermeidungsverhalten zu überwinden oder unnütze, bequeme Gewohnheiten zu reduzieren. Der Akt des „an seine Grenzen gehen" bringt mehr Klarheit und lässt die persönlichen Grenzziehungen lebendiger, d. h. veränderbarer werden. Ich komme so eher mit mir in *Berührung* und kann mich besser spüren. Der Kontakt findet immer an der Grenze statt. Dort berühren sich mein konstruiertes, illusioniertes derzeitiges Ich und mein tatsächliches, mir z. T. unbekanntes Selbst.

Der kleine Gott der Welt

Sich selbst zu spüren, ist einer der Gründe, warum Menschen sich in extreme Situationen begeben und Gefahren geradezu suchen. Ein anderer Grund, grenzenlos zu werden, scheint die Haltung von „anything goes" zu sein. Diese Grundstimmung durchzieht die Menschen der neuen Zeit, besonders seit im 19. Jahrhundert durch Maschinen das Zeitalter der Substitution angebrochen ist. Potenziell ist alles irgendwie machbar, irgendwie zu erreichen, irgendwie zu verwirklichen.

„Alles, immer und überall" könnte der Schlachtruf lauten. In der Sprache der Werbung liest sich das so: „Grenzen gab's gestern. Heute sehen Sie, was Sie wollen, wann Sie wollen".[5]

In der Tat sind die durch Menschen verursachten Veränderungen der letzten 200 Jahre gewaltig, total und monströs. Die Erde erschien uns untertan und ihre Ressourcen grenzenlos. Die Natur wirkte besiegt und die Hierarchie der Völker besiegelt. Gut und Böse waren – mit wechselnden Rollen – verteilt. Die Götter waren offensichtlich beruhigt und ihrer Macht entledigt. Der Teufel hatte seine Spielwiese bekommen. Forschung und Technik machten scheinbar alles verfügbar. Ein Gefühl von Grandiosität ergriff die Menschheit. Der Glaube an die eigene Allmacht wurde grenzenlos. Weltraum, wir kommen.

Anlässlich der Diskussionen und Verhandlungen über weltumspannende Verzichtleistungen zur Beeinflussung des Klimawandels titelte Deutschlands größte Zeitung größenwahnsinnig: „Sollen wir Deutschen die Erde ganz alleine retten?"[6] Omnipotenzgefühle und eine gewisse „Grenzenlosigkeit" sind hierzulande nicht selten anzutreffen.

Der Mensch macht sich mittlerweile selbst zum Objekt seiner Machtfantasien. Ewige Jugend, Optimierung von Körper und Geist, Unsterblichkeit rücken ins Visier. Das Design des Selbst ist das Gebot der Stunde. Der Mensch wird sich selbst ein Gott und will es nun wissen.

„Der kleine Gott der Welt bleibt stets vom gleichen Schlag / Und ist so wunderlich als wie am ersten Tag / Ein wenig besser würd' er leben, / Hätt'st Du ihm nicht den Schein des Himmelslichts gegeben: / Er nennt's Vernunft und braucht's allein, / nur tierischer als jedes Tier zu sein . . ."[7]

Unsterblichkeit ist seit je die Sehnsucht des Menschen und füllt seine Träume und Wünsche. Er will den Zustand des Daseins zementieren, möglichst unter Beibehaltung einer immer gleichen Form. Da das ewige Leben noch auf sich warten lässt, wird immerhin versucht, zu Lebzeiten das Beste aus Körper und Geist zu machen.

Im Gesundheitsbereich lässt sich die Unsterblichkeitssehnsucht „wunderbar" auf konkretes Verhalten umleiten und kanalisieren, weil im Kranksein das Versehrte, Unperfekte und der Abglanz des Todes sichtbar werden, was subtil verstärkt und eiskalt benutzt wird für kommerzielle Interessen.

In den USA etwa, wo die Entwicklungen des Marktes und dessen kapitalistische Deformationen den hiesigen immer etwas voraus sind, wird der Bürger als potenzieller Pillenkonsument von der Pharmain-

dustrie mit raffinierter Werbung direkt „bearbeitet". Das nennt sich
dort „Aufklärung". Der Patient fordert und bekommt dann vom Arzt
die Verschreibung der „neuesten" Medikamente oder Therapien. Die
so verführten Bürger „geben für verschreibungspflichtige Medikamente
jährlich gegen 250 Mrd. $ oder 42 % der weltweiten Aufwendungen
für rezeptpflichtige Pharmazeutika aus", obwohl die Amerikaner nur
rund fünf Prozent der Weltbevölkerung ausmachten.[8]

Ein Grund dafür ist die Angstmacherei mit neuen Krankheiten: „Das
Brand Institut in Miami, eine auf den Pharmasektor fokussierende Wer-
beagentur, erfindet für die Branche laufend einprägsame Namen bzw.
Akronyme für neue Krankheiten, für die sich leicht werben lässt, wie
etwa ADD (Attention Deficit Disorder), SAD (Social Anxiety Disorder)
oder RLS (Restless Legs Syndrome). Die Zukunft der Pharmaindustrie
hänge von der Fähigkeit ab, neue Krankheitsmärkte zu kreieren und dafür die Werbetrommel zu rühren ...".[9]

Ob wir dem gewachsen sind, was da auf uns zukommt? Auch hierzulande bedient sich die Werbung für Medikamente subtiler psychologischer Methoden und spielt mit unseren Ängsten und Wünschen. Dass
wir dabei zusätzlich „den Arzt oder Apotheker" fragen sollen, ist nur
eine formale Entlastung, denn die Verantwortung für unser „Pillen-
glück" überlässt man uns alleine.

Die selbstgemachte Evolution

Technisch und medizinisch ist einiges möglich. Die Austauschbarkeit der
Teile schreitet voran. Was nicht mehr funktioniert, soll ausgewechselt
werden. Noch besser natürlich ist es, den Bauplan des Menschen in den
Griff zubekommen, d. h. zu entschlüsseln. Dann bietet sich die Chance,
Defizitäres, Entartetes und Unerwünschtes von vorneherein verschwinden zu lassen und durch Perfektes und Gewünschtes zu ersetzen. So
kann der resistente und optimierte Mensch heranwachsen, der Krankheiten hinter sich lässt, die Schönheit der Formen verkörpert und zu geistigen Ufern aufbricht, deren Ausmaße wir noch nicht einmal erahnen.

Für die *Transhumanisten* gilt es, *alle* jetzt und in Zukunft zur Verfügung stehenden Mittel zu nutzen, um den Menschen über alle bisherigen
Grenzen hinaus zu verbessern: individuelles Wachstum über alle gegen-
wärtigen biologischen Grenzen hinaus. Endziel ist die Unsterblichkeit.

„Wir beginnen zu verstehen, wie wir unsere Grenzen überwinden können! Es wird uns möglich sein, den alten Menschheitstraum zu verwirklichen, uns geistig und körperlich zu verbessern, mit Hilfe von Wissenschaft und Technik, die im Zuge der natürlichen Evolution entstandenen suboptimalen biologischen Lösungen durch eigene, unseren Vorstellungen entsprechende zu ersetzen ... Dies ist die Grundidee des Transhumanismus ... Transhumanismus propagiert nicht weniger als die mögliche totale Umgestaltung der menschlichen Art, die selbstgesteuerte Evolution."[10]

Es liegt auf der Hand, dass die „technischen" Eingriffe auch etwas mit Geld zu tun haben. Schönheitsoperationen sind möglich, aber nicht für jeden oder jede. Die Gefahr einer konkreten Auflösung bisheriger humaner Werte, einer „genetischen Spaltung" der Gesellschaft droht: „Einer Gruppe wohlhabender Unsterblicher stünde ein Heer ‚natürlicher' Menschen gegenüber".[11]

Wenn die Verschmelzung von Mensch und Technologie ein glaubhaftes Szenario für die Zukunft ist – die ersten Schritte sind mit Organtransplantationen, Prothesen und Medikamenten schon längst getan –, dann ist es umso wichtiger, eine neue Ethik, ja erst einmal eine neue Gesamtschau der Zusammenhänge zu entwickeln, die über die biologischen Wurzeln des Menschseins hinausgeht. Das wird schwierig, da die biotechnischen Entwicklungen im Fluss sind und ihre Nutzbarmachung durch juristische, ökonomische und inter- und intranationale Querelen um durchaus grundsätzliche Fragen unterschiedlich gesehen und praktiziert wird. Selbst wenn eine Grundforderung für diese Welt lauten müsste, dass jeder selbst über seine „Optimierung" entscheiden kann, so liegt bei nüchterner Betrachtung der Menschheitsgeschichte der Gedanke an totalitäre Gedanken und Systeme einfach zu nahe.

Aldous Huxleys „Brave New World"[12] hat bereits 1932 mögliche Auswirkungen biotechnischer „Bemühungen" beschrieben. Von der Befruchtung an werden Menschen auf ein konsumorientiertes Leben eingestimmt werden. Nicht der „bessere Mensch" ist das Ziel des genetischen Fortschritts, sondern der den Zwecken angepasste, der *funktionale* Mensch. Auch der Frankenstein-Mythos in seinen verschiedenen Spielarten weist auf spektakuläre Art auf Folgen hin, die eintreten können, wenn Menschen Menschen machen.

„Da jedoch die Technisierung unserer Welt immer schneller voranschreitet, und damit eine ethische Reflexion der sozialen und ökologischen Folgen fast immer erst nach der Tat erfolgt, sollten wir den Poeten danken, dass sie uns die möglichen Schreckenszenarien in wohl formulierter Form vor Augen führen."[13]

Dass das Sehnen nach Unsterblichkeit gar nicht unsterblich sein muss, dass es Menschen gibt, die dieser Sehnsucht gar nicht verfallen sind und auch nicht symbolisch in Wort und Schrift weiterleben wollen, davon zeugt eine verschlungene Parabel von Arno Schmidt über das Sehnen nach *Sterblichkeit*, nach der endgültigen Auflösung: „ Jeder ist so lange hier unten zum Leben verdammt, wie sein Name noch akustisch oder optisch auf Erden oben erscheint. Oder, planer gesprochen: bis er weder genannt wird noch irgendwo mehr gedruckt oder geschrieben vorkommt – dann ist jede Möglichkeit der Rekonstruktion verschwunden."[14]

Auf ewig mit den Gleichen sein im immer gleichen Zustand mag den einen der Himmel sein, den anderen ist es die Hölle.

Sein ist mehr als Design

Die Frage bleibt offen, ob es nun wirklich sinnvoll wäre, Alter und letztlich den Tod „abzuschaffen". Die Folgen im Ganzen zu durchdenken, ist vorerst zu komplex für unser kleines Gehirn. Auch eine Computersimulation über eine solche neue selbstbestimmte und selbst gebaute Welt ist noch undenkbar.

Frei nach Walter Benjamin ist es so, dass der Mensch „im Zeitalter seiner technischen Reproduzierbarkeit" nicht mehr derselbe ist. Der unverwechselbare *Kreativitätsprozess*, der das Kunstwerk – in diesem übertragenen Sinne der einzelne Mensch – geschaffen hat, dient nicht mehr seiner Fundierung im Mystischen und Rituellen, seiner Bindung an das Metaphysische oder dem Ausdruck der originalen Lebendigkeit und des originellen Wandels. Der Prozess der Erschaffung wird zu einem geschichtslosen, mechanischen Geschehen im Dienste ökonomischer, politischer oder anderer Interessen.

„Der Vorgang ist symptomatisch; seine Bedeutung weist über den Bereich der Kunst hinaus. Die Reproduktionstechnik, so ließe sich allgemein formulieren, löst das Reproduzierte aus dem Bereich der Tradition ab. Indem sie die Reproduktion vervielfältigt, setzt sie an die Stelle seines einmaligen Vorkommens sein massenweises".[15]

Das Gebilde Mensch mag gleich sein, aber seine individuelle, einmalige Aura, das, was ihn ausmacht, ginge verloren. Das *Unperfekte* ist das Menschliche. Das Perfekte ist eine Kopie und damit der Manipulation ausgeliefert. Das Ende einer Menschheits-Epoche wäre angebrochen, von der neuen erzählen bisher nur die Science-Fiction-Märchen. Aus den einfachen Nachbildungen und der Idee vom Ersatz könnten sich hybride Fantasien entwickeln, „das zunächst zur Perfektion optimierte Supernormalexemplar der Vorlage im zweiten Schritt durch Kopie zu vermehren und gleichzeitig zu verewigen."[16]

Dann hätten wir sie also unter einem Dach vereint, die zu fixen Ideen gewordene Optimierung und Unsterblichkeit und wir hätten uns abgeschafft als Menschen mit zwei, nein mit vielen Seelen in unserer Brust. Die Evolution freilich, über die sich die Transhumanisten zu erheben wünschen, ließe das völlig kalt. Sie spielt ihr planloses Spiel, ob mit oder ohne Alter, mit oder ohne Krankheit. Alle neuen „Figuren" und „Konfigurationen", die wir einsetzen, spielen einfach nur mit nach den alten Regeln. Verweigerte oder hinausgezögerte Tode würden den Selektionsmechanismus um eine interessante Variante bereichern. Was wir erreichen könnten, ist, ein biotechnisches Desaster zu erzeugen, das das Spiel vorerst beendet. Alle, die dann noch übrig sind, ob Tier, ob Mensch, ob Pflanze, müssten wieder zurücksetzen auf „Start" oder irgendwo nicht weit weg davon und ein neues Spiel begänne.

Eine große Unbekannte bzw. Schwachstelle bleibt in den transhumanen Gedankenspielen, die sich zu einer ernst zu nehmenden Philosophie mit etlichen Anhängern mausert. Ursächlich für unseren Tod sind Alter oder Krankheit, Unfall oder Tötung. Die ersten beiden Todesursachen mögen durch „Umgestaltung unserer selbst nach eigenen Designplänen"[17] mithilfe der Errungenschaften von Molekularbiologie, Gentechnik, Nanotechnologie und künstlicher Intelligenz beeinflussbar sein. Aber wie sollen Unfälle und Tötung verhindert oder gar ausgeschlossen werden? Es ist unmöglich, in hochkomplexen Systemen herauszufinden, an welcher Stelle, unter welchen Bedingungen, mit welchen Folgen, wer einen falschen Handgriff getan hat, der auf falsches Denken zurückzuführen ist, was wiederum die Folge von etwas anderem ist usw. Zufall und „Unschärfe" setzen die Grenzen. Es wird kein DNA-Design geben, welches diese Unabwägbarkeiten unter allen denkbaren Bedingungen umschiffen kann und einen Menschen entstehen lässt, für den es Unfälle, also das schädliche Zusammentreffen von Ereignissen, aus welchen Gründen auch immer, schlichtweg nicht gibt.

Noch schwieriger wäre diese sich „humanistisch" gebende Transformation in Bezug auf die im Leben alltäglichen Tötungen. Es könnte vielleicht im Labor ein Wesen konstruiert werden, das nicht töten kann, weil es ihm „handwerklich" unmöglich gemacht wird, die dazu notwendigen Mittel zu benutzen, oder weil es einen „Hemmungs-Chip" implantiert bekommt. Sind das dann noch Menschen? Wer sind die Konstrukteure und wer kontrolliert sie? Wie sollten diese Wesen miteinander zurechtkommen bei so ungleichen Lebensbedingungen, wie sie derzeit herrschen und *gemacht* werden? Der Tod durch Tötung, individuell wie kollektiv, legal wie illegal, unmittelbar wie mittelbar, absichtlich wie unabsichtlich, wird uns bleiben. Menschsein in der jetzigen Form lässt nichts anderes zu.

Parallelwelten im Jenseits

Ein Teil der Religionen als die großen und notwendigen Sinnstifter haben die möglichen Entwicklungen von vorneherein ausgeblendet, indem sie den Ort des perfekten Lebens inklusive Unsterblichkeit vom Diesseits ins Jenseits oder in ein zukünftiges Diesseits verfrachtet haben. Der Seele wird im Jenseitigen Unsterblichkeit versprochen oder deren Wiedergeburt auf Erden propagiert. Es wurde einfach eine Parallelwelt geschaffen, in der das, was auf der Erde biologisch nicht geht, möglich wird. Der Ort des Jenseits kann allerdings paradiesischer oder infernalischer Natur sein.

Speziell das Christentum bietet die Möglichkeit der Auferstehung und des ewigen Lebens für den ganzen Menschen durch die Gnade Gottes. Im Hinduismus kann die Reinkarnation „erarbeitet" werden. Im Buddhismus hingegen ist die ewige Wiederkehr in verschiedenen Reinkarnationen kein Glück, sondern eine Strafe. Erst wenn der ewige Kreislauf des Samsara durchbrochen ist, kommt Erlösung, auch vom Sterben, d. h. das Aufgehen, genauer das Auflösen im Nirwana.

„Um in dieser Welt leben zu können, brauchen wir Menschen ein Gegenüber, dem wir absolut zutrauen können, dass es uns als Individuen gewollt und gemeint hat. So beginnt der Glaube an Gott. Er geht noch viel weiter: Bis in die Zuversicht, dass ein Gott, der gewollt hat, dass es uns gibt, diesen seinen Willen, nie mehr zurücknimmt, auch nicht im Tode. So ist die Religion eigentlich die einzige Erklärung unseres Daseins, die über die Angst hinweghilft, die dazugehört ein Individuum zu sein und zu werden."[18]

Einen solchen tröstenden Gottesglauben zu praktizieren und sich ihm zu unterwerfen, vermag nicht jeder. Das ist nicht verwunderlich angesichts evolutionärer Gleichgültigkeit und Grausamkeiten, die *auch* in der kulturellen Evolution auftraten und es immer noch tun durch rigide und rücksichtslose Machtansprüche über die Festlegungen von Form und Inhalt, Ziel und Praxis des jeweiligen religiösen Glaubens.

Besonders geprägt wird die Frage des „richtigen" Glaubens von der Deutungshoheit über die Auslegung der religiösen Schriften. Sind sie wörtlich zu nehmen als aus Gottes Hand geflossene Gesetze oder entspringt ihnen „nur" eine symbolische und mythische Kraft, die sich in der Wirkung von Gleichnissen offenbart und vom Gläubigen erst erfahren werden muss?

Um sich aus dieser Klammer zu lösen und nicht nur auf das Jenseits zu hoffen, sondern auch im Diesseits ein entspanntes, glückliches Leben leben zu können *und* seinen Gott im Herzen zu behalten oder gar Gott *in sich* zu entdecken, bedarf es eines klaren Blicks, innerer Stärke und geistiger Unabhängigkeit.

Ob jenseitige religiöse Visionen und Versprechungen helfen oder nur in eine andere „Abhängigkeit" werfen, die starr und unselbstständig werden lässt, ist eine Sache der persönlichen Erfahrung und der „Einsicht". Mit seiner Sterblichkeit muss der Mensch sich abfinden. Sie ist natürlicher Teil seines Lebens, den er integrieren *muss* in sein Bild, das er sich macht von der Welt und von sich, um ein *ganzer* Mensch zu werden.

„Lehre uns bedenken, dass wir sterben müssen, auf dass wir klug werden."[19]

Der Tod ist *die* Grenzsituation, der der Mensch mit defensiven Reaktionen aus dem Wege geht. Eine *aktive* Auseinandersetzung mit dem Tod hingegen kann eine Quelle für Wachstum, Reife und persönliche Kraft bedeuten.

Wichtig erscheint es mir, den Glauben aus seinem kulturellen Gefängnis und von dogmatischen Botschaften zu befreien und zu einem *persönlichen* Glauben werden zu lassen. Statt in religiöser Furcht vor den Schriften und Priestern zu verharren, gilt es, zu einer staunenden, sich selbst verpflichtenden Ehrfurcht vor dem lebendigen Ganzen zu finden, dessen *Ausdruck* wir sind und dessen Werden und Vergehen wir nachdrücklich ausdrücken durch unser Leben *und* Sterben.

Auf die Lebenszeit bezogene Unsterblichkeit gibt es nicht. Sie ist eine menschliche Konstruktion, eine Sehnsucht gegen den Tod. Den Göttern haben wir sie angedichtet.

Die „Erleuchteten" unter den Irdischen haben zwar ihr „Ich " überwunden und können „einfach so sein". Sie haben zur völligen Einheit von Körper und Geist zurückgefunden, aber auch sie sterben den leiblichen Tod. Darum lehren sie, das Vergängliche, das Vorübergehende aller Erscheinungen zu sehen und zu akzeptieren.

Kultur ist, wenn man trotzdem lacht

Wenn wir schon nicht Unsterblichkeit für unser biologisches Leben erlangen können, so ist sie uns dennoch *symbolisch* möglich. Manchmal können wir unser Leben verlängern oder vielleicht „verjüngen", wir können den Körper perfektionieren oder uns in anderen Körpern, dem unserer Kinder „verewigen". Wir können uns um Ruhm und Ehre bemühen, Macht und Einfluss suchen, die uns allesamt überdauern sollen. Wir können versuchen, uns in die Geschichtsbücher einzuschreiben durch Handlungen und Ideen, deren Folgen destruktiv sind und deren Sinn keiner ist.

Manche versuchen diesseitig und materiell, die Überbleibsel ihres Lebens zu verewigen. Die derzeit neueste und wirklich haltbare Verewigung ist die Verwandlung von einem Pfund Körperasche in einen glitzernden Diamanten, der zum Anschauen oder Tragen vererbt wird.

Wir können auch versuchen, uns mit den berühmten, durch ihre überragenden Leistungen ewig präsenten Heroen der Menschheitsgeschichte zu identifizieren, um ein wenig teilzuhaben an ihrer „Unsterblichkeit". Und wenn die großen Geister uns zu fremd und zu fern erscheinen, schaffen wir uns modische aktuelle Kultfiguren, deren „Unsterblichkeit" wir einfach postulieren durch „ewiges" Wiederholen der gleichen banalen Informationen, die wir im Schnelldurchgang zum Mythos erheben.

Wir schaffen uns Werte, Prinzipien, Grundsätze, die für immer halten sollen: ewige Treue und ewige Haltbarkeiten, ewige Liebe und ewige Feindschaft, Rekorde für die Ewigkeit und Worte, die in Stein gemeißelt sind.

Das Schaffen und Wirken, das nicht selten in getrieben anmutende Perfektionssucht ausartet und das viele aus projizierter Todesfurcht im Diesseits umtreibt, findet seinen Ausdruck in der *Kultur* als Ort unsterblichen Ersatzes für unerfüllte Ewigkeiten. Manche gehen sogar so weit, zu sagen, das stete, fast panische Bemühen um die Teilhaftigkeit an der Unsterblichkeit hat unsere Kultur erst hervorgerufen.

Die Vertreter der „Terror-Management-Theorie" gehen davon aus, dass die große Angst vor dem Tod ein Basisantrieb menschlichen Handelns und eine Wurzel von Kultur sei, indem wir Sinn und allgemein verbindliche Werte einrichten, „die uns (trügerischen) Halt gegen den existenziellen Absturz geben."[20] Das Gemeinsame und Stützende wird in der jeweiligen kulturellen Konstruktion gesehen, die als eine Art *psychologischer Schutzmechanismus* ihren Mitgliedern die Existenzangst nimmt. Andere Kulturen werden bekämpft, da sie den eigenen psychologischen Überlebenskampf gefährden könnten. Rassismus und Intoleranz, Vorurteile und Krieg seien so eher verständlich. „Damit Sterblichkeit nicht Sinnlosigkeit bedeutet, wollen wir uns beweisen, dass wir ein sinnvoller Teil eines sinnvollen Universums sind … Es tröstet, sich als Mosaikstein eines Ganzen zu sehen: einer das eigene Ende überdauernden Kultur, Wertegemeinschaft oder Nation beispielsweise. Teil von etwas Größerem zu sein verheißt symbolische Unsterblichkeit."[21]

Körper machen Leute

Die einfachste symbolische Unsterblichkeitshandlung geschieht, wenn am Körper rumgebastelt wird. „Forever young" ist ein weit gehörter multimedialer Slogan, der viele in seinen Bann zieht, obwohl seine Absurdität jedem klar sein müsste. Jedoch lässt sich mit ihm viel Geld verdienen, weil er einen gern geträumten Traum scheibchenweise fürs reale Leben verkauft. Die Angebote des „Anti-Aging"-Marktes verführen viele Menschen zu unsinnigen Handlungen, deren prinzipielle Erfolglosigkeit ihnen klar werden würde, wenn sie nicht so gerne an die zur Paste oder Pille geronnenen Illusionen glauben würden.

„Revolutionärer Fortschritt im Anti-Aging. Die Clarins Forschungs-
labors haben den Wettlauf mit der Zeit gewonnen. Als ultimative Anti-
Age Pflege erneuert Capital Lumière die natürliche Leuchtkraft der
Haut . . ."[22]
Im Grunde ist Altern der Vorgang, in dem wir das „aus weniger wird
mehr" am eigenen Leib ausprobieren und erfahren können. Wir können
es nicht nur, wir müssen es sogar, weil das „weniger" sich zwangsläufig
durch natürliches Reduzieren einstellt und wir doch ziemlich dumm
wären, wenn wir das „mehr" an Erfahrung und Einsicht nicht ausdrücken
und leben würden. Wann sonst, wenn nicht im Alter oder besser noch:
Durch ein bewusst vollzogenes und *angenommenes* Altern, das schon in
den „mittleren Jahren" beginnt, sollten wir uns und unseren Alltag auf das
Wesentliche reduzieren, um das Wesentliche besser spüren zu können?
    „Ein gelingendes Leben jedoch, und dazu gehört auch das Altern,
besteht nicht nur aus Lust, es bedarf auch der Last und verursacht Fal-
ten und mehr . . . Altern muss nicht lustig sein, aber vielleicht kann es
weniger leidvoll erlebt werden, wenn wir es als das sehen können, was
es ist: Reduktion und Reifung."[23]
    Eine andere Form der stellvertretenden Verewigung ist der *Körper-
kult*, der sich im Muskelwahn des Bodybuilding ausdrückt und in seiner extremen Ausformung aus Menschen Maschinen ohne Sinn macht.
Muskeln werden durch zähes Training und wohl auch andere Mittel an
Stellen „hervorgezaubert", an denen wir solche gar nicht vermuten,
und zu Bergen vereint, die anzuschauen, nicht unbedingt ein Genuss
bedeutet. Dieses Schönheitsideal ist nur eines unter vielen, die mit der
Arbeit am Körper bis hin zum künstlichen Körperbau oft grenzüber-
schreitende Perfektion herstellen wollen. „Körper machen Leute"[24] lautet dazu die Identifikationsformel.
    Glücksgefühle jedoch durch „Schönheit", was immer sie individuell
auch bedeuten mag, herzustellen und zu erhalten, bedeutet statt ewiger
Schönheit ewigen Stress. Zum einen ist das Schönheitshandeln in seinen
vielen Varianten ein ziemlicher Brocken im Tagesablauf, zum anderen
muss mit den wechselnden Normen meist aufwendig Schritt gehalten
werden und zum Dritten ist solch ein Glücksgefühl vergänglicher Natur
und der Gewöhnung unterworfen. Um es wieder zu erreichen, ist eine
Erhöhung der Wirkung und damit eine Erhöhung der Anstrengung
bzw. der Dosis nötig. Dabei ginge es darum, das Vorübergehende aller

lebendigen und auch aller gemachten Formen zu erkennen und zu akzeptieren. Dann müsste nicht mehr so viel „gestrafft" und „einbalsamiert" werden.

Auch wenn neuerdings als „Schönheitsideal unserer Zeit" die „neue Natürlichkeit" propagiert wird unter dem verheißungsvollen Slogan „Weniger ist das neue Mehr", so mag ich darin noch keine essenzielle Reduktion auf das Wesentliche sehen, die immer etwas mit *Einsicht* und *Verzicht* zu tun haben muss. Doch der „Nude Look", der mehr Spielraum für individuelle Verschönerung lassen will „weg von der perfekt gemachten hin zur gelassen-natürlichen Erscheinung", erscheint in seiner „Philosophie" unverändert, wenn es heißt: „Verschönerung im strengsten Sinn (ist) nichts anderes als Steigerung."[25]

Verbesserung und Steigerung der Schönheit bedeuten nach unseren heutigen industriellen Perfektionsmaßstäben immer genormte Masken und Manipulationen am Körper. Für eine wirkliche individuelle Schönheit ist wenig bis gar kein Platz.

Bis dass der Tod euch scheidet

Von der Künstlichkeit der Körper ist es nicht weit zu der Künstlichkeit der Star-Images und anderer moderner „Mythen", die nicht als ewig tradierte Geschichten der Suche nach Wahrheit und Bedeutung gewachsen sind, sondern „blitzschnell" gemacht, d. h. crossmedial als Starkulte produziert werden aus rein kommerziellen Interessen. Diese Mythen bieten wenig geistige Entwicklungsmöglichkeiten oder innere Erweiterungen, sie sind eher entwicklungshemmende Konstrukte ohne Tiefgang, die als fertige „unsterbliche" Produkte ewig *konsumiert* werden sollen.

Unendliche und regelmäßig erzählte Geschichten transportieren der „Mythos Marilyn" oder der von „JFK". Gerade ihr früher plötzlicher Tod machte beide zu „göttlichen", zu „unsterblichen" Wesen mit ewigen Geheimnissen. Sie sind und bleiben Projektionsflächen für Grandioses und für grandioses Scheitern, für Menschliches und für Göttliches, für Erlaubtes und für Verbotenes. Auch und gerade für die „Göttlichen" gilt: *Nobody is perfect*.

Einen schönen, entwicklungsträchtigen und überdauernden Mythos aber haben wir uns mit der *Liebe* geschaffen. Die wahre Liebe ist unsterblich. „Bis dass der Tod euch scheidet" lautet zwar die bürokratische Formel, aber die wahrhaft Liebenden bleiben auch dann noch vereint. Erst stirbt der Mensch, danach die Liebe. Die Liebe ist ein Stück menschliche Kultur gegen die Grausamkeiten der Evolution und die Grausamkeiten des Lebewesens Mensch. Die Liebe ist eine Überlebensstrategie gegen die Furcht vor dem Horror der Einsamkeit und des Todes. Sie wird zunehmend auch eine „Entscheidung" gegen die Beliebigkeit und Austauschbarkeit einer modernen Optionsgesellschaft, die sich entidealisiert und entmystifiziert hat. Der materielle Überfluss hat den geistigen und spirituellen Mangel verdeckt. Die Liebe mag eine Utopie sein, aber sie hat deren Kraft und Macht.

In der Angst, etwas zu verpassen angesichts der unendlichen Wahlmöglichkeiten, haben wir verlernt, die Liebe *zuzulassen*. So gesehen ist Liebe eine Reduktion, ein *Versprechen*, sich von sich weg auf die anderen zu beschränken.

Ihre Unsterblichkeit ist nur ein *Wunsch*, der sich auseinandersetzen muss mit der zwanghaften Unsterblichkeit des „Ich", dessen spürbare Ausformung der Egoismus ist. Die Liebe ist kein „Haben", sondern ein „Sein". Darum auch ist Liebesentzug mehr als nur eine Strafe. Währt er zu lange, löst er innere Verletzungen mit Folgen aus. Wer zu wenig Liebe empfängt, fühlt sich nicht gesehen und kann sie schlecht weitergeben.

„Denn die Liebe ist gerade so stark wie das Leben. Wenn das Leben etwas hervorbringt, was der Verstand ,böse' nennt, so können wir dagegen ,redlichen Sinns' in den gerechten Kampf ziehen. Wenn wir jedoch dabei das Prinzip der Liebe fahren lassen (. . .), so lassen wir damit auch unsere Menschlichkeit fahren."[26]

Liebe transzendiert das Rationale und hält gegen die Sprachlosigkeit des Objektiven eine pulsierende Energie bereit, an der jeder teilhaben kann. Liebe wird geschenkt, gegeben und genommen, aber Liebe muss trotzdem erarbeitet werden. Liebe ist nicht käuflich. Sie mag zwar „auf den ersten Blick" vom Himmel fallen, doch sie ist auch vergänglich und gleitet dem aus den Händen, der sie nur festhalten will in einseitiger Nutzanwendung. Gelingende Liebe, die die Nöte und Routinen des Alltäglichen überleben will, braucht bewusstes Handeln und bewusste Pflege, Opfer und Verzicht.

„Die Kunst des Liebens" [27] ist Gegenstand vieler Bücher und vieler Psychotherapien. In romantischer Konvention als ewiger Rausch seit dem 18. Jahrhundert hat sie Eingang gefunden als institutionalisierte

Ehegrundlage in das bürgerliche Zweierleben. „Erst damit wird dieses Konzept der Liebe aus den Beliebigkeiten des rein individuellen Erlebens herausgenommen und in sozialen Erwartungen festgemacht. Es erhält den Charakter einer Zumutung – einer Zumutung für die, die passioniertes Lieben anderer miterleben und billigen müssen; einer Zumutung vor allem aber auch für die, die sich verlieben müssen, bevor sie heiraten."[28]

Unsterblich verliebt sein ist kein Garant für unsterbliche Liebe. Mutter- und Vaterliebe mögen biologische Wurzeln haben. Liebe mag sich in der Suche nach Ganzheit und Vereinigung gründen, dennoch: Bedingungslose Liebe bleibt Hoffnung, Prinzip, Setzung, letztendlich Gnade. Sie ist in den Religionen verankert, um auf eine grundlegende Weise Mensch sein zu ermöglichen. So kann ein eben humaner Blick auf die anderen gerichtet werden, der von Mitgefühl und Solidarität geprägt ist und nicht vom reinen Überleben und Optimieren. Dieser Sichtweise Unsterblichkeit zuzuschreiben, ist verständlich und für die geistige Entwicklung des Menschen nötig. Liebe lässt den Menschen beides erfahren: Grenzenlosigkeit und Grenzen. Ist sie nicht das, was die Welt im Inneren zusammenhält?

„Wir sind wahr / Ganz nah am Ziel der Ziele / Das Höchste der Gefühle / Aaaah – zum ersten Mal unendlich / Die letzte große Liebe / Die letzte große Liebe"[29]

Liebe ist ein wesentlicher Teil der kulturellen Evolution, genauer gesagt, ist sie Kultur. Sie kommt nicht durch Mutation zustande, sondern durch die vom Menschen selbst erfundenen Geschichten und deren immerwährende Auslegungen. Ob ihr mit Blick auf die globale Menschheitsentwicklung evolutionär wirkende selektive Kraft innewohnt, ist schwer zu entscheiden. Das Individuum jedoch kann mit und in ihr reifen und wachsen.

All things must pass

Unsere Unsterblichkeitsbemühungen pendeln zwischen den Polen Ohnmacht und Allmacht. Unsere Hilflosigkeit ob unserer Endlichkeit wirft uns in die Perfektion und unseren zwanghaften Glauben daran. Wir wähnten uns schon als die Herren der Welt und werden immer wieder schmerzlich auf den Boden der Tatsachen zurückgeholt. Unser unperfektes Dasein und das Chaos der Welt werfen uns zurück in die Ohnmacht.

Wir stagnieren zwischen *anything goes* und *rien ne va plus*. Wir fühlen uns machtlos, verdrängen so gut es geht und weichen auf Nebenschauplätze aus, um einen Zipfel der Ewigkeit zu erhaschen. Die ewige Suche nach Unsterblichkeit in ihren Spielformen und Verkleidungen hält uns fest und wir kommen nicht vom Fleck. Wir verpassen die Chance, uns unserer realen Macht bewusst zu werden, die darin besteht, *jetzt wirklich* zu *leben*. Das ist es, was wir tatsächlich machen können, immer und grenzenlos. Wir brauchen nicht nach einem Sinn zu suchen, das ist der Sinn. Es ist so, wie es ist.

„Die Leute sagen, dass wir alle nach einem Sinn des Lebens suchen. Ich glaube nicht, dass es das ist, was wir wirklich suchen. Ich glaube, was wir suchen, ist eine Erfahrung des Lebendigseins, sodass unsere Lebenserfahrungen auf der rein psychischen Ebene in unserem Innersten nachschwingen und wir die Lust, lebendig zu sein, tatsächlich empfinden."[30]

Was uns im Wege steht, ist die Konstruktion „Ich". Seine Programmierung lautet „immer und ewig" sich Sorgen zu machen, an Konzepten und Gewohnheiten festzuhalten, sich selbst um jeden Preis und auf raffinierteste Weise zu erhalten und die Kontrolle zu behalten über Zeit und Raum. Sein Zweck und Ziel ist ewige Dauer, so wie das Programm im Computer für immer funktioniert, es sei denn jemand „mischt" sich ein, es stürzt infolge babylonischer Sprachverwirrung ab oder wir figurieren ein neues Programm. Das neue „Programm" im realen Leben müsste das Ich in seinen Funktionen stark reduzieren und ab und an müssten wir es wagen, ohne Ich zu „sein".

Dann fallen wir aus der Zeit und leben in der Ewigkeit. Die Zeit haben wir uns nur gemacht, es gibt sie nicht. Es gibt weder die Vergangenheit noch die Zukunft. Es gibt nur das Jetzt und das Jetzt ist zeitlos. Es ist ewig, weil es keine Zeit kennt und braucht.

„Der Sinn des Lebens ist, in jedem Augenblick ewig zu sein. Die einzig wahre Unsterblichkeit ist jene, die wir schon in diesem Leben vollständig besitzen können. Persönliches Überleben ist irreal oder wertlos. Was wir brauchen, ist ein tiefes, nicht ein langes Leben."[31]

Das Ende ist programmiert. Das sollte uns nicht zu dem Fehlschluss verleiten, dass auch der Weg dorthin festgelegt sei. Wir befassen uns viel mit Unsterblichkeit und Ewigkeit. Wir wollen sie denkend fassen können wie einen Zeitabschnitt mit Anfang und Ende. Das ist dem Gehirn nicht möglich. Allenfalls symbolische Bilder und Märchen lassen uns etwas erahnen.

„All things must pass, all things must pass away / All things must pass none of life's strings can last / So I must be on my way and face another day / Now the darkness only stays at nighttime, / in the morning it will fade away / Daylight is good at arriving at the right time / It's not always going to be this grey / All things must pass, all things must pass away...“[32]

Wir dürfen vor lauter Denken und Suchen nicht versäumen, die Ewigkeit jetzt zu *leben*. Ewige Ruhe finden, werden wir ohnehin irgendwann. Statt zu meinen, wir müssten uns zwischen Angst und Ablenkung immer wieder neu entscheiden, können wir beides erfahren: unsere Sterblichkeit *und* unsere Unsterblichkeit. Vielleicht sind beides nur verschiedene Aspekte desselben Seins.

Das Glied in der Kette

Eine noch praktischere Weise, uns unserer realen Lebens-Macht im Hier und Jetzt bewusst zu werden und Unsterblichkeit leben zu können, ist unsere *Generativität*. Statt zu stagnieren, spirituell und biografisch, können wir die nächsten Generationen in unser Denken, Fühlen und Handeln einbeziehen. Wir lassen es nicht zu, dass unser Wirken abrupt stoppt und unser Horizont nur auf den eigenen Lebenslauf beschränkt bleibt, was zu ausschließender und überbordender Selbstbetrachtung führen kann, die in Selbstverwirklichungsstress mündet. Dadurch würden wir unnötigerweise eine Grenze einziehen, die es im Grunde gar nicht gibt, und uns abkapselt vom Lauf der Dinge.

Die Essenz unseres Seins überdauert unser biologisches Dasein. Das brauchen nicht erst die Nachgeborenen zu erkennen, das können wir *selbst* schon zu Lebzeiten tun und für einen weiten und offenen Blick auf das Leben nutzen, der es ermöglicht, die eigene leibliche Begrenzung aufzuheben. Wenn wir auf etwas zurückblicken, von dem wir wissen, dass wir es waren, die es weitergetragen haben, können wir eher loslassen von unserem Leben und den Ängsten, aus der Geschichte zu fallen, d. h. aus dem Leben der anderen nach unserem Tode zu verschwinden. Wir werden nicht auf ein ungelebtes Leben zurückblicken, sondern auf eines, in dem wir *gegeben* haben, was wir geben konnten. So wird uns ein symbolisches Weiterleben sicher sein.

Gerade die derzeitige Unfähigkeit der Politik, über den Tellerrand des täglichen Geschäftes bzw. die Interessen der eigenen Klientel hi-

nauszudenken, macht eine „interessenlose", d. h. über sich selbst hi-
nausweisende Beteiligung des Einzelnen interessant. Was jetzt gedacht
oder getan wird oder unterlassen wird, hat möglicherweise keine Folgen
für mich, aber für die nächsten Glieder in der Kette.

„Generativität ist unser Zukunftssinn. Wenn die Erwachsenen die
Generativität als ihre altersgemäße Aufgabe entdecken, erkennen sie
sich als das Bindeglied zwischen den Generationen. Sie sind ‚mitten
im Leben', nun verantwortlich für das große Ganze. Ihr wichtigstes
Projekt ist die Weitergabe von Traditionen und Wissen, das Erhalten
des Erhaltenswerten in der Kultur."[33]

Eine Option zur Evolution hat jeder, wenn nicht im biologischen,
dann im kulturellen Handeln. Auch die Gene der Kultur müssen weitergetragen werden unabhängig von der Existenz ihrer Träger. Jeder hat
in sich das Zeug zum Modell, ob er das will oder nicht. Kultur, Tradierung, Fortschritt geschehen in nicht unerheblichem Masse durch Lernen am Modell. Es sind keine großen Taten nötig, um nach vorne zu
wirken. Auch die kleinen Dinge des Alltags können Beständigkeit oder
Erneuerung herbeiführen, je nachdem, was gebraucht wird.

Der als politisches Lockmittel entwertete und durch verlogene
Imagekampagnen entleerte Begriff der Nachhaltigkeit wird doppelt be-
deutsam. Der Sinn der Nachhaltigkeit ist ein individueller und ein
ideeller, ein konstruktiver und ein *konkreter*.

Voraussetzung dafür ist die Überzeugung, dass es sich lohnt und wichtig
ist, bestimmte Werte und Traditionen weiterzutragen und nicht den derzeitigen Geistesströmungen nachzugeben, die da sagen: „Alles ist möglich
und alles ist erlaubt", wichtig sei es nur, „irgendwie" durchzukommen.

Erziehung, sei es eigener Kinder oder anderer Heranwachsender,
kommt als generativer Urkraft besondere Bedeutung zu. Erziehung
kann nicht nebenher laufen und nur begrenzt delegiert werden. Erziehung muss aktiv und gewollt sein. Sie ist eine Verpflichtung für die Äl-
teren. Der Geist einer guten Erziehung wirkt manchmal erst in der
zweiten oder dritten Nachfolgegeneration. Auf ideale Weise kann so al-
truistisches Handeln mit eigenen Bedürfnissen verbunden werden. Sinn
und Seelenheil offenbaren sich in dem Versuch, etwas von Dauer zu
schaffen, das trotz aller Begrenzung das Leben über den Tod hinaus ver-
längert. Indem wir unsere Grenzen erkennen, öffnen wir uns für die
Nachkommen und verschieben unsere Grenze ins Unbestimmte.

Mit der Macht des Handelns ...

Doppelleben: Der ganz normale Wahnsinn –
Authentisch leben

Der Mensch kann nie genug kriegen. Von allem will er was haben, überall will er dabei sein und zu jeder Zeit mitmachen. Er tanzt gerne auf allen Hochzeiten und möchte ein anderer sein, als der, der er ist. Vielfältig und verlockend sind die Versprechungen, die ihn umgarnen. Groß ist das Bedürfnis, die Welten zu wechseln und der einen zu entkommen, deren wahres Gesicht er nicht immer gerne sieht. Dieser Wunsch wird oft befriedigt, ohne dass jene aufgegeben wird. Viele Möglichkeiten und neue Räume soll es geben neben der einen Welt: Traumwelten, Anderwelten, Parallelwelten. Das ist zu viel für ein Leben.

So entstehen Doppelleben, Dreifachleben, Vielfachleben. Eine Identität reicht nicht mehr. Es werden viele Identitäten geschaffen und gelebt. Ein Leben ist einfach zu wenig. Angebote gibt es genug. Manche werden sagen, das ist zeitgemäße Flexibilität. Das moderne Leben ist nun einmal so. Die gradlinige Biografie gibt es nicht mehr, genauso wenig wie einen lebenslangen Arbeitsplatz. Mobilität ist gefragt: heute hier, morgen da. Auch die klassische Familie mit einem Vater, einer Mutter, vielen Kindern und optimalerweise noch Großeltern wird selten. Patchworkfamilie heißt die neue Konstruktion aus Bruchstücken verschiedener Familien, was oft praktischer und befriedigender ist als alleine erziehen oder alleine leben.

Dass der aus beschaulichen Gewohnheiten gerissene Mensch der neuesten Zeit auch den Anforderungen des Multitasking genügen muss, scheint da nur zwangsläufig. Viele Dinge gleichzeitig erledigen, sollte er schon können. Warum also die neue Variabilität menschlichen Seins infrage stellen?

Und was die kleinen Fluchten angeht, die die wunderbare Welt der Werbung vorgaukelt oder den Zauber der audiovisuellen Medien, der mögliche Fluchträume attraktiv zum Leben erweckt, oder gar die virtuellen Unendlichkeiten, in denen sich einiges an Identitäten finden und bauen lässt, sind das nicht wohltuende Ablenkungen, die den Stress und die Widersprüche des Alltags erträglich machen und vielleicht sogar neue Kräfte wachrufen?

Ich denke, der Mensch hat sich dabei zu sehr aus den Augen verloren. Er simuliert und substituiert sich, er dupliziert und digitalisiert sich. Er geht sich aus dem Wege und verläuft sich in den Nebenstraßen. Er ist kaum noch in sich zuhause, er ist meist irgendwo, auf jeden Fall anderswo. Vor lauter Doubles sieht er das Original nicht mehr. Er ist sich selbst fremd, er spürt sich schwer. Wer ist er und ist er überhaupt wer?

Er ist sich seiner selbst nicht sicher. Es sind nicht nur zwei Seelen, die in seiner Brust wohnen, es sind viel mehr. Der ganz normale Wahnsinn breitet sich aus. Alle diese unruhigen Geister unter einen Hut zu bekommen, wird immer schwieriger. Viele Leben werden nötig.

Die perfekte Täuschung

Im Internet bietet die Agentur „Das permanente Alibi" ihre Dienste an. Sie versorgt Kunden mit Alibis und Doppelleben. Die professionelle, systematische Lüge ist ihr Verdienst im doppelten Wortsinn. Der Wahnsinn wird Methode. Für jeden Fall bietet die Agentur die perfekte Täuschung. Von der falschen Kurzmitteilung auf das reale Handy über die richtige Einladung zur falschen Veranstaltung mit realer telefonischer Erreichbarkeit bis zum falschen Arbeitsplatz in einer richtigen Firma wird gegen Gebühr alles geboten.

„Ein perfektes Doppelleben im privaten Umfeld und wiederum im beruflichen zu arrangieren, ist durch das Permanente Alibi lückenlos möglich. Diese Tarnexistenz ist für Jedermann, jede Frau nutzbar und jederzeit einsetzbar. Völlig unkompliziert und absolut sicher sorgen wir für Ihr perfektes Doppelleben."

In großzügiger Synthese von Selbstverwirklichung und Legendenbildung, getarnt als „grenzenlose Freiheit", sieht die Agentur ihren weniger tiefen als vielmehr praktischen Sinn: „Das Permanente Alibi sorgt für perfekte Tarnexistenzen, Legenden und ein dauerhaftes Doppelleben, wo unsere Kunden sich selber verwirklichen können ... Gehen Sie ungestört jeder Tätigkeit nach. Keine Eifersucht, keine Kontrolle, keine Vorwürfe."

Ziel der Kunden sei es nicht nur, ein einmaliges Alibi für den One-Night-Stand zu bekommen oder einen Ausrutscher zu vertuschen, sondern immer mehr, eine zweite dauerhafte Identität professionell zu etablieren: „Unsere perfekten Alibis verhelfen Ihnen zu entspannten Stunden, Tage oder sogar Wochen und Jahre. Gerne besprechen wir mit Ihnen die passende Lösung".[1] Die schöne neue Welt der multiplen Identitäten als Maßanfertigung und ganz ohne Risiko.

„Übrigens: In der Seitensprung-Szene werden gerne Fotos mit einem schwarzen Balken über den Augen verwendet. Schließlich will man meist unerkannt bleiben. Auch Sie können Ihr Digitalfoto leicht mit einem Standard-Grafikprogramm anonymisieren."[2] Eine andere Agentur gibt noch drastischere Empfehlungen: Man möge ein Foto einstellen, auf dem der Körper, nicht aber das Gesicht zu sehen seien. Was kann die Doppelbödigkeit dieser Methode besser beschreiben als die Aufforderung, den eigenen Kopf zu verleugnen?

In der Tat scheint es sich um eine Art „Spaltung" zu handeln, wenn ein Mensch darauf besteht, eine Doppelexistenz zu führen, in der das eine Leben vor dem anderen verheimlicht wird. Mag er von etwas zu viel „haben" oder zu wenig, mag er abhängig sein oder Angst haben, mag er sich verstrickt haben in Meinungen und Moral, mag er den Ernst des Lebens im Spiel sehen oder aus einem Spiel ernst machen wollen, erst das *andere* Leben, die andere Existenz scheinen ihm seine verdeckten oder offenen Bedürfnisse zu erfüllen.

Abgesehen vom logistischen Aufwand ist die psychische „Vermehrung", die eine physische nach sich zieht, eine ziemlich anstrengende Unordnung, die nicht zu einem einheitlichen Selbstbild beiträgt. Vielleicht aber ist für manche der Nutzen, den sie aus der anderen „Person" ziehen, größer als der Schaden, den diese in der wirklichen erzeugen kann. „Die Doppelexistenz ist sozusagen eine abgespaltene Orgie; was der Bankdirektor, der seiner heimlich geliebten Kassiererin ein Appartement einrichtet, dort mit ihr lebt, würde er wohl auch gerne einem Herrn Verborgen zuschreiben, an dessen Taten er sich später nicht erinnern kann."[3]

Geheimnisse der Seele

In der Folge davon gibt es auch veränderte Einstellungen zur Bedeutung von Geheimnissen. Galt es früher, vor allem seit den 70er-Jahren, den psychologischen Jahren des „Rauslassens", als notwendig, alles zu erzählen und sich von der Seele zu reden, um es zu diskutieren, auf seine gesellschaftliche Relevanz abzuklopfen und einer „unheilvollen Verdrängung" zu entgehen, so darf heute gelten, dass man Dinge ganz für sich behält und schweigt, „um die Umwelt auf Abstand zu halten und für seine Mitmenschen ein kleines bisschen fremd zu bleiben. Ein Geheimnis schafft einen Freiraum, eine Zone, die nur einem selbst gehört. Ein Geheimnis hilft uns, uns selbst nicht zu verlieren und die Autonomie unserer Person zu wahren."[4]

Nicht von ungefähr ist die Intimsphäre eines jeden gesetzlich geschützt. Prominente, die im Interesse der Öffentlichkeit stehen und das auch wollen, kämpfen dennoch um einen Rest von Privatleben, in dem sie der oder die sein und bleiben können, die sie sind und in dem sie nicht ihre fixierten und mehrheitsfähigen Rollen spielen müssen.

In der Welt des Films spielt das Leben „mit der Maske" eine besondere Rolle. „Das Kino ist die beste aller Welten" lautet ein treffender Slogan. So mancher Star ist am Wechsel zwischen den Welten gescheitert und konnte seine Rolle nicht in Einklang bringen mit seinem Leben. Er wusste nicht mehr, welches seine beste Welt ist und wie er in der jeweils anderen leben sollte.

Norma Jean Baker brauchte Marilyn Monroe und fand immer den Weg zu ihr, aber Marilyn Monroe mochte und verstand Norma Jean Baker nicht besonders und fand zu ihr nicht mehr zurück.

Wir brauchen zur Entwicklung unserer individuellen, autonomen psychischen Strukturen und zu ihrem Erhalt den Halt in der gelebten Einheit und Ganzheit. Die Aufgabe der „Persönlichkeit" des integrierenden Selbst ist es, die verschiedenen, eventuell auseinanderstrebenden Anteile der Person unter „einem Dach" zusammenzuhalten.

Ähnlich ist das Problem in einer Beziehung, in der es auch gilt, die verschiedenen Anteile der Partner unter dem Dach der Partnerschaft zusammenzuhalten. Wie wichtig aber dennoch der persönliche Freiraum in einer Beziehung ist, weiß jeder, der in einer lebt oder daran gescheitert ist. Wenn aus dem Du nur noch ein Wir wird, wird es eng.

Der verborgene und „verbotene" Ausbruch in eine Liebschaft ist eher destruktiv, da er keinen offenen Umgang mit den Problemen zulässt und somit wenig von einem *konstruktiven* Geheimnis hat, wie es z. B. für Kinder bei ihrer Identitätsfindung wichtig ist: „Der Augenblick, in dem ein kleines Kind zum ersten Mal lügt, ist von entscheidender Bedeutung. Es entdeckt, dass seine Eltern eben nicht seine Gedanken lesen können, und das beweist ihm, dass es eine eigenständige, unabhängig Persönlichkeit ist."[5]

Allgemeingültige moralische Autoritäten gibt es nicht mehr. Dennoch scheint mir eine allzu offene und manchmal an Beliebigkeit grenzende Auslegung dessen, was ehrlich und „moralisch" richtig ist, wenig hilfreich für eine solidarische und respektvolle Partnerschaft zu sein, die – wollen wir es oder nicht –, wenn sie auf vernünftige und befriedigende Weise dauern will, auch auf *gemeinsam erarbeitetes* inneres Wachstum ausgelegt sein muss.

Doppelte Moral ist zwar ein ständiger Begleiter im Alltag, dennoch ist das keine hinreichende Begründung für ein ständiges Doppelleben, das letztendlich Leid verursacht. Lebenserweiterungen, die nur dem ungestörten Ausleben von Wünschen dienen oder durch ihre „verbotene" Gegenwelt einen Reiz an sich darstellen, finden leicht auf Kosten anderer statt.

Unfaire Doppelleben verursachen eine Beschneidung der Option „Moral", die neben ihrer philosophischen Setzung und aus der Vernunft abgeleiteten Klarheit auch den Sinn einer auf das gemeinsame Ganze gerichteten Regelhaftigkeit hat, in der Ungleichheiten ausgeglichen und gleiche Chancen hergestellt werden. Trotz aller Verkrustungen und allem Unzeitgemäßem ist eine vernünftige Vereinbarung, die ohne Wenn und Aber auf Einhalten ausgerichtet ist, von partnerschaftlichem Vorteil.

Die Psychologie beschreibt nur den eventuellen Nutzen und den eventuellen Schaden der Heimlichkeiten und überlässt es dem Individuum, zu entscheiden, was gut für es ist und was nicht. Den Schaden, den es *anderen* und auch sich selbst zufügen kann durch sein doppeltes Leben und die damit verbundenen Unehrlichkeiten muss es vor sich und den anderen verantworten.

Wichtig ist es, sich seiner Ziele klarer zu werden und nicht in steter Vernebelung und Vermeidung das eine Leben gegen das andere auszuspielen.

Ich und ich

Das Kino hat die Vorstellung vom doppelten Leben in ein und derselben Person nach dem Roman von Robert Louis Stevenson „The Strange Case of Dr. Jekyll and Mr. Hyde"[6] aus dem Jahr 1885 auf verschiedenste Weise interpretiert.

„Der Doppelgänger ist eines der bedeutendsten Themen innerhalb der phantastischen Literatur und hat seine Ursprünge in den magischen und religiösen Vorstellungen, die der Mensch zu Begin der Entwicklung seines Denkens als Abwehrmechanismus gegen unverstandene Phänomene seiner Selbsterkenntnis und damit auch seiner Selbstentfremdung produzierte. Im Doppelgänger-Motiv befindet sich auch die bedrohliche Komponente des dualistischen Weltbildes, das alle Erscheinungen der Wirklichkeit in seine gute und seine böse, seine männliche und seine weibliche, seine körperliche und seine geistige Seite teilt."[7]

Die Verwandlung von Dr. Jekyll in Mr. Hyde erhält ihre Spannung nicht nur durch das Gegensatzpaar „gut" und „böse", sondern auch in der Durchbrechung der domestizierten Sexualität zu anarchischem Triebleben. Die zahlreichen Verfilmungen des Motivs lassen das durch Drogenexperimente geschaffene Alter Ego mal als Sehnsucht und mal als Fluch erscheinen, mal ist es schöner, mal ist es hässlicher als Dr. Jekyll. Fast ausschließlich sind beide Figuren polar, d. h. im gefährlichen und tödlichen Kampf gegeneinander angeordnet. Sie versuchen sich nicht – therapeutisch und moderner betrachtet – als Teile *eines* Ganzen in eben diesem Ganzen zu finden.

„Mit der Entdeckung des seelischen Lebens, das nicht reiner Geist und nicht reine Körperlichkeit, sondern ein Gewirr widersprüchlichster und vielfältigster Beziehungen zwischen beiden ist, wurde zur Zeit der Romantik das Bild vom Doppelgänger zu einem gültigen Gleichnis auf die Abspaltung unbewusster seelischer Kräfte vom Bewusstsein des Menschen."[8]

Um nicht innerlich zerrissen zu werden wie die bemitleidenswerte Romanfigur, ist es für manche im wirklichen Leben hilfreich, sich neu zu definieren. Statt eines Doppellebens, das das scheinbar Unvereinbare vereinbaren soll und wenig Freiraum zum authentischen Leben lässt, wird die neue Identität nun deckungsgleich mit dem ersehnten

Leben. Aus einem „unfreien" Leben kann ein „freies" werden. Statt in alten Strukturen und Werten zu verharren, werden *neue* gefunden und gelebt. Verkrustete Moral hatte so manches notwendige Coming-out verunmöglicht und die Betroffenen in absurde Situationen und seelische Schieflagen gezwungen.

Im Widerspruch dazu stehen Entwicklungen der modernen Gesellschaft, die bestimmte Formen der Zerrissenheit in einem Doppel-, wenn nicht gar Vielfachleben geradezu fordern. „Warum nur ein Leben leben?"[9] suggeriert Volkswagen, um Fortschritt und Variabilität eines ihrer Modelle zu preisen, während Coca-Cola auf den Gegenpol der Einmaligkeit und Ganzheit setzt: „Du bist nur Du".[10] Die Lösung dieses Widerspruchs las ich im Geschäftsnamen einer Modeboutique: „Mein neues Ich". Hier wird der Kleiderkonsum wirklich ernst genommen.

Auch etwas mit Kleidermode zu tun hat eine ganz spezielle Form der persönlichen Verdoppelung: das familiäre Klonen. Prominente Eltern züchten ihren Nachwuchs zu modischen Abziehbildern ihrer selbst, vielleicht um sich selbst zu inszenieren und im Gespräch zu bleiben: „Kinder werden zu Miniaturausgaben ihrer Eltern, meist der Mütter, und einen Namen hat das Phänomen auch längst: Mini-Me. Schrumpf-Ich."[11] Dass Mütter einen Reiz daran finden, kleine Versionen ihrer selbst auszustatten, ist für die Designer ein lukratives Geschäft. Sie brauchen ohne große Investitionen nur modische Abziehbilder der Mütter zu produzieren, kleine Ausgaben der großen Entwürfe und sie züchten sich potenzielle Käufer mit Markentreue.

In dem Maße, in dem diese Gesellschaft in einer sich grenzenlos gebenden Welt, in der das Individuum ökonomisiert und der kurzfristige Gewinn dem langfristigen vorgezogen wird, ständig nach scheinbarer Veränderung strebt und darum Flexibilität und Mobilität voraussetzt sowie ständige Effizienz und Optimierung fordert, fördert sie nicht die Voraussetzungen für eine *gelingende Selbstfindung*, in der die Einheit der Person und die *Integration* aller ihrer Anteile im Vordergrund steht. Wer heute mithalten will, hat es schwer, sich nicht aufzuspalten, sein Rückgrat nicht zu verbiegen oder sich nicht in Störungen zu flüchten.

Das bedeutet nicht, dass Anpassungsfähigkeit und Veränderungsbereitschaft, die in der modernen Gesellschaft in stärkerem Maße als früher gefordert sind, gering zu schätzen sind, aber es bedeutet auch, das *Ver-*

trauen in sich selbst (wieder) zu finden, in sich selbst ruhen zu können und ein Mehrfachleben auf ein *einfaches* Leben reduzieren zu können.

Gleichzeitigkeit des Ungleichzeitigen

Die innere Ruhe des einfachen Lebens wird noch von einer anderen Seite bedrängt. Lautete früher das Credo vernünftiger Lebensführung: „Eins nach dem anderen", so wird heute erwartet, dass viele Dinge gleichzeitig gemacht werden: Informationen aufnehmen und Gespräche führen und Nahrung zu sich nehmen und Termine im Auge behalten und auf Unvorhergesehenes reagieren und alles in einer kommunikativ entspannten Grundhaltung. Nicht ein oder zwei Projekte werden gleichzeitig geplant, sondern sieben oder acht, nicht zehn Kunden werden betreut, sondern 30. Im selben Zeitraum, in dem früher eine Aufgabe erledigt werden sollte, müssen es jetzt fünf sein.

„Immer mehr gleichzeitig zu tun, daran machen wir heute unser Fortschrittsideal fest. Mit dieser Motivation treiben wir die dem Kapitalismus als Wasserzeichen eingeschriebene Steigungsdynamik des ‚Immer mehr' voran. Es bleibt uns letztlich keine andere Wahl, wenn wir unser Wohlstandsniveau, das durch Zeitnot erhetzt wurde, erhalten oder ausbauen wollen."[12]

Die Arbeitszeit genauso wie die Freizeit oder andere Zeiträume werden „verdichtet". Um die Effizienz zu steigern, hat vor allem in der Arbeitswelt eine ungeheure Ausbeutung der „Ressource Zeit" begonnen. Im Grunde wird die Leistungsfähigkeit des Menschen ausgepresst, denn die Zeit lässt sich nicht ausbeuten. Als ohnehin nur erdachtes Ordnungskonstrukt bleibt ihre messbare Ausdehnung stabil. Der Tag ist in 24 Stunden aufgeteilt, das ist der Rahmen. Auf welche Tätigkeiten sich die 24 Stunden verteilen, bleibt erst einmal offen. Genauso offen ist die Intensität der Tätigkeiten.

Deren Anzahl lässt sich durch „Parallelschaltungen" vermehren. Multitasking heißt das passende Zauberwort und macht den Weg frei für ein funktionales Doppelleben. Aus dem Ideal: „Was man macht, macht man richtig" wurde das Lob der „Vergleichzeitigung", die dem Gleichzeitigkeitswahn huldigt.

Sicher wird jemand einwenden wollen, das sei schon immer so gewesen. Der Mensch könne mehrere Dinge gleichzeitig tun. Das mache ihn erst zum Menschen. Aber die Anforderungen an den Menschen sind nicht beliebig steigerbar. Das Bewusstsein lässt sich nicht verdoppeln. In die geistige Präsenz und Konzentration lässt sich kein Doppelleben integrieren. Etwas bewusst zu tun, bedeutet die Gleichzeitigkeit und Identität des Handelns und seiner bewussten Wahrnehmung.

Sicher gibt es „untergeordnete" Tätigkeiten, die gleichzeitig mit anderen „ablaufen" und nicht in das Bewusstsein vordringen wie routinemäßige Handgriffe. Bei der Forderung zum Multitasking geht es um kreatives, konstruktives und bewusstes Handeln. Das überfordert die menschlichen Möglichkeiten und hat negative Rückwirkungen auf die Qualität des Denkens und Handelns. Selbst wenn zwei oder mehrere Dinge nebeneinander abgewickelt werden, so geht dies nur, weil die Handlungen, die nicht im Fenster des Bewusstseins sind, nur mit halber Kraft und oft unzulänglich abgewickelt werden. Multitasking mag hin und wieder notwendig sein, aber als systematisches Handeln ist es eher eine Methode zur Förderung von „Konzentrationsstörungen und den Verlust des Kurzzeitgedächtnisses . . . Wir können keinen Kontext mehr verinnerlichen. Alles wird sofort wieder gelöscht, nichts bleibt dauerhaft im Gedächtnis".[13]

Jeder Versuch von Gleichzeitigkeit, vor allem wenn es um Wahrnehmungs- oder reaktive Leistungen geht, ist zum Scheitern verurteilt. Zum Teil gravierende Fehler, wie etwa beim Telefonieren während des Autofahrens, können die Folge sein, die auch mit der Technik einer Freisprechanlage nicht ausbleiben. Multitasking entspricht nicht der Arbeitsweise des Gehirns und ist auch ökonomisch gesehen ein Nachteil, da häufiger Fehler gemacht werden, die korrigiert werden müssen und die nächste, gleichzeitig eingeplante Aufgabe, erst wieder erinnert werden muss. Lernen bei gleichzeitiger musikalischer Beschallung und Darbietung visueller Reize ist zwar gängige Praxis, aber ineffektiv und eine überflüssige Belastung des Nervenapparates. Das Bewusstsein „verzettelt" sich. Trotz der neuronalen Beschränkungen versuchen sich die Menschen immer wieder im Multitasking und meinen fälschlicherweise, sie seien dabei erfolgreich: „Was wir als Multitasking erleben, ist nur ein schneller Wechsel zwischen verschiedenen Aufgaben".[14] Schnelligkeit wird mit Intelligenz verwechselt: Der vermeintlich kurzfristige Erfolg wird dem längerfristigen vorgezogen.

Was ist, soll sein

Der Gegenpol zum Nebeneinander ist das Nacheinander, das sich am konsequentesten in der *Meditation* ausdrückt: die Beschränkung auf nur *eine* Wahrnehmung und das konzentrierte, bewertungsfreie und entspannte *Verweilen* in ihr.

„Meditation besteht darin, aufmerksam gegenüber solch einem Zustand von Rigpa (Natur des Geistes, ursprüngliches reines Gewahrsein; Anm. d. Verf.) zu sein, frei von allen geistigen Konstruktionen, während man völlig entspannt bleibt, ohne jegliche Ablenkung oder Festhalten, denn es heißt: ‚Meditation bedeutet nicht, danach zu streben, sondern natürlich in ihr aufzugehen.'"[15]

Erfreulich ist, dass sich dem „Einüben" des Nacheinander, des einfachen und einmaligen Lebens immer mehr Menschen widmen und damit ihre Erfahrungen machen. Wem beim Begriff „Meditation" zu viel mitschwingt an religiösen Konzepten oder fremden Kulturen, der reduziert sich auf sein Wesentliches *einfach* so: Einmal am Tag werden Wahrnehmen, Denken und Fühlen heruntergefahren so weit es geht. Es reicht, in einer stillen Ecke zu sitzen und das „Nichtstun" auszuhalten in möglichst neutraler Betrachtung dieser Weise des Seins. Alles, was der Körper mitteilt, was die Gedanken verlauten lassen und die Gefühle zu suggerieren suchen, wird nur registriert. Nichts muss gemacht werden, alles in uns darf so sein, wie es ist. Was den Gleichzeitigkeitswahn stoppen kann, ist einfach nur Konzentration und die Vermeidung von Ablenkung. Wer das, was er macht, *richtig* macht, hat mehr vom Leben. Das ist keine neue Erkenntnis, aber die Aufforderung, alte Weisheiten wieder neu zu erkennen.

„Wenn jeder Mensch in Deutschland eine Stunde am Tag ohne Unterbrechung durcharbeiten würde, bekämen wir den größten Innovationsschub aller Zeiten".[16]

Dem im Wege steht das Diktat der „Zeit" im Allgemeinen und das der „Beschleunigung" im Besonderen.

„Zeit" ist nicht zu haben und nicht zu nehmen, weder ist sie zu verschenken, noch kann sie gekauft werden. Niemand kann sie stehlen und niemand kann sie verleihen. Es gibt sie nicht im Überfluss und es herrscht auch kein Mangel an ihr. Die „Zeit" gibt es einfach nicht. Wir haben sie uns erschaffen, um dem Rhythmus der Natur, der uns zu vage erschien, einen berechenbaren Rhythmus der Maschinen und der Produktivität entgegenzusetzen.

Freizeit und Freiheit, Gefühl und Seele, Hier und Jetzt haben wir vermessen in chronologische Zwänge. Wir haben uns der „Zeit" völlig unterworfen. Sie darf uns quälen und traktieren mit ihren Normen. Ihre Unverrückbarkeit erkennen wir vorbehaltlos an und verrenken und „verdoppeln" uns, bis wir „verrückt" werden.

Wenn wir uns in einem Wettlauf mit der Zeit wähnen, werden wir so oder so wohl immer verlieren, denn die „Zeit" ist immer schon da, weil wir sie so konstruiert haben. Nur wenn wir uns vervielfachen wie der Igel, können wir mithalten und unsere Zeit besiegen. Der Hase in uns, der authentisch lebt und läuft, ist dann bald tot und wir bleiben für immer angewiesen auf unsere Vervielfältigungen. Um in der Zeit zu bleiben, müssten wir unser eigener Mehrfachgänger werden, der bald nicht mehr weiß, wer sein eigenes Original ist. Damit das nicht passiert und damit wir wir selbst, also *authentisch* bleiben, ist es unbedingt nötig, immer wieder im Augenblick zu verweilen, nicht nur, weil er so schön sein kann, sondern auch weil uns dann nur das erfüllen und berühren kann, was das Auge – oder ein anderes Sinnesorgan – erblickt und erfährt. Der Augenblick, das Jetzt gehört nur uns. Nur so können wir erfahren, dass es noch etwas anderes gibt außerhalb der messbaren Zeit.

Die allgegenwärtige Beschleunigung der Zeit bedeutet nicht, dass die Ordnung „Zeit" sich beschleunigt. Das kann sie gar nicht und das soll sie auch gar nicht. Beschleunigen sollen sich die Vorgänge, vor allem die *im* Menschen und die von ihm verursachten um ihn herum. Der Mensch soll sich beschleunigen, immer weiter, immer mehr. Das kann er nicht und das soll er nicht. Er soll seine eigene Geschwindigkeit finden, die, die er sich selbst verdankt und die zu ihm passt.

„Trotz aller ernsthaften Bemühungen, unser eigenes Tempo zu finden, werden wir immer wieder im Sog der Zeitökonomie das Gespür für unser ganz persönliches Zeitgefühl verlieren. Da ist es hilfreich und nötig, die Stopptaste zu drücken und Inseln der Ruhe einzurichten. Wir unterbrechen ganz bewusst, ganz stur, aber letztendlich rhythmisch unsere tägliche Selbstbeschleunigung und schaffen Momente des Innehaltens und Besinnens. Wir schaffen uns ‚Zeitpolster' gegen den Stress und werden uns klar, dass wir die ‚Zeit' nicht dehnen oder

quetschen können. Wir können nur festlegen, was uns wichtig und was
uns weniger wichtig ist."[17]

Das zweite Leben

Leicht von der Hand gehen die Vervielfältigungen und Doppelleben in
der digitalen Welt. Diese Technik ist darauf angelegt, beliebige Identitäten zu bauen und auszuleben. Die Möglichkeit, anonym mit potenziell
Millionen anderer Menschen in Kontakt zu treten, beinhaltet die spie-
lerische Erweiterung der eigenen Person. Niemand kann kontrollieren,
wer ich wirklich bin. Ich bin mein eigener PR-Berater und steuere
mein Image so, wie ich es will. Wie auf einer Theaterbühne ist es möglich, Rollen zu spielen, und bei Bedarf die, die immer schon ersehnt
waren. Dabei handelt es sich gar nicht unbedingt um eine große fiktive
Figur, die es darzustellen gilt, sondern um kleine Veränderungen und
Retuschen wie Auslassungen oder Begradigungen, Vermehrungen oder
Verschönerungen, Flunkereien oder Vertuschungen.

Im Internet-Netzwerk Facebook, dessen demokratischer und demo-
kratisierender Nutzen durch die schnelle Austauschbarkeit und Trans-
parenz von Nachrichten unbestritten ist, können zurzeit über 200 Millionen Menschen ihr Privatleben öffentlich machen für einen aus-
gesuchten, meist ziemlich großen Kreis von „Freunden". Man tauscht
sich aus, flirtet, streitet, sucht Freunde oder ist einfach nur da mit seiner
Facebook–Identität und „betrachtet" die anderen Facebook-Bewohner.
Wer will, stellt sich so dar, wie er sein will, nicht unbedingt, wie er ist.
Eine Face-to-face Kommunikation aus Fleisch und Blut ist das nicht.
Es bleibt die Frage, ob die Einsamkeit vor dem Bildschirm damit überwunden wird oder ob diese Plattform eine Spielwiese für „großes"
Theater ist. Paradoxerweise ist das Leben dort nur das halbe Leben
und dennoch kann es ein Doppelleben sein.

Ein Doppelleben allerdings, das Spuren hinterlässt, „denn die gleiche Software, zweihundertmillionenfach angewandt, stellt auch interessante Informationen für Werbekunden bereit. Wer Facebook oft nutzt,
hinterlässt ein ziemlich genaues Geschmacksmuster, welche Bücher
und Filme er mag, welche Marken, worüber seine Freunde reden."[18]

Ähnlich künstlich, aber weitaus konsequenter, konkreter und kreativer
sind die Möglichkeiten eines zweiten Lebens auf der Internetplattform

„Second Life" ausgeformt. „Avatare" als virtuelle Identitäten und digitale Abbilder oder Wunschvorstellungen echter Menschen geistern dort, bei Bedarf auch mit Flügeln ausgerüstet, dreidimensional umher und suchen Alltag oder Abenteuer, Nähe oder Ferne, vielleicht sogar den Sinn des digitalen oder des realen Seins. Losgelöst von aller Erdenschwere können sie wie beim TV-Programmwechsel von einer Welt in die andere „gezappt" werden. Unverbindliche „Kontakte" lösen sich in Nichts auf, easy living ohne Tiefe: „SL ist eine Ego-Veranstaltung. Es ist ein easy come, easy go. Das kann ich im Internet an jeder Straßenecke haben. Mir ist es wichtig, dass sich etwas Zwischenmenschliches entwickelt . . ."[19]

In diesen zweiten Welten ist es möglich, alles selbst zu konstruieren von der modischen Kleidung, über das neue Haus bis zu einem Verein Gleichgesinnter, vom Arbeitsamt über den Erotikklub bis zum Einkaufszentrum, in dem man auch wirklich einkaufen kann mit virtuellem Geld, das durch reales erworben wird. Praktischerweise tummeln sich dort auch reale Firmen mit Niederlassungen und mit einem Mausklick lässt sich eine reale Bestellung für das reale Leben verwirklichen.

„So virtuell wie das Second Life ist, so real schätzen mittlerweile viele Unternehmen die Plattform als neuen Markt ein. Längst haben die Marketingstrategen der Firmen die schöne neue Welt für sich entdeckt."[20]

Durch Venedig zu bummeln, ist genauso möglich wie eine etwas wackelige Probefahrt mit dem neuesten C-Klasse Modell von Daimler Benz oder eine erfolglose Anmache in irgendeiner Bar irgendwo auf der Welt. Selbst die Forschung versucht Nutzen aus dem digitalen Rollenspiel zu ziehen, indem sie bestimmte Experimente dort stattfinden lässt, um Kosten zu sparen oder Stör-Variablen auszuschalten.

Digitale Drogen

Die Verwobenheit von realer und virtueller Welt scheint grenzenlos zu sein und ihre Möglichkeiten sind längst noch nicht ausgelotet. Der weitgehend rechts- und moralfreie Raum letzterer bietet auch den „Mr. Hydes" ungeahnte Tummelplätze für das Ausleben realer Fantasien und Triebe. Zu den „anything goes"-Fantasien gesellt sich auch ein moralisches Multitasking, das zu einem unproduktivem und unreifem Nebeneinander von Überzeugungen und Werten führen kann und die Selbsttäuschung fördert.

Für Kinder kann zu ausgedehnter Computerkonsum zu neuronalen Verwirrungen und Verwechslungen führen und eventuell, wenn z. B. moralische Grundwerte nicht erlernt wurden, ein fatales Durcheinander der Welten verursachen: „Das ist so etwas wie Drogenkonsum. Das Gehirn denkt, was ich sehe, gibt's auch, es hat keinerlei Veranlassung zu glauben, dass das nicht real ist. Das Gehirn passt sich an, an das, was es sieht. Beim täglichen stundenlangen Computerspielen gibt es eine Fehlanpassung."[21] „Kinder, die stundenlang Gewaltspiele spielen, lernen, dass Töten belohnt wird. Sie lernen nicht, ihre reale Angst zu bewältigen und werden sozial isoliert. Aggressivität ist normal, muss aber im Leben ausgelebt werden. Auf dem Bildschirm hat man keine negative Rückmeldung, wenn man den anderen verletzt."[22] Durch die Überbetonung des passiven Wahrnehmens, durch das Ausbleiben von lebendiger Welteroberung fehlen bestimmte Reize und kognitive Strukturen können sich nicht entwickeln bzw. werden anders festgelegt.

Wessen Ego „schwach" ist, der wird innere Stärke und soziale Kompetenz nicht durch sein aufgeplustertes, geschöntes Alter Ego erlernen. Die immer mehr zunehmende Kommunikation via Medien vermindert die Chancen, Sozialverhalten zu trainieren: „Wir geben uns der Illusion hin, wir seien ja im Kontakt miteinander, nur weil wir viele Botschaften austauschen. Aber die realen Sozialkontakte werden weniger."[23]

In Parallelwelten wie „Second Life" können sich Schüchterne und Ängstliche problem- und reibungslos bewegen. Sie verwechseln ihre Fassade, in der nichts spürbar wird und es keinen Druck der Überwindung gibt, die sie sich dort zugelegt haben als Ersatz für reales soziales Leben, mit der bedrückenden inneren Dynamik der rauen Wirklichkeit. Für die, die soziale Interaktion fürchten und meiden, wird das World Wide Web zum großen Versteck. Vielleicht aber erkennt der Mensch, dass er viel zu viel Lebenszeit am Bildschirm und im Internet verbringt und viel zu wenig dafür bekommt: „Das Online-Jahrhundert wird bald ausgereizt sein. Die Internet-Euphorie gerät in das Dilemma von Zeit und Geld, von Rechtsproblemen und Sicherheitsbedenken. Die multimediale Entwicklung wird vielleicht zu einer neuen Sinnsuche führen. Die wird sich dann jenseits von Fernsehen und Internet im wirklichen Leben abspielen".[24]

Wer ist der Regisseur?

Völlig ohne Risiken und Nebenwirkungen ist unser *nächtliches* Doppelleben. Moral und Gesetz spielen dort keine Rolle. Die Schwerkraft ist aufgehoben und andere unverrückbare physikalische Abläufe nehmen einen anderen Verlauf als sonst. Vernunft und Logik machen, was sie wollen. Der Körper ist mal hier, mal dort, die Wahrnehmung spielt verrückt und das Ich weiß nicht so genau, wer und wo und wie viele es ist. In der Welt der *Träume* findet tatsächlich der Wahnsinn statt und das Schöne ist: Wir dürfen dieses Doppelleben genießen, es ist erlaubt und wir sind niemandem über seinen Inhalt Rechenschaft schuldig. Wir können uns sicher sein, viel sicherer als bei unseren Internet-Träumen, dass uns *niemand* auf die „Schliche kommen" kann. Dieses zweite Leben ist wirklich nur „mein Ding", niemand kann es mir nehmen und niemand kann daran teilhaben.

„Wir sind befreit von der Last der Arbeit, von der Aufgabe anzugreifen oder uns zu verteidigen, wir brauchen die Wirklichkeit nicht zu beobachten und zu meistern. Wir brauchen nicht auf die Außenwelt zu achten. Wir richten unseren Blick nach innen und beschäftigen uns ausschließlich mit uns selbst ... Im Schlaf hat das Reich der Notwendigkeit dem Reich der Freiheit Platz gemacht, in dem das ‚Ich bin' das einzige ist, auf das sich unsere Gedanken und Gefühle beziehen."[25]
Der Nachteil zu allen anderen Formen des Doppellebens ist, dass wir nicht bewusst Regie führen und unsere Bedürfnisse nicht gezielt erfüllen. Das führt leider auch dazu, dass immer wieder Dinge und Erlebnisse „auftauchen", die keine Freude verursachen, sondern eher Höllenerfahrungen sind.

Im Traum kann *alles* ausgelebt werden. Das Drehbuch dazu wird von einer Instanz im Menschen geschrieben, zu der sein bewusstes Denken nur sehr schwer Zugang finden kann. Für das logische wache Denken stellt ein Traum eine kunterbunte Aneinanderreihung von Assoziationen dar, die, wenn sie, nach dem Aufwachen erinnert werden, einen Sinn ergeben oder nicht. Ein eher übergeordneter Sinn mag darin liegen, dieses spezielle Prinzip des Doppellebens als neuronale Entlastung zu nutzen. „Alles muss raus" lautet nicht nur die Devise beim Ausverkauf in den Geschäften, dessen Zweck u. a. darin liegt, Platz zu schaffen für neue Ware, auch der Traum ist eine Möglichkeit, Eindrücke des Tages auszuleben, Probleme *aus*zudrücken und gefangene Gefühle *heraus*zulassen, um im synaptischen Chaos Platz oder zumindest eine gewisse Ordnung zu schaffen. Vielleicht ist noch nicht einmal diese Ordnung der Zweck, sondern nur die neuronale Entladung, die die durch die sensorischen und anderen nervlichen Tätigkeiten des Tages erzeugten Spannungen bzw. Überspannungen auf ein erträgliches Maß zurückfährt.

Dem Traum einen inhaltlichen Sinn zu geben, der auf das Verständnis von der eigenen Person zurückwirken kann oder sogar soll, ist ein besonders von der Psychoanalyse geübtes Verfahren, das jedoch nicht von allen geteilt wird und Fachkunde voraussetzt. Zu sehr können hier Spekulationen und „einfachen" Wahrheiten Tür und Tor geöffnet werden, sodass fremde und eigene Deutungen ein leichtes Spiel haben, um irgendwelche und irgendwessen Interessen zu „belegen".

„Anstatt den Traum zu analysieren und immer weiter zu zerlegen, wollen wir ihn wieder zum Leben erwecken. Und der Weg, auf dem er ins Leben zurückgebracht wird, ist, den Traum wieder zu leben, als ob er jetzt passierte. Anstatt den Traum zu erzählen, als wäre er eine Geschichte aus der Vergangenheit, musst du ihn in der Gegenwart ausagieren, so, dass er ein Teil deiner selbst wird, so, dass du wirklich darin aufgehst."[26]

Der Traum kann der Selbsterforschung dienen, indem unvollständige oder unvollendete Traumgeschichten zu Ende zu gedichtet oder gedacht werden, um so ein vom Unterbewussten im Traum „vorgeschlagenes" Thema *selbstreflexiv* weiterzuführen.

Große Illusionen

Manche gehen sogar so weit, zu vermuten, dass zwischen Wachen und Schlafen kein großer Unterschied sei, da beide Zustände eine *große Illusion* seien. Das wache Erleben werde durch Sinneswahrnehmungen in Echtzeit moduliert. Das sei sozusagen der Online-Modus, der das Gefühl innerer Präsenz erzeuge. Das träumende Gehirn arbeite im Offline-Modus: Die Verarbeitung eingehender Signale werde aktiv gehemmt. Das träumende Gehirn ersetze diese durch eine Grunderregung, die die eigene empfindliche Hirnrinde reize und aus gespeicherten Eindrücken, auch emotional beladenen Erinnerungen, in virtuellen Erlebnissen Nachbildungen des wachen Lebens erwecke.

Auch das Bewusstsein sei unabhängig von realen Sinnes- und Körperwahrnehmungen und könne sich ebenso gut aus gespeicherten Erfahrungen speisen: „Ich simuliere in jedem bewussten Moment eine jetzt für mich präsente Welt … Unsere sinnlich wahrnehmbare und körperliche Präsenz in der Welt wird durch komplett interne neuronale Mechanismen hervorgebracht, die beim Wachen ähnlich funktionieren wie beim Träumen. Die Erfahrung einer scheinbar äußerlich wahrnehmbaren Welt und die Erfahrung eines persönlich verkörperten Selbst im Zentrum der Welt sind große Illusionen durch die interne Tätigkeit des Gehirns."[27]

In Tagträumen versuchen wir die neuronalen Substitutionen mit sinnvollen und sinnlosen, aber bevorzugt mit für uns angenehmen Inhalten zu füllen. Gespeichertes und „Reales" mischen sich durcheinander und im Gegensatz zum Schlaf können wir Regie führen und uns einen Wunschfilm erstellen, der uns völlig abkoppelt von momentanen Sinneswahrnehmungen und in den wir uns, sei es auch nur für Sekunden oder Minuten, abkapseln von allen realen Notwendigkeiten.

Die Fähigkeit zum Tagtraum kann eine große Entlastung, emotional wie nervlich, bedeuten und „verkörpert" ein nützliches Doppelleben, wenn es nicht übertrieben wird und daraus nicht ein Drang zu realer Option genährt wird, der störend werden kann. Der Tagtraum ist als Ersatz und Simulation gedacht, er ist eine biologische Virtualität, ein „zweites Leben", das zur Ausstattung des Gehirns gehört und genutzt werden kann. Er ist ein ganz persönliches Eigengewächs, das utopisch, bunt und kraftvoll daher kommen darf. Nicht der Anspruch auf Verwirklichung ist das Ziel, sondern die vorübergehende Entlastung und die Visualisierung des Undenkbaren. Es sind die kreativen Vermengungen, die das Träumen bei Tage angenehm machen, weil sie unerwartete oder bis anhin ungedachte Kombinationen herstellen, die neue Perspektiven aufzeigen können oder zumindest die eine oder andere Fantasie bebildern.

Wenn sich die geistigen Simulationsspielchen zu einer *Idee* verfestigen, kann es schwierig werden, den Weg zwischen Gedachtem *und* Realem zu finden. Durch die Brille der Idee sehen wir die Wirklichkeit, aber diese ist einfach anders, als jene uns scheinen will. Oft wollen wir die Wirklichkeit unserer Idee, die eben auch etwas mit unseren Träumen zu tun hat, anpassen, statt das Geträumte und Idealisierte der

Wirklichkeit. Indem wir nicht blindlings alles verwirklichen, was möglich ist, verwirklichen wir das, was uns wirklich möglich ist.

So notwendig die Führung durch die Idee natürlich ist, dennoch scheitern wir oft eher an der Idee von der Wirklichkeit als an der Wirklichkeit selbst. Wirklichkeit und Idee, als reine absolute Größen gedacht, brauchen nicht im polaren Wettstreit zu stehen und gegeneinander ein Doppelleben zu führen. Sie könnten auch zu einem persönlichen authentischen *Ganzen* vereint werden.

Notwendig für einen erträglichen und sich erfüllenden Alltag ist, das sich zum Ganzen Ergänzende zu sehen. Das reine innere Gewahrsein dessen, was ist, ohne Verfälschung in der Wahrnehmung kann dabei helfen: „Es geht darum, sich ganz zu öffnen und alles zuzulassen, was kommt."[28]

Ein in jeder Hinsicht grundlegendes Beispiel dafür ist unser Umgang mit der Natur. Wir sind der Idee verhaftet, sie sei uns feindlich gesonnen, wir hätten sie aber „überwunden" und seien unabhängig von ihren Kreisläufen. Die Natur ist jedoch in uns und wir in ihr. Wir sind ein Teil von ihr, entstehen aus ihr und gehen wieder in sie ein. Was wir Menschen dem hinzugefügt haben, ist unsere Kultur, mit all ihren Errungenschaften und all ihren Gefahren. Idee und Wirklichkeit, Begriff und Anschauung, Kultur und Natur sind die Konstanten *menschlichen* Seins. Sie brauchen sich nicht im Wege zu stehen: „Fühlst du nicht an meinen Liedern, / Daß ich Eins und doppelt bin?"[29]

Ich bin dann mal eben weg

„Forget about life for a while" steht in schmissiger Neonschrift über einer Diskothek. Das ist ein verlockendes zwiespältiges Angebot, legt es doch nahe, das eigene Leben oder das Leben überhaupt zu negieren. Welches „Leben" soll das dann sein? Wie soll das gehen für ein paar Stunden? Wer kann schon so ohne Weiteres „aus seiner Haut fahren"? Sich eine Auszeit zu nehmen, bedeutet aus der „Zeit" zu gehen, nicht aber aus dem Leben.

Im privaten und beruflichen Leben sind der Druck und die Anforderungen riesengroß. Doppelbelastungen und Doppelrollen werden als Selbstverständlichkeiten angesehen und „alles auf einmal machen" als nichts Besonderes. Das alles „unter einen Hut" zu bekommen, ist schwierig und scheint manchmal schier unmöglich. Die verschiedenen

Rollen können uns zwar in den komplexen sozialen Situationen Halt geben, sie können jedoch auch zu einem starren Korsett werden, in dem die Möglichkeit der freien Bewegung gegen null geht. Acht Stunden jeden Tag höfliche Gespräche führen, ohne wenig inneres Interesse, jahrelang jeden Tag kochen und die Betten machen, immer wieder die Unordnung des Partners oder Mitbewohners zu verdrängen, jahrelang dasselbe Büro, dieselbe Maschine, dieselben Mitarbeiter, dieselbe Aufgabe in derselben Rolle, das alles festigt uns zwar, aber die Gefahr ist groß, dass es uns auch zementiert.

Der innere Drang zum Ausbrechen wird immer stärker und jeder, der ihn verspürt, richtet sich seine kleinen Fluchten ein. Wie groß oder klein unsere Fluchten aus diesem Alltäglichen, dem Normalen sind, welche gesunden oder ungesunden Folgen sie nach sich ziehen, ihren doppelten Charakter erhalten sie erst durch unsere Definition und Bewertung dessen, was wir als „normal" betrachten. Ohne Normen, die wir festlegen oder denen wir uns beugen, gäbe es das Unnormale nicht, und wenn es das Unnormale nicht gäbe, bräuchte es auch nicht dessen Verleugnung durch das Doppelleben.

Anpassung an nicht hinterfragte „Normalität" kann zu einer Zwangsjacke werden, hinter der sich manches aufstaut und versteckt, das im ungünstigen Fall sich zu krankhaften Störungen des Körpers und des Geistes aufsummiert. Die Annahme, dass Konformität und Anpassung an geltende Normen *die* Garantie zur Aufrechterhaltung psychischer Gesundheit sei, hat sich gewandelt. Was uns also helfen könnte, authentischer zu leben, näher an uns selbst dran zu bleiben, ist eine Überprüfung des Konzeptes von Normalität, das wir mit uns herumtragen und das uns mit zu viel Normen zu erdrücken droht: „Die Fassaden der Normalität sind oft einsturzgefährdet. Die scheinbar Normalen müssen viel Kraft aufwenden, um so zu sein, wie es von ihnen erwartet wird. Anpassung ist mit Stress verbunden, der auf Dauer zermürbt. Konformitätsdruck macht depressiv, wenn man glaubt, die Erwartungen nicht erfüllen zu können. Und permanentes Schielen nach Akzeptanz und Anerkennung legt Fesseln an. ‚Normaler' lebt dagegen, wer nicht immer nur mit dem Strom schwimmen muss."[30]

Die Vielfalt menschlicher Verhaltensweisen braucht nicht mehr in die Kategorien „normal" und „verrückt" gezwungen werden, sondern sie wird als das gesehen, was sie ist: ein breites Kontinuum, in dem erst vor dem Hintergrund, vor dem eine Verhaltensweise zum Tragen kommt, diese eine störende, unpassende oder zerstörerische Bedeutung bekommt. Es braucht etwas mehr Mut, „anders" zu sein, anregender und intensiver zu leben, weniger auf Sicherheit zu bauen und das Anderssein der Anderen zu tolerieren. Wir können versuchen, uns weniger an externe Vorgaben und mehr an interne anzupassen. Wir weichen nicht aus, sondern entwickeln eine eigene Norm, die sich an unserem Innersten orientiert.

Habenwollen: Das Ende der Unendlichkeit –
Bewusst auswählen

Als ich begann, mich mit der Thematik des „weniger ist mehr" auseinanderzusetzen, kam ich auch mit Autoren-Agenturen und Lektoren ins Gespräch. Mein Fokus lag damals auf dem Begriff „verzichten", der mir eindeutig und vor allem unmissverständlich erschien. Um dem überflüssigen Mehr ein konsequentes *Weniger* entgegensetzen zu können, erschien mir nur der *Verzicht* geeignet, die nötige Klarheit herzustellen. Eine Klarheit, die mir zudem kompromisslos genug erschien, um als „Weckruf" dem Thema genügend Beachtung zu verschaffen und sei es nur durch die Provokation.

Die Reaktionen und ablehnenden Haltungen waren ernüchternd und bezeichnend. Das sei zwar „jetzt eines der wirklich wichtigen Themen", es sei jedoch zu befürchten, dass es zu einem „Un-Thema" werde angesichts der wirtschaftlichen Entwicklung. Von anderer Seite hörte ich, dass man dieses Thema „wieder mal bringen könnte", da es schon lange nicht mehr im Programm gewesen sei, aber „ein großer Renner" werde das nicht. Zudem sei ganz wichtig, dass für den Leser unmittelbar etwas „herausspringen" müsse, Assoziationen zu „Askese oder Mühsal" seien nicht vorteilhaft.

Das Dilemma offenbarte sich: Wenn schon die „Wissensvermittler", speziell die, denen es auch um Inhalte geht, zum gedruckten Versuch einer individuellen Kehrtwendung, auch wenn sie vorerst nur im Geiste vollzogen werden soll, nicht bereit sind, wie soll sich dann beim „Wissenskonsument" etwas wenden?

Natürlich sind die Bedingungen des Erdenkens und des Schreibens auch im Buchhandel an die Bedingungen des Verkaufens geknüpft: was gekauft wird, wird produziert und was nicht gekauft wird, wird nicht produziert. Die Frage ist nur, ab wann darf und soll oder muss sogar von den „Gesetzen" des Existierens bzw. denen des Marktes abgewichen werden, um an den Stellschrauben der Weiterentwicklung zu drehen und notwendige Veränderungen zu befördern?

Muss der Begriff „Verzicht" unterm Deckel gehalten werden? Darf er nur verschämt und widerwillig, was seine Bedeutung schmälert, ins Gespräch gebracht werden? Ist er ein „Unwort", das es zu vermeiden gilt, weil es niemandem zuzumuten ist, weil es einfach nicht gut ankommt und die Empfänger der Botschaft dem Redenden nicht zuhören? „Verzichtsdebatten" werden in der Politik nur mit geringer Lautstärke geführt und wenn, dann wird blumige Sprache bevorzugt, die davon erzählt, dass nun „der Gürtel enger geschnallt" werden müsse und es „nicht so weitergehen" könne wie bisher. Letzteres gerät aber zurzeit wieder in den Hintergrund, da schon der geringste „Aufschwung" als Zeichen dafür gesehen wird, dass das „Wachstum wieder Fahrt aufnehme" und bald wieder alles beim beruhigenden Alten sei.

Die, die den Gürtel nicht enger geschnallt haben und ihn auch nie enger schnallen würden, fahren fort, ihn zu weiten und die anderen sind erleichtert und denken sich „geht doch!" Denen, denen ohnehin ein zu enger Gürtel das Leben schwer macht, wird allerdings zugemutet, ihn eng zu lassen oder sogar noch etwas enger zu schnallen.

Verzicht ist nicht sexy

Es geht hier um das Verzichten als *freiwillige Leistung* in einer Situation, in der durchaus Wahlmöglichkeiten bestehen. Verzichten soll als Denkungsart, als Konzept, als Option wieder ins Bewusstsein geholt werden. Das Prinzip ist jedem geläufig, jeder verzichtet immer wieder und auch gerne mal auf dieses und jenes. Sei es, um eine Lösung bei widerstreitenden Meinungen herzustellen, sei es, um jemand anderem einen Dienst zu erweisen oder sei es, um sich selbst Vorteile zu verschaffen. Die freiwillige und bewusste Unterlassung von etwas, das möglich und erreichbar wäre, besteht darin, einen Vorteil darin zu sehen, einen Vorteil nicht zu nutzen. Wobei jener Vorteil keinen unmittelbaren Inhalt zu haben braucht, während dieser meist naheliegender, konkreter Natur ist. Obwohl Verzicht einen asketischem Beigeschmack hat und in den Religionen eher als eine „Opferung" von etwas, denn als Lustgewinn tradiert wird, beinhaltet das Konzept Verzichten bei genauer Betrachtung „nur" eine Neugestaltung oder Präzisierung der individuellen oder kollektiven *Werte-Hierarchie*, in der sich manches ausschließt oder nicht kompatibel ist. Ein Ziel, ein „Gewinn" wird einem anderen Ziel, einem anderen „Gewinn" vorgezogen.

Im Grunde müssten Politik und Wirtschaft auch nach diesem Prinzip funktionieren und auf die anstehenden drängenden Probleme z. B. der

Ressourcenknappheit und Umweltverschmutzung, der Gewinnmaximierung und sozialen Ungerechtigkeit mit Forderungen und Vorgaben für eine Umorientierung mit neuen Zielsetzungen reagieren. Tun sie aber nicht oder nur zu wenig, denn „es gibt eine große Resistenz gegen Veränderungen. Das wohnt dem Menschen inne … Verzicht ist auch nicht sexy, das ist kein politisches Programm, mit dem man einen Blumentopf gewinnen könnte".

Langfristigere Ziele stünden im Widerspruch zum grundlegenden Drang des Menschen, aus einer Situation unmittelbar das Beste zu machen, sie voll für sich und allenfalls noch die Gruppenmitglieder auszuschöpfen und damit die Chancen für das „Weiterkommen" sofort zu verbessern: „Wir sind – da ähneln wir Ratten – von der Evolution darauf festgelegt, unsere Vorteile zu suchen und sie wahrzunehmen. Kurzfristige Erfolge sind uns daher lieber als langfristige."[1]

Verzichten ist für den Menschen einfach ein unsicheres Geschäft. Er hat etwas schon (fast) in den Händen, das er wieder hergeben soll in der eben nur vagen Erwartung, dass er dann anderes, vielleicht „Besseres", vielleicht auch „Weniger" in den Händen halten könnte. Das neue, das speziell Humane, das Evolutionäre ist, dass er sich dieses „Hergeben" als „Programm" einverleiben soll. Zum einen, um seine menschlichen Entwicklungsmöglichkeiten durch die neue „Freiheit" um ein Vielfaches zu erweitern, indem er sich vom sturen „Situationsoptimierer" zu einem in die Ferne und Weite blicken könnenden, flexiblen Strategen erweitert, der abwarten und seine Ziele neu definieren kann. Zum anderen ist Verzichten dringend notwendig, und damit kommen wir doch wieder zur Unfreiwilligkeit, um das Leben auf dem Planeten einigermaßen solidarisch und menschenwürdig für *alle* zu organisieren. Um mit den inneren Widerständen gegen das Verzichten, das immer ein ‚sich reduzieren' bedeutet, gut umgehen zu können, ist es nützlich, das Müssen genauso wie das *Wollen* als konstruktive Motivationshilfen einzusetzen.

Durch zu viel Verschwendung, zu viel Optimierung, zu viel unmittelbare Befriedigung hat der Mensch sich an den Scheideweg gebracht. Die Evolution „schreitet" so oder so unaufhaltsam voran. Auf Mutationen zu warten, die von selektiven Kräften sortiert werden, könnte lange dauern. Die Kultur zu ändern durch direkte Wirksamkeit und Tradierung von *neuen* Entscheidungen und *anderen* Verhaltensweisen geht entschieden schneller und lässt *jeden* teilhaben am Prozess der Veränderung.

Wem gehört die Welt?

Um auf etwas zu verzichten oder etwas zu reduzieren, muss natürlich erst einmal etwas da sein, auf das verzichtet bzw. das reduziert werden kann. Bevor der Mensch nichts besaß, nichts hatte, was er als seinen Besitz bezeichnen konnte oder wollte, hatte er auch kein Bewusstsein vom *Haben*. In den frühen Anschauungen von der Natur war der Mensch Teil derselben und fügte sich in ein für ihn unverständliches und daher „göttliches", aber Geborgenheit gewährendes „Treiben". In dem Maße, indem er sich von der Natur entfremdete durch seine Idee und Praxis der Unterwerfung derselben und sie aufteilte in Besitz – zuerst in Gemeinschaftsbesitz, dann in Privatbesitz – entwickelte sich das Prinzip „Haben" und mit ihm ein Gefühl für Haben, das ein Wollen generierte, aus dem das gierige Habenwollen entstand, mit dem wir es heute zu tun haben.

Wie unsinnig das „Haben" von Grund und Boden und damit von Natur für Erdbewohner anmutet, die im Einklang mit der Natur und ihrem Wirken leben, beschreibt ein Sprecher des Stammes der Igorot, die auf Betreiben der philippinischen Regierung von ihrem angestammten Boden wegen eines Kraftwerkbaus vertrieben werden sollten: „Die Regierung sagte, wir hätten keinen Anspruch auf das Land. Ich erklärte ihnen, der Anspruch käme von unseren Vorfahren. Darauf lachten sie und forderten uns auf, die entsprechenden Grundbucheinträge vorzuzeigen ... Was für eine Arroganz, von Eigentum an Boden zu sprechen, wo doch in Wahrheit WIR das Eigentum des Bodens sind. Land ist eine Gnade ..."[2]

Die Entwicklung ist nicht mehr umkehrbar und wir haben uns zum privaten Haben entschlossen. Besitzstreben ist der Motor von Entwicklung und Innovation. Die allgemeine Erklärung der Menschenrechte sichert das Recht auf Eigentum und in den zehn Geboten der jüdischen und christlichen Religion ist das Prinzip gleich mehrfach verankert: „Du sollst nicht stehlen!", „Du sollst nicht begehren deines Nächsten Haus!" und „Du sollst nicht begehren deines Nächsten Weib, Knecht, Magd, Vieh noch alles, was dein Nächster hat!"[3]

Die durch das Haben sich konstituierende Ökonomie wird von der christlichen Tradition gleichzeitig akzeptiert und verachtet. Sie machte „das Nichthaben zur Herzensangelegenheit und vergaß das Geldzählen doch nicht ganz, sie pflegte die Rhetorik vom ‚schnöden Mammon‘ und leistete doch Geburtshilfe bei der Entstehung des Steigerungsspiels und der Wachstumsökonomie. Diese Tradition der Unentschiedenheit kehrt in der zweifelnden Weise wieder, mit der der Westen das Haben kultiviert."[4]

Hast du was, dann bist du was

Besitz ist zu einem wichtigen Grundsatz menschlichen Selbstverständnisses geworden. Wir sind, was wir haben. Besitz verkörpert eine Art umfassendes, erweitertes Selbst und sei es nur durch dessen symbolische Bedeutung. Die symbolischen Funktionen der Dinge, die wir haben und besitzen, können verschiedene Bedeutungen bekommen: Selbstausdruck, Lebensrückblick, Statussymbol, soziale Zugehörigkeit, Veränderungshilfe oder Ansporn zur persönlichen Weiterentwicklung.[5] So können wir besser verstehen, wer wir sind, waren oder gerne sein mögen.

Die Verhaltensökonomie führt das Streben nach Besitz auf den *Besitztumeffekt* zurück, der davon ausgeht, dass wir Dinge allein deshalb schätzen, weil wir sie haben und weil sie uns gehören, unabhängig davon, ob sie für uns nützlich sind oder irgendeinen Wert darstellen. Als evolutionäre Wurzel wird ein Vermeidungsverhalten vermutet, eine Aversion gegen Verluste, die den Menschen dazu anhielt, das, was bereits in seinem Besitz hatte, auf keinen Fall wieder herzugeben. Diejenigen unserer frühen Vorfahren waren im Vorteil, die ihren Besitz stur in den Händen behielten, da es noch keine verbindlichen Möglichkeiten zu Vereinbarungen gab oder Wertvergleichssysteme wie etwa das Geld zur Verfügung standen, sodass man bei Geschäften leicht betrogen werden konnte.

„Die Tendenz, an Besitztümern zu hängen, ist offenbar seit Langem fest in unseren Gehirnen eingebrannt. In den unsicheren und kargen Urzeiten unserer Entwicklungsgeschichte mag das sinnvoll gewesen sein, doch heute führt es dazu, dass sich viele Menschen vor der immer größer werdenden Fülle in den Schränken überfordert fühlen."[6]

Die Schwierigkeiten, die entstehen, wenn wir versuchen, uns von unseren Dingen zu trennen, sind vielen bekannt. Sie – die Dinge ebenso wie die Schwierigkeiten – machen eben einen Teil unserer Identität aus, ob uns das bewusst ist oder nicht. Wir müssen uns neben der praktischen auch der symbolischen Bedeutung unseres Besitzes *bewusst* werden. Erst dann können wir die zum Teil tief verwurzelten Verankerungen lösen und gezielt *das* auswählen, was wir weiterhin haben *wollen*. Dadurch können wir aus dem getriebenen Habenwollen ein bewusstes Behalten und Nutzen wollen machen. Zu einem bewussten Haben gehört ein bewusstes Loslassen von schmückendem Beiwerk und geschichtlichen Aufladungen, die ihren Sinn verloren haben. Das erst ermöglicht, die Bedeutungsgeschichte eines Gegenstandes in seiner gesamten Dynamik zu erkennen, um dann das Wesentliche vom Unwesentlichen zu trennen.

Alles, was wir um uns herum angesammelt haben, ist ein Stück Autobiografie, eine Lebens-Sammlung, die nach unserem Tode zerpflückt und aufgelöst wird. Das könnte uns egal sein. Wir können diese Auflösung ab einem bestimmten Alter oder wenn uns die „Sammlungen" zu erdrücken drohen, keinen „Platz" für Neues mehr lassen und uns mehr belasten als stabilisieren, *selbst* betreiben. Abgesehen davon, dass wir dann einiges gezielt und erzählend weitergeben können in einem generativen Akt, können wir unsere „Auflösung" für unsere persönliche Reifung nutzen. Wir können uns vom Materiellen, Symbolischen zum Geistigen, Spirituellen *weiter* bewegen. Besitz soll dann weniger eine Rolle spielen: wir sind nicht mehr, was wir haben oder gaben, sondern das, was übrig bleibt: *Wir sind, was wir sind.*

Das Wort „Habseligkeiten", das immer etwas Ärmliches, Ruiniertes auszudrücken schien, bekommt dann seine sprachgewaltige Bedeutung zurück. Wir beschränken uns in unserem Haben auf die Dinge, die uns „selig" machen.

Geld ist alles und alles ist Geld

Ausdruck von Besitztum ist in der Welt das Geld, ohne das Spezialisierung und Handel zwischen Menschen und Gruppen nicht möglich ist. Um Produkte und Dienstleistungen tauschbar, d. h. vergleichbar zu machen, dient das Geld als relativierende Maßzahl. Geld an sich ist wertlos, es bekommt erst einen Wert, wenn die Menschen es ausgeben. Sie *glauben*, es habe einen Wert, wenn sie es benutzen. Bröckelt der Glaube, dann verliert auch das Geld seinen Wert, denn die vom Geld repräsentierten Waren und Dienste erhalten ihren bezifferbaren Wert ja erst durch das Geld. Ansonsten wären uns ein Hemd oder eine Wohnung, eine Reparatur oder ein Arztbesuch nur so viel wert, wie wir in unserem *persönlichen* Abwägen beschließen, dass es uns wert ist.

Geld hat aber das bekannte Eigenleben entwickelt und ist zusätzlich zu seiner Funktion als Tauschmittel ein Wertaufbewahrungs- und ein Wertvermehrungsmittel geworden. Mit der Folge, dass sich das eigene System „Finanzwirtschaft" entwickelt hat, in dem das Geld seiner „Repräsentationspflichten" entledigt ist und durch Scheinaktivitäten und fiktive „Werte" munter das reale Leben von Waren und Dienstleistungen durcheinanderbringt.

Aus der vermittelnden und *dienenden* Funktion ist die nur auf sich selbst gerichtete Herrschaft des Geldes mit einem undurchsichtigen Netzwerk von „Finanztiteln" und Geheimnissen geworden zum Nutzen einiger Weniger.

„Money, it's a crime. / Share it fairly but don't take a slice of my pie. / Money, so they say / is the root of all evil today / But if you ask for a raise it's no surprise that they're / giving none away."[7]

Der Begriff „Schulden" wurde komplett umcodiert. Statt sich ihrer zu schämen, wurden sie ein Desiderata: Konsumieren ohne Ende heißt die Devise und sich dabei verschulden, auch ohne Ende und ohne an morgen zu denken. Es wurden Ketten von Schuldverschreibungen und andere nebulöse Finanzprodukte gebastelt, die um sich selbst kreisten. Das eine „Produkt" sollte für das andere stehen und es „absichern". Diese „Produkte" verweisen nicht auf Reales, sondern immer wieder nur auf andere und wieder auf andere Konstrukte. „Alles wird zum Zeichen, und hinter jedem Zeichen lauern wieder bloß weitere Zeichen und hinter all diesen Zeichen und Codes und Simulakren: das große, weite Nichts."[8]

Dieser Markt des Scheins, in dem es nicht um reale Dinge und realen Handeln geht, sondern nur um Ketten von auf sich selbst verweisenden Zeichen, sogenannten „Signifikantenketten", scheint unendlich groß zu sein, niemand weiß, wie groß er wirklich ist. „Auf das Zehnfache des weltweiten Wirtschaftsoutputs von 66 Billionen Dollar wird er geschätzt."

Es wurde die Illusion geweckt und mit allen Mitteln am Leben gehalten, dass in der schönen neuen Welt nicht mehr wir, sondern nur noch das Geld „arbeiten" muss. Schulden wurden in Umlaufbahnen geschossen, so hatte man „lange Zeit wirklich das Gefühl, die Geschäfte würden wie Satelliten die Erde umkreisen und ihr einziger Bezugspunkt zur Welt wäre das jährliche Abliefern fantastischer Gewinne." Der Wahn ging so weit, dass die Banker und in deren Gefolge und durch deren Beratung wir mit ihnen glaubten, „die Simulation hätte die Realität zum Verschwinden gebracht, das Virtuelle das Reale ein für allemal besiegt."[9] Geld hat aber noch eine weitere wichtige Funktion in der Welt des Habens bekommen. Ohne Geld geht gar nichts mehr. Wir sind komplett abhängig geworden vom Kontostand. Ist er positiv, sind wir beruhigt, aber wir wissen, vor allem in Krisenzeiten, wie schnell sich das ändern kann. „Geld ist eine Eintrittskarte; es errichtet eine Marktzutrittsschranke. Nur mit Geld kann man den Markt betreten. Da wir den ganzen Globus mit wenigen Ausnahmen nur über Geldverkehr organisieren, entsteht daraus notwendig immer wieder neu und verstärkt das Streben, Geld zu erlangen ... Wir haben ständig Angst um unser Geld. Wie umgeht man diese Unsicherheit? Durch Streben nach noch mehr Geld, durch Geldgier. Denn wenn ich noch mehr habe, dann fühle ich mich vielleicht ein wenig sicherer."[10]

Die Macht der Geldherrschaft stützen und befördern nicht nur die „bösen" Spekulanten, sondern jeder trägt das Prinzip Geldvermehrung ein Stück weit in sich und ist irgendwie auf der Suche nach Möglichkeiten, aus dem wertlosen Tauschmittel einen Gewinn zu ziehen. Dafür gibt es das schöne Wort „Gewinnmitnahme", das die Assoziation weckt, man könne mehr Geld mal so nebenbei ohne Schweiß und Risiko mitnehmen. Die Leichtigkeit des spekulativen Seins formuliert sich ihrem fragwürdigen Schein. Das monetäre Habenwollen hat sich im Menschen ausgebreitet und wirkt in illusionären Welten mit illusionären Werten. Der Kontakt zur Realität und das ist immer noch die Natur, droht verloren zu gehen: „Wir berechnen die Natur aber nur noch, und alles andere, was nicht in einer Gleichung steht, interessiert uns gar nicht und fliegt uns dann als ökologische Katastrophe wieder um die Ohren. Diese rechnende Haltung – ich nenne es ‚das rechnende Subjekt der Moderne' – entstammt dem Geldverkehr. Daran erkennt man, weshalb das Geld uns so nahe, Teil unserer seelischen Struktur geworden ist."[11]

Konsum oder Kapital

Geld ist im Spiel des Lebens ein Joker, den wir einsetzen können, wann wir wollen und wie wir wollen. Vorausgesetzt, wir haben die dringendsten Anforderungen für die Existenz gesichert, die Pflichtaufgaben erfüllt und verfügen immer noch über einige Jokerkarten, d. h. wir haben das „Habenmüssen" hinter uns gelassen, dann haben wir die Wahl zwischen Konsum und Kapitalismus. Entscheiden wir uns für Letzteren, lassen wir das Geld sich selbst vermehren und vermehren damit unsere Jokerkarten. Wir geben das Geld nicht aus, sondern erhöhen das Kapital, die potenzielle Kaufkraft. Wir steigern unsere Wahlmöglichkeiten, belassen es aber vorerst bei der Fantasie. Über je mehr Geld wir verfügen, desto mehr können wir unsere Fantasie spielen lassen.

Die Konsumwirtschaft konkurriert mit der Kapitalwirtschaft. Letztere will unser Geld und suggeriert uns deswegen dessen Vermehrung, die im Übrigen „sicher", „spielend", „wie von selbst" ablaufe, und beflügelt unsere Fantasie für ein späteres großes „Habenkönnen". Erstere will auch unser Geld, aber sie will es sofort. Sie befördert naturgemäß eher ein „Habenwollen", indem sie uns systematisch und massiv zum möglichst baldigen Ausgeben des Geldes zu überreden versucht. Die Konsumwirtschaft, die auch gegen das Motiv des Sparens, z. B. für schlechtere Zeiten oder aus Fürsorge für andere, ankämpfen muss, hat als Gegenleistung nur *ein* „Ding" zu bieten, das gebraucht oder verbraucht wird, das seinen Zauber nach dem Kaufakt verloren oder dessen Wert sich mode- oder marktbedingt verringert hat.

„Es braucht also nicht zu verwundern, dass eine kapitalistische Mentalität in einer Wohlstandsgesellschaft die Oberhand gewinnt: Sobald die Menschen ihr Geld nicht mehr benötigen, um primäre und sekundäre Bedürfnisse zu stillen, behalten sie es lieber und geben sich den Phantasien hin, die es ermöglicht. Die Vorstellung über noch mehr Geld zu verfügen, steigert ihre Phantasien weiter, und daher werden sie aus Konsumenten zu Kapitalisten."[12]

Im Konkurrenzkampf um unser Geld werden alle Register gezogen, um über Verlockungen das Geld locker zu machen und uns das Habenwollen tief zu implantieren. Die Schichten, die in uns angesprochen werden, können gar nicht tief genug sein. Ziel ist ein mehr oder weniger unüberlegtes spontanes Kauf- bzw. Vertragsverhalten, dessen Dyna-

mik uns nicht unbedingt bewusst sein muss und es auch gar nicht sein
soll. Welche Symbolik auch immer zum Zuge kommen mag, welches
Defizit auch immer ausgeglichen werden soll und welche Emotion
auch immer uns verleiten soll, es geht beim Konsum darum, dass wir
etwas kaufen, egal ob wir es brauchen oder nicht, egal ob der Kauf vernünftig ist und egal, ob das vermeintliche Objekt der Begierde auch
morgen noch einen erfüllenden Sinn hat. Die Mechanik der Bedarfsweckung läuft so geschmiert, dass die Wünsche meist größer sind als
die Möglichkeiten. Eine ideale Lösung dafür sind Konsumkredite:
„Deutschland wünscht sich was. Starten Sie durch zum Ziel Ihrer
Wünsche. Geben Sie Ihren Träumen Vorfahrt – entspannt und sorgen-
frei. Erleben Sie neue Freiräume – mit dem db PrivatKredit."[13]

Nicht nur wird da leicht und gläubig die sofortige Wunschbefriedi-
gung bedient, es werden gleichzeitig noch die Interessen des geldgieri-
gen Kapitals berücksichtigt durch die unnachgiebige Bindung an den
Zins. Dass dessen Summierung zum Kaufpreis des jeweiligen Konsums
hinzugezählt werden muss und jener dann in keinem Verhältnis mehr
zu diesem steht, wollen die Käufer nicht wahrhaben. Was sie sich durch
den Kredit kaufen, ist nicht das Objekt, sondern das „sofort": „Ihr privater Kredit ist so schnell wie das Objekt Ihrer Begierde."[14]

Da das Objekt in den allermeisten Fällen einfach verbraucht wird und
also nicht wieder in den um den Zins vermehrten Kaufpreis zurückverwan-
delt werden kann, droht, wenn sich das Einkommen nicht entsprechend
vermehrt, unweigerlich das Schuldenloch mit seinen Konsequenzen.

„Der spontane Wunsch, ein gesehenes Spielzeug sofort besitzen zu
wollen, entspricht kindlichem Wesen ... Zur charakterlichen Reifung
gehören Selbstbeherrschung, Gewöhnung and das Aufschieben von Bedürfnissen und die Fähigkeit, Belohnung oder auch Erfolge – als Ergebnis längeren Bemühens – abwarten zu können."[15]

Eine andere Methode, Kapital- und Konsuminteressen zu verbinden,
ist das Schnäppchenangebot. Wer bei einem Schnäppchen zuschlägt,
wähnt sich in zweifacher Hinsicht im Vorteil: Er erwirbt „sein" Ding
„viel billiger" und er spart gleichzeitig, weil er meint, einen Teil des
„eigentlichen" Kaufpreises eingespart zu haben. Der „Wahn" besteht darin, dass der verführte Käufer wegen des ach so billigen Kaufpreises
glaubt, er brauche das Ding unbedingt, und dass das „billiger" wirklich
billiger sei. Es fehlt ihm das Wissen zur quantitativen und qualitativen

Relation. So wird Konsum als scheinbar „vernünftige" Entscheidung zu einem unbemerkten „Kaufzwang".

Eine Gesellschaft im Kaufrausch

Der tatsächliche Güterbedarf wird zu wenig reflektiert, er wird von vielen schlicht vorausgesetzt. Materielle Werte werden häufig an die Stelle von immateriellen gesetzt. Wird die Stellvertreterfunktion des Materiellen, die im Akt des Kaufens ihre Erfüllung findet, übermächtig, so droht die Gefahr, dass Kaufen zur Sucht wird. Spätestens dann hat der Konsum das Kapital wie in den Urzeiten aus dem Feld geschlagen und der Trieb zum schnellen Verzehr verdrängt die Vorratshaltung. Der Jäger dominiert den Sammler. Bei der Kaufsucht geht es nicht primär um den Besitz oder Verbrauch von Gütern, sondern das Kaufen selbst verschafft die Befriedigung. Es dient stellvertretend und auf süchtig machende Art der Selbstbestätigung, der emotionalen Unterstützung, der Bestärkung der Identität, dem Schutz vor innerer Leere, der Trostfindung und als Belohnung. „Grundlage ist meist eine unerfüllte Sehnsucht nach Liebe, Anerkennung, Zuneigung, Respekt und Beachtung."[16]

Kaufsucht ist anderen Süchten ähnlich und wird wie diese beschrieben durch Abhängigkeit und Verlust der Selbstkontrolle, eine Tendenz zur Dosissteigerung und Entzugserscheinung. In einem Punkt unterscheidet sie sich wesentlich: Im Gegensatz zu anderen Süchten, die meist sozial geächtet sind, ist überhöhtes und kompensatorisches Kaufen gesellschaftlich erwünscht. Die Kaufsüchtigen sind „gefangen in einem ‚kulturspezifischen Verhaltensexzess', an dem immer mehr und immer jüngere Menschen beteiligt sind. Menschen, die immer mehr konsumieren, um zu kompensieren. Eine Gesellschaft im Kaufrausch … Man müsse das Problem als ‚Krankheit unserer Zeit' begreifen; eine, die ‚die wir selber erschaffen haben'. Weil Ware immer und überall verfügbar sei, ob bargeldlos oder auf Pump; weil Ware einen ‚absurden Symbolwert' erlangt habe."[17]

Bei einer anderen Form des „zwanghaften" Habenwollens, der Gier, scheint wieder der Sammler in uns die Nase vorn zu haben. Dem gierigen Zusammenraffen von materiellen Werten wird keine pathologische Qualität zugesprochen, aber es ist als überdauernder und grundlegender menschlicher „Charakterzug" weit verbreitet und bestimmt das

Denken, Fühlen und Handeln auf unangenehme Weise. Gier ist nicht nur eine Krankheit unserer Zeit, sie ist auch ein Motor des Vermehrens. Ergibt das mit Blick auf frühzeitliche Entwicklungen und das Erfahren von immer wiederkehrenden Notzeiten, in denen es um den Erhalt der Existenz ging, noch einen evolutionären Sinn, so ist die Raffgier früherer und heutiger „Herrschender" und „Besitzender" völlig losgelöst von irgendeinem individuellen oder kollektiven Nutzen. Das Raffen ist zu einem Selbstzweck mutiert, der sich als Habsucht und Habgier ausdrückt, nur seiner selbst genügen will und anderen Menschen bis zur Existenzbedrohung Schaden zufügt.

Gier kennt keinen Genuss

Das geht weit über einen motivierten Kaufrausch hinaus und hat nichts mehr mit dem natürlichen Begehren von etwas zu tun. Einen starken Wunsch können wir uns (vielleicht) erfüllen oder zumindest darauf hin arbeiten. Gier aber ist der permanente Drang nach rücksichtsloser Wunscherfüllung, bei der es nicht mehr um den Inhalt des Wunsches geht, sondern um seine mögliche Erfüllung. Auf fast ideale Weise erfüllt Geld diese Begierde, da es keine Wünsche offen lässt und potenziell beliebig einsetzbar ist.

Das „Begehren" oder „Habenwollen" ist zu unterscheiden von dem „Genießen" oder „Mögen". Beide Antriebe können unterschiedlichen Gehirnmechanismen zugeordnet werden. Jenes ist ein lebensimmanentes Programm, das im Grunde nur durch Willenskraft unterdrückt oder moderiert werden kann. Dieses ist ein längerfristig wirkender Glücksmechanismus, dem wir unbedingt eine Chance geben sollten. Beide Mechanismen bzw. Verhaltensweisen dienen dem Streben nach Glück: „Die Dinge, die man unbedingt haben will, sind nicht dieselben Dinge, die man auf lange Sicht gerne hat. Das Habenwollen, das Begehren ist unersättlich. Eine Droge wie Nikotin beispielsweise produziert Gier, aber eigentlich nur wenig Lust. Und dann gibt es die Dinge, die wir wirklich mögen und genießen und deren Wirkung sich nicht so schnell abnutzt – gute Freunde haben, die Schönheiten der Natur genießen, spirituelle Erfahrungen."[18]

Bei vielen Menschen dominiert die Gier. Das erzeugt Parallelwelten der unterschiedlichen Arten, in denen Dinge, Symbole und Werte angehäuft werden, die einen eigenen moralischen Kosmos begründen können und auf das Selbstverständnis der Gierigen genauso, wie auf das der „Genügsamen" zurückwirken.

„Die Reichen werden nicht bloß reicher; sie werden finanziell Ausländer, schaffen ihren eigenen Staat im Staate, ihre eigene Gesellschaft in der Gesellschaft, ihre Wirtschaft innerhalb der Wirtschaft. Sie haben Richistan gegründet." In Amerika besäße das reichste Prozent der Amerikaner mehr Vermögen als die unteren 90 Prozent der Bevölkerung.[19] Manche sehen in der Gier einen gewissen ordnungspolitischen Sinn. Sie wollen den einzelnen gierigen Menschen nicht verurteilen, weil sie im System der Gier einen Nutzen erblicken, ein Gleichgewicht des Schreckens.: „Wenn ich die Augen schließe und träume, träume ich nicht von einer Welt ohne Gier. Ich träume von einer Welt, in der die Gier der einen die Gier der anderen in Schach hält."[20]

Ohne Kontrolle ist der Gier wohl nicht beizukommen, das lehren die Vorkommnisse in der Finanzwirtschaft, in der ein unkontrolliertes Ausleben durch unkontrollierte Verflechtungen und Konstruktionen allzu leicht gemacht wurden: „Der Freiraum für die Banken und Fonds wuchs, Gier fraß Verantwortung. Die Geldmaschine lief heiß und explodierte. Doch irgendwann brauchen die Staaten den Mut, die Finanzwirtschaft neu zu regeln. Und irgendwann, das ist jetzt!"[21]

Doch die Regeln werden nichts nützen, solange der Mensch nicht seine gierigen Anteile domestiziert und sich klar macht, dass sein gieriges mehr Wollen immer ein weniger Haben bei anderen verursacht: „Letztlich kommt es auf jeden Einzelnen an. Es hängt vom individuellen Sinn für moralische Verantwortung, für Selbstdisziplin für Werte ab . . . Die Veränderung muss bei jedem einzelnen Menschen und Unternehmen beginnen. Und das hängt davon ab, welche Anstrengung wir in unserem Bildungssystem unternehmen. Es geht um Bildung vom Kindergarten an, nicht um ein paar Wochen Diskussion."[22]

Der Überfluss der Optionen

Erziehung und Bildung sind umso wichtiger, je mehr Einfluss andere äußere Instanzen im Leben spielen. Dabei geht es nicht nur um das gedruckte Wort oder das bewegte Bild und auch nicht nur um die digitalen Information in allen ihren Spielarten, sondern es geht um die Warenwelt, die alle Formen der Beeinflussung in sich vereint und durch sich selbst wirkt und manipuliert. Im Grunde feiern wir das ganze Jahr Weihnachten, wobei das Weihnachten des Wünschens und Schenkens gemeint ist, nicht das der Einkehr und der Besinnung. Es gibt alles, immer und überall und wir werden mit allen Mitteln, immer und überall verlockt, in diese Warenwelt einzutauchen. Ihre Existenz wird uns als etwas Selbstverständliches suggeriert. Weder bräuchten wir uns Gedanken machen über ihr Vorhandensein, noch über ihre Notwendigkeit, noch über ihr Zustandekommen. So wie es Sonne und Mond gibt, strahlen die Sterne des Käuflichen auf uns nieder und wir sollen nur zugreifen. Wenn gar keine Bedürfnisse mehr vorhanden zu sein scheinen, werden welche erfunden. Bedarfsweckung ist ein tragendes Element des Marktmechanismus: „Für alle, die zwar den Kühlschrank voll, aber den Kopf leer haben, hat Brigitte.de was ganz Besonderes ... und der Inhalt des Kühlschranks macht wieder Sinn." Was diese Werbung besonders zynisch macht, ist ihre Überschrift: „Hunger – aber keine Idee?"[23] Besser lässt sich die Absurdität des Überflusses und dessen Ignoranz und Arroganz nicht auf den Punkt bringen. Manche Köpfe dieser Welt scheinen ziemlich leer und ohne Sinn zu sein.

Sich der Waren-Optionen, zu denen sich noch solche der Dienstleistungen gesellen, zu erwehren, ist die eigentliche Aufgabe und Herausforderung, der wir uns stellen müssen. Wenn wir nicht aufpassen, werden wir wie der Tanzbär am Nasenring, an langer Leine zwar, aber dennoch durch die Manege einer bunten Welt gezerrt. Wir begreifen deren Funktionieren nicht, sollen deren Produkte aber ergreifen.

„Muss ich immer alles müssen was ich kann / eine Hand in den Sternen / die andre am Hintern vom Vordermann / Das ist das Land der begrenzten Unmöglichkeiten / ... Wir können alles schaffen genau wie die toll'n / dressierten Affen wir müssen nur wollen / wir müssen nur wollen / wir müssen nur wollen."[24]

Die Optionsvielfalt, die längst ein Optionsüberfluss geworden ist, macht uns zu schaffen. Der naturgegebene Gegenpol, der Überdruss, stellt sich nur zögerlich ein. Das ist auch schwer angesichts des Bombardements der Selbstverständlichkeiten, die uns das Habenwollen von allem und jedem als etwas Naturgegebenes unterschieben: „Alles was ich will – immer wieder neu" (Viking Direkt), „Wann Du willst. Wo Du willst." (Nutella), „Du willst es. Du kriegst es." (Congstar), „Haben wollen Woche" (Ikea).

Es ist nur konsequent, für solche Illusionen eine weitere zu fordern, wie Die Linke im Bundestagswahlkampf 2009: „Reichtum für alle". Der Slogan hat immerhin das Zeug zu einer machtvollen Utopie.

Vom Mangel der Bedürfnisse

Wir wissen, dass trotz allen Überflusses, den wir als gegeben hinnehmen, künstliche Knappheiten hergestellt werden, die als Motor unserer Bedürftigkeit und unseres Begehrens dienen sollen. Beispielhaft raffiniert funktioniert die Erschaffung eines künstlichen Mangels durch die doppelte Verknappung, wenn die Ware zum Kunstwerk stilisiert wird. „Limited Editions" kommen der Aura von exquisiter Kunst durch exquisite Preise ziemlich nahe und ihre Stückzahl ist meist tatsächlich begrenzt. Ihr Besitz ist etwas Besonderes, das den Besitzer von der „breiten Masse" abhebt und ihm ein exklusives und besseres Leben verspricht. Das „elegante Extra" erhöht den Besitzenden genauso wie das „luxuriöse Unikat", auch wenn sich dahinter noch so Profanes verbirgt. In der so erzeugten Konsumkultur spielen mythologische Anklänge und symbolische Befrachtungen eine besondere Rolle. Die Uhr ist dann nicht einfach ein handlicher Zeitmesser, sondern entrückter Ausdruck komplexer Ewigkeiten. Kaufhäuser mutieren zu ästhetisierten Konsumtempeln.

Psychologisch betrachtet, entspringen alle Verformungen und Überhöhungen der Dinge des Tages „dem Wunsch einer doppelten Erlösung, nämlich danach, dass das Individuum seine Beschränktheit hinter sich lässt, weil es Dinge besitzt, die ihm die Überwindung des Endlichen bereits vorgemacht haben." Hinzu kommt die Perfektionerung einer hochentwickelten Konsumgesellschaft, in der „die Menschen ein Habenwollen kultivieren, das in einer jokerhaften ‚Zweckmäßigkeit ohne Zweck' aufgeht."[25]

Mit der künstlichen ökonomischen Verknappung geht eine ebensolche psychologische einher, die uns suggeriert, dass es eine Knappheit in unserer Person gäbe. Unserer Persönlichkeit mangele es an etwas. Die Botschaften lauten: „Nichts ist gut genug für Dich" und „Du irrst, wenn Du glaubst, Du hast schon alles". Das Glück sei immer woanders, auf jeden Fall nicht da, wo Du bist. Daraus resultiert eines der Grundgefühle unserer Zeit: die Angst, etwas zu versäumen: „Ich kriege

nie genug vom Leben / Ich kriege nie genug / Da geht noch mehr / Ich will alles auf einmal und nichts nur so halb / Nicht nur warten bis etwas passiert / Ich kriege nie genug / Ich kriege nie genug."[26]
Diese spezielle innere, aus der eingeredeten Unvollkommenheit resultierende und in Versäumnisangst mündende Unzufriedenheit weckt Bedürfnisse und die sollen wir uns erfüllen. Die Bedarfsdeckung ist so angelegt, dass sie uns trotzdem mit einem Gefühl des Mangels zurücklässt, weil nicht die grundlegenden, die „wahren" menschlichen Bedürfnisse befriedigt werden. So erwächst fast unbemerkt aus dem materiellen Überfluss eine zunehmende menschliche Knappheit in uns. Ganz abgesehen von der konkreten materiellen Knappheit, die unser Überfluss in anderen Regionen der Welt erzeugt.
„Und die bloße Tatsache, dass sie (die Bedürfnisse; Anm. d. Verf.) sich als Bedürfnisse zu Wort melden, zeigt an, dass das, worauf sie sich richten, nicht zur Verfügung steht, sondern knapp gehalten, ‚rationiert' wird. Die Knappheit macht buchstäblich vor keiner menschlichen Lebensäußerung halt. Knapp können nicht nur dingliche Gegenstände sein, sondern auch Tunsmöglichkeiten, Denkmöglichkeiten, Sehnsüchte, Empfindungen, Wahrnehmungen, Fähigkeiten, Krankheit, Gesundheit, Bildung, Freundschaft, Glaube, Vertrauen. Wer in Wohnungen abgestellt wird, die so betonfertig sind, dass man nicht einmal mehr einen Nagel in die Wand schlagen kann, kann nicht mehr aktiv wohnen, sondern nur noch seine Unterbringung konsumieren (...), wer bis zum Stehkragen mit fertigen Sätzen über den Lauf der Welt abgefüllt wird, der wird in seinen Denkmöglichkeiten beschnitten, wer ‚anspruchsberechtigt' ist, dem geht die Sehnsucht aus, wer zugedröhnt wird mit dem Lärm und Geschwätz der Welt, der wird der Empfindung bedürftig …"[27]
Überfluss, Knappheit und Bedürfnisse stehen in einem permanenten Wechselspiel und beeinflussen sich gegenseitig. Das Spiel mit den Bedürfnissen ist ein sehr subtiles, muss es sich doch in seinen Regeln und Konsequenzen an dem orientieren, an dem ein Mangel herrscht. Eine Übereinkunft über seine Bemessung gibt es nicht. Er wird variabel gehalten. Was als Mangel definiert werden soll, ist unklar und wird höchst unterschiedlich bewertet, wie etwa an der derzeitigen Diskussion um die Hartz-IV-Sätze abzulesen ist. Die persönliche innere Wahrnehmung eines Mangels ist etwas anderes als dessen objektive äußere Festschreibung.

Was ihr wollt!

Es stellt sich die Frage, welche Art Leben wir leben wollen. Sind wir wirklich nur der arme Nasenbär oder sind wir auch der Befehle gebende Dompteur, der die Bewegungsfreiheit einschränkt? Sind wir nicht auch der mächtige Zirkusdirektor und das zahlende Publikum, die beide ihre Erwartungen haben? Es wäre zu einfach, uns in diesem Spiel nur eine Rolle zubilligen zu wollen. Wir sind nicht nur Opfer eines bösen Systems, das uns ausnutzt. Das System funktioniert so gut, weil wir in unseren kleinen und kleinsten Untersystemen gut funktionieren. Trotz aller Systematik: Es gibt Möglichkeiten aus dem starren, überdrehten Habenwollen mit seinen ins Unendliche greifenden Exzessen auszusteigen.

Wie immer bei wirklichen Änderungsbemühungen ist der erste Schritt, sich seines Denkens, Fühlens und Handeln bewusst zu werden. Dazu ist es nötig, im rasanten Alltagsleben ab und an inne zu halten und sich zu fragen: „Was mache ich da gerade?" und „was ist das Ziel meines Tuns?" Danach frage ich mich: „Ist das, was ich gerade tue, der richtige Weg zu meinem Ziel?" „Verbirgt sich hinter meinem Ziel vielleicht ein Bedürfnis, das ich auch ganz anders befriedigen könnte?"

Die unbegrenzten Wahlmöglichkeiten, die wir als Errungenschaft gefeiert haben, sind in Wahrheit Ursache eines echten Leidens geworden. Neben den Schwierigkeiten, sich in den unübersichtlichen Angeboten der Welt zurechtzufinden und befriedigende Entscheidungsfindungsprozesse durchführen zu können, hat auch die Art und Weise, wie wir mit den daraus resultierenden Enttäuschungen umgehen, einen Einfluss auf unser Wohlbefinden bzw. auf denkbares Leid.

Die „geregelten" und „sicheren" Lebensverhältnisse verleiten uns zu der Annahme, wir hätten ein ziemliches Ausmaß an Kontrolle über das Leben und seien weitgehend autonom handelnde Wesen. Wir neigen dazu, daraus den Schluss zu ziehen, dass wir für Enttäuschungen und negative Folgen unserer Entscheidungen selbst verantwortlich seien. Bei soviel „Welt" aber, sind wir schlicht überfordert und können ihr nicht mehr oder nur schwer sinnvoll und im Einklang mit uns selbst begegnen. Gerade die Orientierungslosigkeit in dieser Welt, in der wir von uns eigentlich erwarten, sie kontrollieren zu können, führt uns dazu, dass es für uns „in einer Welt, die unbegrenzte Wahlmöglichkeiten bietet, viel einfacher (ist), sich für enttäuschende Ergebnisse selbst die Schuld zu geben, als in einer Welt mit begrenzten Optionen."[28] Die Erwartungen, die wir an uns selbst stellen, sind ein Schlüssel zum Verständnis unseres Umganges mit den „unbegrenzten Möglichkeiten". Wir erwarten Vollkommenheit von den Dingen und auch von uns selbst. Wir erhöhen uns selbst und predigen den Individualismus in seinen vielfältigen Verwirklichungen, aber auch als Prinzip an sich. Wir betonen die Wahlfreiheit und die Vervielfältigung der Wahlmöglichkeiten. Nur das Beste ist gut genug und oft ist genug immer noch nicht genug. Wir befassen uns immer mehr mit unserem Wohlergehen, ohne mit unserem Selbst in Berührung zu kommen. Dabei vergessen wir die anderen und unsere sozialen Bindungen und Verpflichtungen.

„Man selbst zu sein und über das eigene ‚Selbst' zu bestimmen steht in einem natürlichen Spannungsverhältnis zu starken Bindungen an soziale Gruppen. Größeres soziales Engagement verlangt die Unterordnung des Selbst. Daher werden unsere Bindungen an andere umso schwächer, je mehr wir uns auf uns selbst konzentrieren."[29]

Wir mögen für die „richtigen" Entscheidungen in der von uns geschaffenen Welt überfordert sein. Die Verantwortung für unsere kleine Welt und die Mitverantwortung für die große Welt, so wie wir sie geschaffen haben, behalten wir dennoch, denn wir können versuchen, Entscheidungen in die Wege zu leiten, die beide Welten anders gestalten, sodass wir ihr nicht mehr hilflos gegenüberstehen müssen.

Wann werden wir erwachsen?

Wie frei unser Wille wirklich ist, kann hier nicht geklärt werden. Wichtig ist, dass wir, subjektiv gesehen, uns die Möglichkeit verschaffen und diese auch als eine solche empfinden, Freiraum für Wahlmöglichkeiten und Entscheidungen zu haben, unabhängig von möglichen Determinanten, die uns schon vorher bestimmt haben, die uns aber nicht bewusst waren. Der Mensch war so „konstruiert", dass er auf eine Reizsituation unmittelbar reagierte. Im Laufe der Evolution ging es – und geht es immer noch – um die Abkoppelung von dieser Reizsituation und der aktuellen Bedürfnislage. Dadurch ergeben sich mehr Flexibilität und mehr Freiheitsgrade in der Verhaltensselektion. Voraussetzung dafür waren und sind die sich erweiternden kognitiven Möglichkeiten, vor allem Antizipations- und Selbstkontrollfähigkeit. Man kann also sagen, der Wille wurde „freier" bzw. er wurde überhaupt zu einem Faktor. Wir sind im Unterschied zu früheren evolutionären Phasen in der Lage, langfristige Ziele kurzfristigen vorzuziehen. Wir sind nicht mehr darauf festgelegt, eine Situation sofort nutzen zu müssen.

Es wäre schade, wenn wir den evolutionären Fortschritt, der uns Freiheitsgrade im Handeln bescherte, mit der schon zwanghaft anmutenden Gewohnheit des Habenwollens verstellten und dadurch nicht ausreichend nutzen würden.

Wir sind ein bisschen wie Kinder, die nicht erwachsen werden wollen, obgleich sie jetzt in dem Alter sind, in dem sie sich reifer verhalten müssten. Den Aufschub von Bedürfnissen, das Teilen von Nahrung und Besitz sowie die Entwicklung eines sozialen Verhaltens sollten wir gelernt haben. Aber genau davor fürchten wir uns ja: Lieber verherrlichen wir die ewige Jugend, leben in den Tag hinein und nehmen Verantwortung nicht an.

Was zu einer Haltung des Verzichten-Könnens fehlt, ist ein starkes kontrolliertes Wollen, der Antrieb für und die Einsicht in die Notwendigkeit moralischen Handelns sowie die Einbettung des Konzeptes „Verzichten" in das Finden eines Sinns. Dass das gar nicht so einfach ist, davon berichtet die Neuroökonomik, auf deren Wissen fatalerweise die Waren- und Werbeindustrie zurückgreift bzw. es durch teuere Studien selbst erzeugt. Die zentrale Erkenntnis lautet: „Konsumenten bevorzugen, was im Gehirn starke Emotionen auslöst". Diese, auf deren „Herstellung" sich die Werbung meisterhaft versteht, wirken wie Belohnungen, auf die sich das Gehirn einstelle und positiv mit Vorfreude auf das zu erwartende Lustgefühl reagiere: „Das wirkt als starker Antrieb. Und dieses Prinzip funktioniert auch beim Konsum. Denn die für positive Emotionen zuständigen Neuronen werden auch im Umgang mit Geld und Waren aktiv."[30]

Die Frage, die sich stellt, lautet: Ist bei so viel emotionaler Bahnung das Veränderungspotenzial des Menschen ausreichend, um den Anpassungsforderungen, denen er jetzt massiv ausgesetzt ist, zu genügen? Kann er das unmittelbare, situative, programmgesteuerte Habenwollen zurückstellen, zugunsten eines generellen vernunft- und willensgesteuerten Auslassens des bloß Optionalen, aus dem Zweck heraus, in naher oder ferner Zukunft liegende Ziele erreichen zu können?

Es ist wie das kindliche Heranwachsen: Das Kind muss lernen, auf die unmittelbare Bedürfnisbefriedigung zu verzichten zugunsten komplexerer und höherwertiger Ziele. Dieser Verzichtsvorgang findet in allen Entwicklungsstufen des Kindes- und Jugendalters statt und ist nötig, um als Erwachsener in sozialen und Konkurrenzsituationen konsensfähig zu werden. Es sieht so aus, als ob wir als „Menschheit", nicht unbedingt als Individuum, in zu vielen dieser Prozesse stecken geblieben sind.

Wie ein modernes Raubtier verbrauchen wir Leben, auch wenn wir es zum Leben gar nicht brauchen. „Ich will alles" lautet immer noch unsere Devise. Unser dringendstes Sehnen und Streben gilt der sofortigen Wunscherfüllung. Dafür tun wir alles und uns wird alles versprochen. „Nichts ist unmöglich" betitelt der Welt größter Autokonzern Toyota seine Werbekampagne und ich befürchte, wir glauben es auch. Obwohl wir doch wissen, dass zu viele Automobile dem globalen Ökosystem und damit uns großen Schaden zufügen, halten wir sie nach wie vor heilig. Die anderen, die aufstrebenden Industrienationen mögen weniger „haben", obgleich wir ja um unseres „Wachstums" willen zu gerne für sie produzieren und wir alle unsere Zweitautos gerne behalten möchten. Aus dem kindlichen Habenwollen müsste langsam ein erwachsenes *Reduzieren* und *Regulierenwollen* werden.

Vom Haben zum Sein

Wiederum und bezeichnenderweise ein Autokonzern trieb den Haben-Modus folgerichtig und einleuchtend auf die Spitze der subtilen Bedarfsweckung: „Die wichtigen Dinge sind nicht die, die Du besitzt, sondern die, die Dich besitzen." In dieser Branche ist eben in jeder Hinsicht die meiste Bewegung und sie „hat" uns am besten im Griff. Ist es das, was wir wollen: als erstarrte, unreife, ferngesteuerte, ewige Konsumkids durch ein unmögliches Land der unendlichen Illusionen zu stolpern? Wollen wir immerzu Kredite bedienen, statt unserer Entwicklung, der Entwicklung der anderen und der der Natur zu dienen?

„Aber den meisten Menschen fällt es schwer, ihre Habenorientierung aufzugeben; jeder derartige Versuch erfüllt sie mit tiefer Angst; sie haben das Gefühl, auf jegliche Sicherheit zu verzichten, als würden sie ins Meer geworfen, ohne schwimmen zu können. Sie wissen nicht, dass sie erst dann beginnen können, ihre eigenen Fähigkeiten zu gebrauchen und aus eigener Kraft zu gehen, wenn sie die Krücken des Eigentums weggeworfen haben. Was sie zurückhält, ist die Illusion, dass sie nicht alleine gehen könnten und zusammenbrechen würden, wenn ihr Besitz sie nicht stützte."[31]

Bei all den eingeredeten Bedürfnissen fällt es schwer, die eigenen und die wahren Bedürfnisse zu erkennen. Und falls diese sich doch einmal vorsichtig zu Wort melden, drängt sich das Heer der tausend Ersatzbefriedigungen und Ersatzfunktionen, die schneller und einfacher zu verwirklichen sind und die Illusion einer stabilen, auf festem Grund gebauten Identität vermitteln, dazwischen und trennt uns von uns selbst.

„Vielleicht ist aber die eigentliche Ursache unserer Angst die Tatsache, dass wir nicht wissen, wer wir wirklich sind. Wir glauben an eine persönlich einzigartige und unabhängige Identität. Wagen wir es aber, diese Identität zu untersuchen, dann finden wir heraus, dass sie völlig abhängig ist von einer endlosen Reihe von Dingen: von unserem Namen, unserer ‚Biographie‘, von Partner, Familie, Heim, Beruf, Freunden, Kreditkarten."[32]

Um sich selbst zu erneuern, ist es notwendig, Raum zu schaffen, um sich herum genauso wie in sich selbst. Wenn alles immer und überall als Schnäppchen greifbar sein soll, ist der Raum zugestellt mit Optionen und dem Warten auf Optionen. Die Fähigkeit, sich frei zu bewegen, körperlich und geistig, wird eingeschränkt. Was uns den Blick vernebelt auf unser wahres Selbst und unsere Entwicklungsmöglichkeiten, ist die Allgegenwärtigkeit von *Erwartungen*, die wir wie selbstverständlich um uns herum und in uns verbreiten lassen. Jeder hegt Erwartungen: an die anderen, an das Leben, an sich. Jeder *wartet*, dass etwas von außen passieren möge. Aus den Erwartungen werden *Forderungen*, die wir an das Leben richten und auf denen wir uneinsichtig und stur beharren. Dann ist kein Platz für die zarten inneren Bedürfnisse der persönlichen Individuation, ihnen wird der Weg verstellt, sie werden verdrängt und übersehen.

„Menschen bauen auf einer ersten Stufe ihren Selbstwert über das Haben auf: ich bekomme Milch, Liebe, Spielzeuge, später habe ich eine Stellung, ein Auto oder ein Haus, usw. Dieses Haben ist zunächst etwas Gutes. Doch die Funktion des Habens ist es, das Sein zu entwickeln. Was bleibt, wenn ich allen Besitz verloren habe, ist das Sein. Das Sein ist nicht Etwas. Wäre es etwas, dann wäre es etwas zu Besitzendes, ein Ding. Sein ist aber jenseits des Habens. Zu sein ist nicht zu haben. Es ist das Gegenteil. Gott ist, weil er ist. Gott ist, weil er nichts hat. Hätte Gott etwas, wäre er nicht Gott. Für uns ist das auch so. Wir sind, insofern wir nichts haben."[33] Haben muss nicht verleugnet oder folgenreich „verdrängt" werden. Dazu ist es zu sehr Teil von uns. Wir sollten uns aber aus ihm heraus zum Sein entfalten können und uns dafür äußerlich und innerlich „freier" machen. Was müsste das für ein Gefühl sein, ehrlich sagen zu können: Ich kann auf (fast) alles verzichten. Wie befreiend könnte es sein, ehrlich zu sagen: Es ist gut so, wie ich bin. Wie inspirierend könnte es sein, ohne haben zu müssen, sein zu dürfen. Einfach sein zu können bedeutet, sich auf das für sich Wesentliche reduzieren zu können. Dafür ist keine Suche nach dem immer Neuen und Anderen nötig, sondern das Finden dessen, was in uns bereits vorhanden ist. Es ist genug in uns, auch das Sein kann uns beglücken.

Wellness: Das Paradies ist immer noch geschlossen –
Herausforderungen annehmen

Im Winter schneit es in unseren Breitengraden, mal mehr, mal weniger. Die einen sehnen sich nach der weißen Pracht, um auf ihr in allen erdenklichen Variationen herumzurutschen und zu rasen oder sich in ihrer lichten Stille, so sie noch zu finden ist, zu erfreuen. Die anderen fluchen und leiden, stehen im Stau oder sehnen sich nach Teneriffa. Dieses Jahr liegt wieder und schon früh reichlich Schnee, nicht extrem viel, aber genug, um auf den zivilisatorischen Alltag Einfluss zu nehmen. Mein Nachbar im Dorf sagt: „Er hat ihn gebracht, er wird ihn auch wieder holen. Wir müssen warten".

In der Welt „draußen" bemerke ich eine andere Reaktion. Mehrfach in kürzester Zeit befassten sich die Aufmacher der großen Tageszeitungen mit dem „Schneefall ohne Ende" und dem „Chaos", das er vermeintlich verursacht hat. Im Fernsehen gab es Sondersendungen zum „Winterchaos" und das Thema wurde landauf, landab aus allen Perspektiven bis in die EU-Kommision behandelt und diskutiert.

In meiner Wahrnehmung sind die Schneemassen und die damit einhergehenden Beeinträchtigungen lästig, aber erträglich und nicht mehr als in anderen schneereichen Wintern, an die ich mich erinnern kann. Die Straßen sind schlecht befahrbar, am Berg drehen die Reifen manchmal durch, die Hauswand bekommt nasse Stellen, weil der zu Eis gepresste Schnee nach innen abtaut und man ist mehr als einem lieb ist, mit Schneeschippen und Sandstreuen beschäftigt. Dass die Züge und Flugzeuge nicht wie gewohnt unterwegs sein können, liegt in der Natur der Sache und dass das Streusalz nicht ewig reicht auch. Neu hingegen kommt mir das öffentliche und mediale *Gejammer* vor, das sich aufregt über Unzulänglichkeiten bei Bahn- und Flugbetrieben und pausenlose Räumungen der Straßen anmahnt. Ohne mögliche sachliche und organisatorische Hintergründe oder Defizite zu erhellen, erscheint mir die Quintessenz aller Beschwerden und Bemängelungen bemerkenswert: der Mensch im Allgemeinen und die für den reibungslosen Alltagsablauf Zuständigen im Besonderen mögen doch bitte diese Reibungslosigkeit aufrecht erhalten und zwar völlig *unabhängig* von Wind und Wetter, Jahres- und Tageszeit oder Personallage, Kostensituation und Verfügbarkeit von Material und Maschinen. Alles soll perfekt funktionieren, ob ohne oder mit Schnee.

Leben Sie schön!

Aber es sind nicht nur die für den ungestörten Tagesablauf Zuständigen und vor allem deren erboste Kritiker auf der Suche nach Sündenböcken, die „alles wie immer" haben wollen. Es sind auch die, die Zug, Flugzeug und Auto nutzen wollen „wie immer" und die, die von ihren Angestellten und Mitarbeitern wie selbstverständlich erwarten, dass der Alltag so effektiv ablaufen möge „wie immer". Es sind im Prinzip sehr viele, die Schnee, Matsch und Kälte als einen Betriebsunfall ansehen, der schnell zu beseitigen und dessen Zustandekommen in Zukunft, wie auch immer, tunlichst zu vermeiden sei. Sie alle wollen „das volle Programm im Supermarkt", wie ein entnervter Lkw-Fahrer sich ausdrückte, und auf jeden Fall eine Woche in den Süden und übers Wochenende schnell in die Berge – wie immer. Was auffällt, ist die *Anspruchshaltung*, mit der die Menschen dem Leben begegnen. Deutschlands hektische Mobilität liegt buchstäblich auf Eis, aber dieses Eis in seiner jahreszeitlichen Natürlichkeit wahrzunehmen und zu respektieren, fällt offensichtlich schwer.

„Es gibt kein falsches Wetter, es gibt nur falsche Kleidung" heißt die Volksweisheit. Muss denn jetzt nach Teneriffa, Mallorca gereist werden oder wie immer die südlichen Sehnsüchte sich nennen? Muss der Weg zur Arbeit oder zum nächsten Shoppingcenter genauso leicht fallen wie im Sommer? Muss der alltägliche Zeitplan dieselben tabellarischen und ökonomischen Normen erfüllen, die bei warmen Temperaturen gelten? Mein Nachbar meint, es gehe nur um das Geld, dessen kontinuierlicher Fluss in die immer gleichen Taschen nicht unterbrochen werden dürfe, auch nicht durch Schnee. „Dann werden die nervös", sagt er. Was wirklich auffällt, ist die offenbar nicht hinterfragte Selbstverständlichkeit, mit der das Gefühl von Wohlsein und Wohlbefinden propagiert und gefordert wird. „Leben Sie schön."[1] lautet der treffende Werbeslogan für ein einladendes Sofa voller verführerischer Träume.

Es ist ein Zeichen unserer Zeit, diesen Zustand von Wohlergehen mit allen Mitteln und unter allen Bedingungen aufrechtzuerhalten. Uns soll es gut gehen. Wir wollen machen, was wir wollen. Wir wollen *Wellness*. Zusammengemixt aus den Worten Well-being, Fitness und Happiness entstand ein Lebensstilkonzept aus Genuss und Gesundheit, dem es vor allem um Spaß, Wohlbefinden und eine gute körperliche Verfassung ging. Daraus hat sich ein umfassender Wohlfühltrend entwickelt, dem es vordergründig um körperliches, geistiges und seelisches Wohlbefinden geht, der aber auch die Gesamtheit des menschlichen Seins erfasst zu haben scheint und sich als ein ganzheitliches Lebensziel gar, als ein Lebenssinn präsentiert. Ursprünglich war damit ein ganzheitliches Gesundheitskonzept gemeint, das sich zu einer neuartigen Gesundheitsbewegung entwickelte: „Wellness meint ganzheitliches Denken: Auf das innere Gleichgewicht kommt es an. (...) Zum Wohlfühlprogramm gehören naturorientierte Heilmethoden wie die Kneippkur, Entspannungsübungen wie Autogenes Training und Yoga, sanfte Sportarten wie Golf, Gymnastik, Jogging, Schwimmen, Rad fahren und Wandern, eine gesunde, bewusste Ernährung, gesundheitsfördernde Methoden wie Dampfbäder und Massagen und schließlich auch die Schönheitspflegeangebote der Beautyfarmen. Den richtigen Mix bestimmt jeder selbst."[2]

Von den einen gezielt vorangetrieben, unbemerkt von den anderen, den Konsumenten, hat sich in diese Begriffswelt eine entscheidende Konnotation eingeschlichen: Wellness erhält zunehmend einen *passiven* Anstrich: Die unüberschaubaren Wohlfühlangebote werden „verabreicht" wie die (gewohnte) Tablette. Allzu große Eigenleistung oder Anstrengung ist nicht nötig, obwohl das originale Wellnesskonzept die gesundheitliche Eigenverantwortung miteinbezogen hatte, ja sogar einer der Ausgangspunkte der Bewegung war. Im Konzept Wellness schwingt immer eine gewisse selbstverständliche Erwartungshaltung mit: die Sehnsucht nach der perfekten Rundumversorgung, die zur Passivität der in den Kissen der Wohlfühlwelt Versunkenen führt.

Alles wird gut

Der vom *Prinzip Wellness* lebenden Wirtschaft ist es natürlich ein Anliegen, dieses Prinzip nicht infrage zu stellen, möglichst umfassend zu definieren und seine Ausbreitung zu kanalisieren. Also hat sie den „Begriff so offen etabliert, dass man ihn mit allen möglichen Dingen füllen kann, die im weitesten Sinne mit Gesundheit zu tun haben. Das kann auch eine Wellness-Socke sein." Das Zauberwort für die Werbung lautet „Autosuggestion" und da bietet der Begriff Wellness grandiose Möglichkeiten: „Er löst alternativloses Wohlgefallen aus. Gesundheit ist verbunden mit Krankheit, Fitness ist verbunden mit Anstrengung, und Wohlbefinden klingt nach Sich-aufs-Ledersofa-Schmeißen. Wellness klingt dynamisch, weil der Begriff aus dem Amerikanischen kommt. Es ist dabei völlig egal, ob die Leute ihn übersetzen könnten. Es geht darum, wie der Begriff aufgeladen wird."[3] Für die Aufladung sind alle Mittel recht, der „paradiesische Geist" muss nur konsequent transportiert werden. Weil er auf wunderbare Weise die Dehnbarkeit dieses unendlichen Wellnessprinzips dokumentiert, hier noch ein Satz aus der Werbewelt: „Die Gesellschaft sehnt sich nach neuen Bedeutungsebenen, die gegen die kalte Rationalität eines alternativlosen Kapitalismus stehen. Durch Wellness können sich die Menschen selbst als Gott betrachten und sich selbst religiösen Gefühlen hingeben."[4]

Das ist schon genial, wie das Produkt Wellness Ursache und Wirkung beliebig vertauscht und sich als ein großes Mantra den Menschen anbietet und -biedert. Ob also durch das Konstrukt Wohlbefinden und Glück erzeugt wird oder ob die Sehnsucht nach beiden den Begriff füllt, ist einerlei. Dieser auf jeden Fall ist die rechte Form für schlechte Zeiten, jene sind als verlässliche Desiderata allzeit verwertbar. „Alles wird gut" singt der Chor der Wellness-Jünger. „Alles wird gut" antworten die Wellness-Päpste. Wer zuerst mit dem Singen angefangen hat, spielt keine Rolle: Wellness ist Wellness ist Wellness.

Alle möglichen Allianzen wurden und werden mit „Wellness" eingegangen. Aus Ferien-, Sport- und Kurhotellerie entstand das „Wellness-Hotel", eine mehr als gewinnbringende Mutation: „Fest steht, dass aus dem Projekt, Menschen im Kurzurlaub systematisch an Wellness heranzuführen, eine milliardenschwere Branche entstanden ist." Im Sanitärbereich gelang es einem Unternehmen, „sein Image vom Wannenbauer zum führenden Wohlfühlspezialisten für das heimische Bad aufzupolieren."

Unverkennbar sei also, „wie sich nicht nur in naheliegenden Kernbereichen im Fahrwasser von Wellness auf lange Sicht gutes Geld verdienen lässt."[5]

Der „Deutsche Wellness Verband" ist voller Euphorie und sieht viele Wirtschaftszweige vom Sog erfasst, den es zu nutzen gilt. Das Verbraucherbewusstsein, große Teile der Wirtschaft und die Gesellschaft seien durchdrungen von diesem Phänomen. Es habe sich vertikal und horizontal so sehr vernetzt, dass es grundsätzlich nicht mehr eliminiert werden könne. Ohne die Vokabel „Wellness" bzw. das Anhängsel „Well" komme kaum eine Branche mehr aus. Wesentlicher Partner der Missio-

nierung seien die Medien, denen eine Schlüsselstellung in der Populari-
sierung des heutigen Verständnisses von Wellness zukomme. Sie hätten
„in Wellness ein schier unerschöpfliches Reservoir an redaktionellen
Themen erkannt. Die penetrierte Kunde von der käuflichen Wellness"
erreiche Millionen Haushalte. Anfangs hätten die Beiträge noch mit
dem eigentlichen Sinn und Zweck der Wellness-Bewegung zu tun
gehabt, mittlerweile „reduzieren sich die Themen zunehmend auf
kommerzialisierte Konsumartikel und -dienstleistungen mit vermeint-
lichem Verwöhnaroma."[6]

Gesund ist nicht gleich gesund

Aus diesen ökonomisch orientierten Sichtweisen wird klar, welche Rolle
Erwartungen und Gefühle in der Welt der Waren und Dienstleistungen
spielen. Was uns hier verkauft wird, ist nur eine Gefühlswelt, ja noch
nicht einmal das: Es ist nur die Erwartung, die geweckt wird, ein bestimmtes Gefühl könne sich einstellen und andere würden verschwinden. Es reicht, den Geist des Paradieses zu beschwören und schon wähnen wir uns in demselben. Es herrscht in uns eine Mischung aus einem
Gefühl des Mangels *und* dem sehnsüchtigen Wunsch, unangenehme
oder negative Gefühle könnten durch gute verdrängt werden. Auch wir
sind aktiv beteiligt am Wellnessspiel, indem unsere schlechten Gefühle
das Tor ganz weit auf machen für die Vision von guten Gefühlen.

Dem Überfluss des Welless-Marktes einfach den Rücken zu kehren
und den Konsum zu reduzieren, ist höchstens die halbe Lösung. Wir
versuchen dann zwar unser Wollen zu beherrschen, aber was uns immer
noch antreibt, ist der starke Drang, die schlechten Gefühle loszuwerden.
Die Massagebank und der sanfte Work-out, das Verwöhnwochenende
und das Obst mit dem Qualitätssiegel sind zwar eine gute Sache, aber
sie lösen das Problem im seelischen Grunde nicht. Die innere Leere
eines großen Teils der Wellness-Kultur bietet keinen Reiz für eine neue
Erfahrung oder tieferes Erleben. Der Wellnesstrend verspricht Nachhaltigkeit durch Wiederholung. Für das geistig-seelische Mehr reiche der
Konsum wohliger Wärme aus. Die Reise zum Wohlbefinden, die auch
eine Reise zu sich selbst beinhaltet, sei immer eine angenehme.

Für echtes Wohlbefinden und ganzheitliche Gesundheit kann es (leider) nicht das Ziel sein, nur nach guten Gefühlen zu streben, in der An-

nahme, dass diese automatisch jene Ziele garantieren. Das Missverständnis besteht darin, dass wir glauben: „Nur wer gut drauf ist, ist psychisch gesund." Doch das ist ein Irrtum. Seelisch gesund ist nur der Mensch, dessen Gefühle der jeweiligen Situation angemessen sind."[7] Furcht, Trauer oder Ärger z. B. sind nicht prinzipiell zu bekämpfen zur Erfüllung einer schönfärbenden Wellnessfantasie. Manche Befindlichkeiten und Ängste sind zudem existenzieller Natur. Sie betreffen das „Leiden" am Menschsein an sich und sind damit unabdingbarer konstituierender und konstruktiv nutzbarer Teil des Seins. In der Psychotherapie, die der mit seinen zu starken und hinderlichen Gefühlen Hadernde oder an ihnen Verzweifelnde aufsucht, kann es somit nicht um das Wegmachen derselben gehen, sondern um den klugen Umgang mit ihnen: ihre Nutzbarmachung. Gefühle müssen entstehen und wirken, denn wir brauchen neben der kognitiven auch eine emotionale Erkenntniskraft, die uns via Gefühl darüber „informiert", wie wir etwa sehen und beurteilen sollen.

„Für alle Lebewesen ist das Vermögen, zwischen angenehmen und unangenehmen Reizen zu unterscheiden, die Basis jeder Bedeutungszuschreibung. Ohne diese Fähigkeit wären wir Menschen nichts weiter als komplizierte Maschinen, die (ähnlich unseren Computern) Informationen verarbeiten, aber nichts mit ihnen anfangen können. Wer also nach dem Sinn sucht, muss vor allem in den Sinnen suchen, denn Sinn erwächst aus Sinnlichkeit."[8]

Wenn uns Gefühle nicht gerade überfluten bzw. wir sie sich unangemessen steigern lassen, sind sie uns ein natürlicher Helfer, dessen Wahrnehmungssystem uns in die Lage versetzt, einen wesentlich umfassenderen Blick auf das, was ist, werfen zu können.

Gute Zeiten, schlechte Zeiten

Schlechte Gefühle haben einen kurzfristigen Vorteil: „Tatsächlich machen uns positive Gefühle verletzlicher als negative. Denn sie sind zukunftsorientiert. Furcht und Traurigkeit besitzen einen unmittelbaren Nutzen, sie schützen uns vor Angriffen und können bei anderen eventuell Hilfsreaktionen mobilisieren. Dankbarkeit, Freude, Liebe und so weiter machen uns zwar über lange Sicht glücklicher und gesünder, aber kurzfristig sind sie riskanter – denn wir fürchten paradoxerweise, dass wir Enttäuschung, Zurückweisung und Unglück damit provozieren könnten."[9] Nicht zu vergessen ist, dass aufgrund unserer polaren Weltgestaltung der Begriff, d. h. der Pol „Gesundheit" immer den anderen, also „Krankheit" in unserem Denken und Fühlen aufscheinen lässt und umgekehrt. Wenn ich also nichts oder zu wenig für die Gesundheit tue, „öffne" ich der Krankheit die Tür. Dieser Gedanke hat natürlich unter bestimmten Bedingungen seine Berechtigung, aber er wird inflationär instrumentalisiert in seiner sublimen Form der Angsterzeugung. Das andauernde sich Wohlbefinden wird in den gesundheitlichen Vordergrund gestellt und kann sich dadurch als zunächst einmal schwer zu widerlegende Wahrheit rechtfertigen. „Das Modewort Wellness passt gut zu diesem Gesundheitskonzept und drückt zugleich das heute in den wohlhabenden Ländern vorherrschende Lebensverständnis aus: Ein gutes Leben wird gleichgesetzt mit dem Zustand des Sich-gut-Fühlens; und umgekehrt scheint der Zustand des Wohlbefindens zu beweisen, dass man ein gutes Leben führt."[10]

Die überbordende einseitige Verehrung des guten Gefühls wird der Realität des Lebens nicht gerecht. Zum einen gibt es einfach schlechte Zeiten, persönliche wie allgemeine, die schlechte Laune als schlechte Gefühle hervorrufen und dadurch bedingt sind zum anderen diese Gefühle einfach in uns da. Viele Menschen gehen in die Psychotherapie mit dem drängenden Wunsch, ihre schlechten Gefühle los zu werden. Sie wollen sie be- und vor allem wegarbeiten, weil sie glauben, sie könnten so seelische und damit verbunden auch körperliche Gesundheit herstellen. Der missverständliche Gedanke hat seine Wurzeln auch in den Grundsätzen der Weltgesundheitsorganisation, die festlegte, dass Gesundheit nicht nur das Fehlen von Krankheit bedeute, sondern auch einen Zustand des geistigen, körperlichen und sozialen Wohlbefindens beinhalte.

So hat sich der ausleg- und gut nutzbare Begriff des *Wohlbefindens* medizinisch und wissenschaftlich verwurzelt. Natürlich besteht ein Zusammenhang zwischen Gesundheit und Wohlbefinden, aber dieses und jene sind doch sehr variabel in ihren Definitionen und wie sie zueinander in Bezug gesetzt werden können. Genau das hat das Konzept „Wellness" gemacht, indem es mit medizinischen Weihen nahezu alles zu Wellnessprodukten oder -dienstleistungen und damit in Gesundheit

verpackt: „Wellness Schinken – Der besonders leichte Schinken-Ge-
nuss"[11] steht auf einer sphärisch hellblau gehaltenen Schinkenverpa-
ckung, auf der sich eine halb nackte Dame paradiesisch-genussvoll vor
einem lichtdurchfluteten Wasserfall räkelt. Ist das die ernährungswis-
senschaftliche Leichtigkeit des Seins oder nur ein weiterer zu Fleisch ge-
wordener Wellnessfaktor?

Die Vertreibung aus dem Paradies

Die Mutter aller sorgenfreien Wohlfühlwelten, in denen das leichte
Sein den Sinn ausmacht, ist das *Paradies* bzw. die Vorstellung von ihm.
Von dort, so heißt es, kommen wir her, dort lasse es sich gut leben und
die Dinge des Lebens hätten dort eine überschaubare Ordnung. Dorthin würden wir vielleicht wieder einmal kommen, wenn wir gewisse
Voraussetzungen erfüllten. Aber das Paradies, so es je auf der Erde einmal einen konkreten und konkret erlebbaren Ort hatte, hat sich als
nicht besonders haltbar erwiesen. Die verschiedenen Vorstellungen
existieren nur als Visionen oder als Illusionen, als Märchen oder Versprechungen. Wenn es einmal existierte, dann „vor unserer Zeit",
wenn es einmal sein wird, dann „nach unserer Zeit". Leider aber ist es
nicht hier und jetzt aufzuspüren, zumindest nicht in der „honigfließen-
den" Form, in der wir faul durch den Garten lustwandeln und uns um
nichts kümmern müssen.

Das Paradies ist und bleibt eine vielschichtige und vieldeutige Erzählung, die in unserer Kultur und auch in anderen fest verankert ist als
Erschaffungsmythos nicht nur eines Gartens, in dem der Mensch über-
raschenderweise „sein Dasein mit einer lustvollen Tätigkeit und ohne
Mühsal und Sorgen "[12] beginnen kann. Das Paradies ist auch ein sym-
bolischer Ort, an dem dieses Leben in Wellness pur durch einen einzigen „Sündenfall" abrupt und unverständlich beendet wurde: „Die harte
Ahndung für das bloße Essen einer Frucht scheint völlig überzogen.
Der heutige Mensch sieht nicht ein, wieso alle Übel, unter denen er leidet – das Sterben müssen, die Mühsal der Arbeit und die Schmerzen
des Gebärens – die Folge eines einzigen Fehltritts sein sollen, dessen
Bosheit in keiner Weise einsichtig ist."[13]

Aus der göttlichen Einheit gefallen, „schämte" sich der Mensch am
paradiesischen Ort seiner „Nacktheit". Muss er das immer noch? Kann

er die nackte Erkenntnis seiner in Ich und Du, Natur und Kultur gespaltenen Person nicht mittlerweile ertragen? Lässt es sich nicht mit diesem „Widerspruch" auch ohne das käufliche, unechte Paradies Wellness befriedigend und wahrhaftig leben? Sein Leben lang nun mit der Wiedergutmachung eines Sündenfalls beschäftigt zu sein, der in der angeblich verbotenen Bewusstwerdung der Wirklichkeit bestanden haben soll, ist schwer zu verstehen. Das ist eine unnötige und in die Abhängigkeit treibende Schuldenlast, die dem Menschen als Dauerauftrag aufgebürdet wurde. Er hat genug damit zu tun, die schwierige und Leid erzeugende Ichhaftigkeit seines Seins auszuhalten.

Weil die paradiesische Mythologie so fest verankert ist, lässt sie sich gut für handfeste diesseitige Zwecke nutzen. „Steuerparadiese", „Ferienparadiese" und „Einkaufsparadiese" tun ihr Bestes, um den Mythos hier und jetzt zu materialisieren. Im paradiesischen Grunde können sie nie halten, was sie versprechen, da sie „nur" käuflich sind. Den wahren Garten Eden, so sagen es die Religionen, müssen wir uns erarbeiten oder er wird uns geschenkt. Die heiligen Ordnungen der religiösen Paradiese will und kann nicht jeder einhalten. Die Ordnungen der modernen Welt und ihre komplexen und chaotischen Auswirkungen sind nicht mehr zurückführbar in paradiesische Einfachheit.

Der Mythos bröckelt, die Kraft der Versprechungen erlahmt − auch wenn diese anderswo immer noch furchtbare diesseitige Taten motivieren können. Der Preis für den Eintritt ist vielen zu hoch, vor allem wenn Befriedigungen auf Zeit potenziell viel billiger und sicherer zu haben sind.

„Ich will nicht ins Paradies, / wenn der Weg dorthin so schwierig ist, wer weiß, ob es uns dort besser geht / hinter dieser Tür // Ich will nicht ins Paradies, wenn der Weg dorthin so schwierig ist, wenn ich nicht rein darf, wie ich bin, / bleib ich draußen vor der Tür. // Ich will nicht ins Paradies, wenn der Weg dorthin so schwierig ist. / Ich stelle keinen Antrag auf Asyl, meinetwegen bleib ich hier."[14]

Die unbefriedigende Leichtigkeit des Seins

Was den Weg in unser ganz persönliches Paradies schwer macht, ist die Tatsache, dass wir die Wurzeln zum tiefen, selbstverständlichen, evolutionär begründeten Glücksempfinden teilweise gekappt haben. Um unser Glück zu finden, ist ein klarer Geist nötig, der aus einem im Überfluss der Angebote herumirrenden Glückssucher einen geduldigen und auch nach innen gerichteten Glücks*forscher* werden lässt. Der Suchende wird sich leicht verirren auf dem Markt der paradiesischen Verheißungen. Der Forschende jedoch, der alles ins Visier nimmt und sorgfältig überprüft, der unbekannte Mühen genauso wenig wie bisher unerkannte Möglichkeiten nicht ausschließt und sich den Pflichten dieses Weges unterwirft und Konsequenzen nicht scheut, wird sein „Glück" *finden* und sei es, dass ihn das Gehen dieses Weges glücklich macht. Dabei ist der Weg des geringsten Widerstandes nicht der leichteste und auch nicht unbedingt der richtige.

Die moderne ökonomische Welt mit ihrem Gewinnstreben und ihren Entfremdungen hat uns den Kontakt verlieren lassen zur „Natur" und zur „Gruppe". In beiden sind wir „groß" geworden, beide haben uns genährt und geschützt. Wir müssen uns die Frage stellen, ob wir uns selbst noch artgerecht halten? Das wird uns zu der Frage führen, welcher Art wir sein *wollen, können* und *dürfen?* Die Natur haben wir bekämpft und ausgebeutet und uns von ihr abgewandt. Sie ist uns kein Lebensraum mehr, kein Partner und kein Vorbild. Sie soll unser gezähmter Diener sein. Ihre Wildheit darf sie im Museum zeigen. Wenn sie wirklich „wütend" wird, ist sie uns eine Katastrophe und wir ihr, wie immer, hilflos ausgeliefert.

Die derzeit vorherrschende Gruppe, die Familie, schrumpft zu immer kleineren Einheiten, die sich im besten Falle zu einer funktionalen „Horde" auf Zeit vereinigen. Zuflucht und Geborgenheit muss der Mensch, vor allem der, der sich als Single durchs Leben organisiert, woanders finden.

In dem Maße, in dem es uns erschwert ist, durch die beiden Wurzeln „Natur" und „Gruppe" das für ein echtes Glücksempfinden nötige Gefühl von *Erfüllung* und *Ganzheit* aufzusaugen, sind wir angewiesen auf Substitute und machen uns abhängig von ihnen.

„Mit zunehmender Fremdversorgung wird tendenziell verlernt, Bedürfnisse kraft eigener Fähigkeiten und einer genügsamen Erwartungsbildung, die sich mit den zuhandenen Möglichkeiten deckt, zu befriedigen, also mit einfachen Mitteln einen emotionalen Zustand zu generieren, der gemeinhin als Zufriedenheit bezeichnet wird. Kaum eine der Krücken, die den konsumtiven Lebensstil stützen, könnte inzwischen noch durch eigene Leistungen substituiert werden: Jedes

Bedürfnis ist zum Bedarf geworden, dessen Befriedigung mechanisiert, elektrifiziert, automatisiert oder – mindestens so energieintensiv – in Produkte und Dienstleistungen transformiert wurde."[15] Wir sollten Herausforderungen annehmen und an uns arbeiten, um uns zu erkennen und zu erweitern, wie es nun einmal notwendig ist, weil seit der vernünftigen Vertreibung aus dem arbeitsfreien und „arbeitslosen" Paradies, Arbeit im physikalischen wie im psychologischen, im gesellschaftlichen wie im persönlichen Sinne einfach zum Menschsein gehört. Solange wir diese Art Mensch bleiben auf dieser Art Erde, so wie es zurzeit nun einmal ist, werden wir die Substitute trotz ihrer Perfektionierung und totalen Verfügbarkeit immer als solche empfinden. Ihnen wird immer der Mangel anhaften, dass sie etwas ersetzen sollen, was sie nie ersetzen können. Ohnehin ein „Mängelwesen", das sich im Urwald des Lebens mit diesem und jenem behelfen muss, um seine Defizite durch Unterwerfungen und künstliche Welten auszugleichen, machen uns diese „Entwurzelungen" schwer zu schaffen und treiben uns in die Hände gieriger Glücksverkäufer. Denen stehen wir ziemlich wehr- und einfaltslos gegenüber, da wir nur gelernt haben, uns die Mühsalen des Lebens zu versüßen mit den angebotenen Happen und Leckerli aus den Fabrikationen der geistigen und materiellen Wohlfühlindustrien und Glaubenszirkeln. Wir sind konditioniert auf die Belohnungen für ein elendes und entbehrungsreiches Leben. Wir finden diese Konditionierung in Ordnung und möchten sie nicht missen. Auf die Belohnung zu verzichten, fällt uns schwer. Wo und wie sollen wir sonst unser Glück finden?

Bewegung nach innen

Wir brauchen nicht generell auf das „Süße" zu verzichten, aber wir können und müssen es dann tun, wenn wir merken, dass uns schlecht wird vor lauter Süßigkeiten. Wir sind keine digitalen Wesen, für die nur ein „entweder … oder" gilt. Wir sind in unserer seelischen Entwicklung analog konstruiert und dürfen unseren Weg durchaus *Schritt für Schritt* gehen, um das Muster der Konditionierung aufzulösen. Wir unterscheiden uns zwar nicht wesentlich von den Tieren, aber zumindest in zweierlei Hinsicht im Zusammenhang mit dem Finden von Glück: Wir können uns für etwas entscheiden oder nicht und wir können uns ganz konkret dazu *entscheiden*, das, was wir für Glück halten, *in uns selbst zu finden*, statt es in den Zufälligkeiten der äußeren Welt zu suchen. Im Grunde, in unserem *Grunde* können wir die Substitute ersetzen durch das, was uns mitgegeben ist an spirituellen Ressourcen, Wissen und Kraft. Wir können zur tieferen Einheit und zum inneren Gleichklang finden.

Das, was bei Tieren „automatisch" vorhanden ist durch das Nichtvorhandensein des bewertenden und einordnenden Bewusstseins, die unhinterfragte *Einheit des Seins*, müssen wir uns „zurückerobern" durch die Rückkehr zu uns selbst. Dazu sind äußere und innere Reduktion nötig, um den Begriff des Glücks zu reduzieren auf den je individuell erst zu entdeckenden „Bedarf". Die heftig miteinander konkurrierenden Bedarfsweckungen der verschiedenen Glücksmärkte stehen da nur im Wege. Zum Suchen und Finden des eigenen Glücks bedarf es keiner manipulativen Motivationsbemühungen anderer. Das Sehnen danach ist uns eingeschrieben als eine natürliche Bewegung nach innen zum Kern der „Wahrheit". Alles was wir dazu brauchen, ist der Wille und die Bereitschaft, uns von den vorgestanzten Formen abzuwenden und das „Unbekannte" zuzulassen.

„Der Wunsch und das Streben danach, ein glückliches Leben zu führen und Leid zu vermeiden, kennt keine Grenzen. Es entspricht unserer Natur. Und darum braucht es keine Rechfertigung, sondern findet seine Gültigkeit in dem einfachen Umstand, dass wir es aus unserem Wesen heraus zu Recht wollen."[16]

Von drei verschiedenen Ebenen können wir den Weg betrachten bzw. drei verschiedene „Forderungen" können wir an ein glückliches Leben stellen: Wir wünschen uns die Fähigkeiten und Möglichkeiten für einen akzeptablen Umgang mit dem vorhandenen Unglück und Leid. Wir erwarten schlicht und einfach die Abwesenheit von Unglück und Leid. Wir *erhoffen* uns Glück und Wohlbefinden.

Diese „Ordnung" ist unverkennbar eine Stufung. Die jeweilige Sichtweise hat etwas mit der Sicht auf das Leben zu tun, die vor allem geprägt ist durch die höchst unterschiedlichen persönlichen Möglichkeiten und Chancen. In einem Film sagt ein kleines Mädchen, nachdem sein Vater plötzlich verstorben ist, zu seiner Freundin: „Man kann im Leben glücklich oder traurig sein. Ich möchte gerne glücklich sein, also bin ich glücklich." Unser Wohlbefinden ist stark abhängig von unseren Erwartungen an unser zukünftiges Leben und von unseren Erfahrungen in unserem bisherigen: „Erst wenn wir das Ende sehen, beginnen wir zu verstehen, / worum es eigentlich für uns im Leben geht. / Wenn vor uns das Ende liegt und wir alleine sind, / erkennen wir für uns das Glück, das wir sonst nie sehen. // Wie ein Netz wirft sich der Regen über das ganze Land, / klopft an unser Fenster und erinnert uns daran, / dass es kein Leben ohne Schmerz gibt, ohne Suche nach dem Sinn, / keine Chance etwas aufzuhalten, keine Chance etwas zurückzudrehen."[17]

Wir brauchen das Leben nicht erst an seinem Ende zu betrachten, wir können es jetzt schon von seinem Ende her denken. Schon die Bewältigung einer Herausforderung, also einer Aufgabe, die uns aus unserem Zustand der Bequemlichkeit und der Wellness herausfordert, kann und wird Glücksempfinden nach sich ziehen.

Für viele jedoch ist das irdische Wohlbefinden in den Vordergrund gerückt und sie erlauben sich, alles dafür Notwendige zu tun. Das hat auch als „religiöse Wellness" Eingang in das moderne Religionsverständnis gefunden. Eine „zivilisierte" religiöse Haltung habe in der „Gott-Mensch-Beziehung" im Zentrum die Liebe, sie drehe sich um „die richtige Einstellung, die jeder Mensch für sich selbst zu Gott oder dem Göttlichen finden muss" und sie zeige sich „in einer Erhöhung seines gesamtexistentiellen, psychophysischen Wohlbefindens. Wohlfühlreligionen sind leiblichkeitszentriert. Deshalb verbinden sie sich leicht mit sportlichen Tätigkeiten, Ausdruckskünsten, Naturheilkunde und Diät."[18]

Wohlfühlreligionen und Wellness, da wächst etwas zusammen, was zusammen gehört. Die Frage ist nur, ob die vorgegaukelten blühenden, spirituellen Landschaften, von denen wir doch wissen, dass sie nicht wie selbstverständlich und vor allem nicht ohne Anstrengung und nur mit Opferbereitschaft zusammen wachsen, unser Leitstern sein sollen? Ist das der richtige Blick auf die Wirklichkeit, um die Dinge und Probleme des Lebens zivilisiert und aktiv zu lösen?

Angst ist ein zweiter Schatten

Früher fürchteten wir uns vor Blitz und Donner oder der Pest, aber wir konnten bei den Göttern Gnade oder Vergebung suchen und unser Leben tugendhaft gestalten. Diese Art Glaube und die damit verbundene

Hoffnung haben ihre Macht verloren. Wir haben uns selbst verantwortlich gemacht. Wir haben Bedrohungen heraufbeschworen und unsere Verbundenheit nicht nur mit der Natur, sondern auch mit dem „Nächsten" aufgegeben. Nun stehen wir allein und müssen unsere Ängste auch allein bändigen. Angst ist ein selbstverständlicher und lebensnotwendiger Teil unserer „Ausstattung". Sie ist existenzieller Natur und wird durch das, was wir Zivilisation nennen, oft nur mühsam im Zaum gehalten. Klimakatastrophen, Überschwemmungen oder Feuersbrünste hat es immer gegeben in der Menschheitsgeschichte. Die Furcht vor diesen ist also tief verwurzelt im Unterbewusstsein.

Ängste „informieren" über Bedrohungen und warnen uns auf diese Art vor Gefahren aller Art. Ihr unter Umständen bedrohliches und störendes Eigenleben, dessen Informationswert und Nutzanwendung wenn überhaupt, sich oft nur in der psychologischen Analyse erhellen lässt, ist wahrscheinlich jedem bekannt.

„Ohne Angst würden wir nicht überleben, sie ist ein anthropologisches Mittel. Protest kann sinnvoll sein, aber ich glaube, das, womit wir es zu tun haben, ist nicht mehr Protest, sondern Lobbyisierung von Ängsten. Es gibt sehr gut organisierte Pressure-Groups, die mit allen möglichen Apokalypsebildern ein fettes Geschäft machen."[19]

Hier geht es darum, ob die künstlich ausgeschmückte schlechte Nachricht, ja ob ihre einseitige Festlegung auf „schlecht" und deren Verbreitung und Vertiefung durch „Untersuchungen" und „Fachleute" einen Nutzen haben und wenn ja, für wen? Oder lenken die einseitigen Bestandsaufnahmen und Übertreibungen nicht einfach ab und verhindern einen vernünftigen Umgang mit der Angst und den ihr zugrunde liegenden Problemen: „Das kann man nur, wenn man eine Vorstellung von den Zusammenhängen hat. Schrille Übertreibungen verhindern das. Das Publikum ist mit Schuldzuweisungen und Krisenunterhaltung beschäftigt ... Hysterien haben einen paradoxen Effekt. Sie führen zu einer Schockstarre. Wir sitzen vor dem Fernseher, finden das bedrohlich und tun gar nichts, außer vielleicht noch Knut streicheln."[20]

Negativität kann zu einer Haltung werden, einer grundlegenden Einstellung, die auch die eigene Wahrnehmung der Welt beeinflusst und das mitbestimmt, was wir fühlen und tun. Auch hier scheint Reduktion ein angemessenes Prinzip zu sein, in dem es die unfruchtbare negative Stimulation herabsetzt und damit den positiven inneren

Kräften mehr Raum gibt. Es kommt auf eine ausgeglichene Balance an, bei der sowohl schlechte wie auch gute Gefühle zu ihrem Recht kommen. Aus dem Miteinander und dem Ausgleich zwischen beiden Befindlichkeiten ergibt sich die nötige *Spannung*, um aktiv und zielorientiert auf die Lösung von Fragen zugehen zu können.

Trotz oder gerade wegen der vielen Wege zum Glück und der aufdringlichen Wellness-Welten gibt es auch diese negative Weltsicht. Die mit Wellnessangeboten bombardierten schlechten Gefühle wollen einfach nicht verschwinden und behalten die Oberhand oder werden erst aus deren offensichtlichem Widerspruch aktiviert, der sich aus einer weichgespülten Weltansicht ergibt, die der harten Realität nicht standhalten kann.

Naheliegend also, dass sich viele eher in der Hölle fühlen als im Himmel und eher die versengende Hitze des Fegefeuers spüren als paradiesisches Wohlbefinden. Das Leid ist im realen Leben für viele viel mehr vorhanden. Ist es da nicht, schon aus Gründen eines klugen Selbstschutzes, besser, die Dinge eher schlecht als gut zu sehen, um dann, falls sie doch gut gedeihen, sich zu freuen, und wenn nicht, nicht enttäuscht zu werden?

„Everybody knows that the boat is leaking / Everybody knows that the captain lied / Everybody got this broken feeling / Like their father or their dog just died / Everybody talking to their pockets / Everybody wants a box of chocolates / And a long stem rose, everybody knows.“[21]

Das negative Denken hat sich, mehr als uns lieb sein kann, verbreitet. Der Nachrichtenwert einer Tageszeitung scheint sich am Negativen zu bemessen. Die schlechte Nachricht, die Katastrophe, das Fürchterliche werden gut verkauft. Wollen wir das wirklich? Gibt es im Elend eine geheimnisvolle Attraktion für uns oder geht es uns einfach zu gut, sodass wir einen emotionalen Ausgleich brauchen? Zukunfts-Optimismus und Zukunfts-Pessimismus konkurrieren seit jeher miteinander. Zurzeit scheint die pessimistische Sicht der allgemeinen, nunmehr global zu betrachtenden Weltentwicklung die Oberhand zu behalten: Klima, Wirtschaft, Energieressourcen, Umweltbelastung, Bevölkerungszahlen, Herrschaftsansprüche, Terrorismus, alles steigert sich in die falsche, in die besorgniserregende Richtung.

Immer noch steht die vom Menschen bewusst in tiefstem Hass und blinder Aggression gelebte Zerstörungsenergie der naturgebundenen in ihrer Grausamkeit und Endgültigkeit in nichts nach.

Trotz negativer Weltsicht und negativem Handeln scheint die religiöse Hölle im modernen Menschen langsam ihres Höllencharakters beraubt zu sein. Der Mythos „Hölle" allerdings wirkt fort, er hat sich reduziert auf ein Grundgefühl, das uns als grummelndes Unwohlsein, mindestens als schlechtes Gewissen immanent ist. Immer noch wollen wir „hier" möglichst gute Menschen sein, um „dort" nicht leiden zu müssen. Manche meinen immer noch, auf Erden leiden zu müssen, um im „Himmel" göttliches Wohlgefallen zu finden.

Weniger ist leer

Dieses Buch beschäftigt sich aus einer Position des Überflusses mit dem philosophischen bzw. psychologischen Konzept des „Weniger kann mehr". Es will für „neue" Grundsätze und Haltungen werben, die aus einem inneren und äußeren Reduzieren eine geänderte Weltsicht ermöglichen. Die Organisation „Brot für die Welt" wirbt für Spenden für die Hungernden der Welt mit dem einfachen, in seiner Reduktion nicht mehr zu überbietenden Satz, der eine leere Essschale untertitelt: „Weniger ist leer".

Wir wissen, was zu tun ist. Die Idee der Reduktion ist nicht neu. Verzichten war in der Geschichte der Menschheit schon immer ein Thema, zumindest seit Güter und Ressourcen sichtbar ungleich verteilt waren. Im Grunde ist es eine Option seit dem ersten Menschen bewusst wurde, dass die ganze Horde überleben könnte, wenn der Einzelne etwas weniger vom Fleisch essen würde, obwohl ihm nach „mehr" ist. Ob das praktiziert wurde und ob das evolutionär von Vorteil war, ist eine ernst zu nehmende Frage. War es nicht besser für die Horde *und* für die Anpassung, wenn bestimmte leistungsstarke oder spezialisierte Individuen überlebten, als wenn schwache und weniger nützliche mitgeschleppt wurden? War die Geschichte der Menschheit nicht von der Einstellung geprägt, dass es erstrebenswert ist, sich den dicksten Happen zu schnappen und allenfalls noch die leiblichen Nachkommen daran zu beteiligen? Haben die „Starken" nicht immer so gehandelt und sich dadurch eher vermehrt?

Heute ist die evolutionäre Lage ziemlich unübersichtlich geworden. Was soll der *Vorteil* der Horde sein? Vor allem, welche Horde ist gemeint? Wir sind Mitglieder in so vielen unterschiedlichen Gruppen,

wir sind von soviel unterschiedlichen menschlichen und organisatori-
schen Systemen abhängig und leben in solchen komplexen Zusammenhängen, dass die Folgen des einfachen, sich beschränkenden Handelns
nur schwer zu erkennen sind. Was und wem nützt also mein Verzichten?

„Nein, die Lage wird deshalb so kompliziert, weil diese Sache, die
wir anstreben sollten, zwar Gemeinwohl heißt, letztlich aber nicht
wirklich von der Allgemeinheit zu bestimmen ist, auch wenn in der Allgemeinheit ständig Menschen und Gruppen auftreten, die behaupten,
eben nur dieses im Sinn zu haben. Vielmehr muss jeder Einzelne selbst
für sich erarbeiten, was wohl das Gemeinwohl sei."[22]

Die biologische Evolution des Menschen ist ohnehin auf dem
Rückzug. Die Kriterien der Auslese haben sich gewandelt. Wir könnten ein Wörtchen mitreden, aber wir wissen eben nicht, welche wir
wählen sollen und wollen. Was ist es, was unsere Kultur ausmacht?
Was wollen wir tradieren? Was soll sich „durchsetzen"? Wie wollen
wir die kulturelle Evolution „gestalten"? Ein neues, altes Weltbild der
„Gesundheit" und des „Wohlbefindens", das wieder mehr auf den
Menschen setzen will und dessen ureigene menschliche Fähigkeiten
wie *bewusste Konzentration, Kreativität, Empathie* und ein *vernunftorientiertes Denken* wieder in den Vordergrund bringen will, muss sein
Bild der Welt der Realität anpassen. Die ist nun einmal so, dass sie
nicht unbedingt den „gesunden" Menschen hervorbringt, sondern
ganz im Gegenteil für dessen heutiges „Kranksein" und „Unwohlsein"
mitverantwortlich ist.

Neues Denken

Es geht darum, dass die Welt nicht nur neu gedacht werden kann, sondern vielleicht sogar muss: „Was uns durch den Erkenntnisschock von
1989 abhanden gekommen ist und was uns die Scheinpragmatiker in
den ökonomischen und politischen Eliten zu erfolgreich ausgeredet
haben, ist die alles entscheidende Frage: Wie wollen wir leben? Diese
Frage stellt sich gerade unter den Bedingungen eines weltumspannen-
den ökologischen Wandels und einer globalisierten Klassengesellschaft,
in der weder eine Umwelt- noch eine Sozialpolitik zukunftsfähig sein
kann, die nationalstaatlich gedacht wird."[23]

Die die das „Neue" denken sollen, sind auch die Geistes- und Kulturwissenschaften, die sich von wissenschaftlich gebenden unverrückbaren Weltwirtschaftsordnungen haben zurückdrängen lassen. Es sind auch die, die mit Geist und Kultur in anderer Form befasst sind und vor allem sind es wir selbst, die wir *alle* einen Geist haben, der wahrnehmen, verarbeiten und neues kreieren kann und damit Kultur erarbeitet und *verändert*.

„Denn die Neurowissenschaft hat uns darüber belehrt, dass die menschliche Gehirnentwicklung erfahrungsabhängig, also kulturell spezifisch verläuft, weshalb sich im humanen Bereich die Seinsbereiche der Natur und der Kultur überhaupt nicht trennen lassen."[24]

Sollen sich immer noch die „Starken" durchsetzen, die die wirklich rücksichtslos nach den „Happen" schnappen und alle wegbeißen, die ihnen in die Quere kommen? Unversehens gerät die Frage nach dem richtigen und dem gerechten, auch die nach dem „schönen" Leben in machbaren oder geträumten Paradiesen zu einer Frage des inneren Standards des Einzelnen. Soll ich nun mein Essen teilen oder nicht? Wie soll ich das Essen teilen, das nur als „Fast Food" zum schnellen Verzehr gedacht ist? Soll ich einfach weniger essen, obgleich doch genug da zu sein scheint? Oder soll ich es mir gut gehen lassen an meinem kleinen Herdfeuer, mich darin fügen, dass ich das große Ganze nicht mehr überblicken kann und „verzichten" oder Ähnliches als ein ziemlich sinnloses Verhalten betrachten, das dem Überfluss in der Natur und ihren Entwürfen zur Weiterentwicklung ohnehin nicht entspricht?

Die Entscheidung, wie wir, die diese Entscheidungs*freiheit* als solche wahrnehmen und nicht mit dem Überleben beschäftigt sind, leben wollen, liegt bei uns, bei jedem Einzelnen. Das sind die Folgen und Segnungen des technischen und kulturellen Fortschritts, der uns herausgelöst hat aus der Natur, die Mythen wegrationalisiert hat und uns mit der Frage zurücklässt, ob der Eingriff in unseren Bauplan heute schon oder erst morgen vorgenommen werden soll. Wir sind dabei, eine Art „zweiter Natur" zu erschaffen, deren Konsequenzen nicht sichtbare aber grundlegende Veränderungen sind, und erstarren vor den Folgen der eigenen Autonomie. „Das Problem ist unser gesunder Menschenverstand selbst, sein unbeirrbares Vertrauen in die natürliche Lebenswelt. Er hat sich so sehr an sie gewöhnt, dass es ihm schwerfällt, einen radikalen Gedanken wirklich zu denken: dass der natürliche Fluss der alltäglichen Realität einmal unterbrochen werden könnte." Ein neues Weltvertrauen müssen wir erst lernen, wenn das ursprüngliche verloren geht, weil nichts mehr sicher ist und wir „den Abgrund unserer Freiheit akzeptieren müssen."[25] Es geht also nicht nur um die Frage, ob wir von unserem Teller etwas abgeben, sondern auch darum, ob wir darüber nachdenken, dass die Art und Weise, wie das Essen auf unseren Teller kommt, anderen Menschen auf der Welt Schaden zufügt, und dass wir es sind, die die anderen vor den Folgen unserer „Essensbeschaffung" schützen müssen. Was nützt die theoretische Möglichkeit einer neuen und gerechten Weltordnung, die irgendwann einmal eingerichtet werden soll. „Warum nicht schon heute? Warum finden wir uns mit dem Unerträglichen ab?" Die nationalen und globalen Eliten halten „Milliarden von Menschen in Armut und setzen sie Hunger und Infektionskrankheiten, Kinderarbeit und Prostitution, Menschenhandel und Tod aus ... Haben wir uns so sehr an das Elend gewöhnt, dass wir uns eine Welt ohne Massenvernichtungswaffen, ohne die Millionen Hungertoten gar nicht mehr vorstellen können? Eine Welt ohne No-go-Areas? Eine Welt, deren ökonomische Spielregeln nicht allein von der Verhandlungsmacht großer Staaten und Firmen diktiert werden?"[26]

Das sinnvolle Glück

Nicht erstaunlich, dass bei so viel Verlogenheit und auch Verlorenheit, bei so vielen gravierenden, an die Existenz gehenden und offenen Fragen, die Suche nach dem privaten „Glück" überhandgenommen hat. Als „Theorie der Wellness" gibt sich die Glücksforschung optimistisch. Positive Psychologie heißt seit dem Ende der 90er-Jahre ein Schlüsselwort, das den Fokus nicht mehr ausschließlich auf die menschlichen Defizite gerichtet sehen will. Nicht mehr nur die Schäden sollen repariert, sondern die vorhandenen Fähigkeiten gefördert werden. Ziel ist es, die psychische Widerstandskraft, die Resilienz der Menschen zu stärken.

Die ressourcenorientierte Forschung nach dem „Glück" droht aber in den Händen von Zweit- und Drittverwertern ziemlich zu verwässern. Der Verkauf von Lebensrezepten, nach denen das Eine zu unterlassen und dafür das Andere zu tun sei, nimmt gigantische Ausmaße an. Zu viele versprechen das passive Glück und verschweigen den notwendigen eigenen Anteil: „... im Vordergrund steht eine passive Haltung, die ihren prägnantesten Ausdruck in dem Werbeslogan ‚lass dich verwöhnen' gefunden hat. Doch wer diesem ‚Imperativ der Wellness-Welten" folgt, ist nur allzu oft weit davon entfernt zu ahnen, dass wahre Entspannung, wahres Wohlfühlen und wahres Glück nur da zu finden sind, wo die innere Ich-Fixierung aufgegeben wird. Problematisch an den Wellness-Angeboten ist, dass sie meist genau dazu wenig Anleitung bieten und statt dessen die Ich-Zentrierung ihrer Kunden bedienen."[27]

Hedonismus ist zum Selbstzweck geworden, der sich im Kreise dreht. Wir gewöhnen uns schnell an die schönen Gefühle von materiellem Wohlstand, Erfolg und Konsum und müssen dann immer schneller im Hamsterrad laufen, um sie noch zu spüren.

„Einfachheit bedeutet, das Offensichtliche zu entfernen und das Sinnvolle hinzuzufügen."[28]

Mögen wir in der Komplexität unseres täglichen Suchens und Findens das Offensichtliche als „zu viel des Guten" erkennen und uns auf weniger davon beschränken. Mögen wir in den Herausforderungen der Zeit das *Sinnvolle* entdecken und als ein *Mehr* dem Leben hinzufügen. Positives Denken und glückliche Gefühle mögen die Bedingungen in uns verändern, sie mögen unsere Sicht von der Welt verschönern, aber verändern und verschönern sie die Bedingungen der Welt? Kann und soll uns das Fleisch von glücklichen Kühen glücklicher machen?

So sehr die Macht der Gedanken zu bewundern und zu befördern ist, wenn sie nur eingeölt und weichgeklopft werden, sind sie machtlos und versprühen sich als wohliges Prickeln auf der Haut in den Whirlpools der Mächtigen, deren machtvollstes Projekt die Organisation der kollektiven Jagd nach dem materiellen Glück ist. Statt Trostbedürfnisse zu befriedigen, ist Aufbruchstimmung gefragt. Statt aus Verzweiflung zur medialen Spaßgesellschaft zu mutieren, sollten wir uns einmischen und empören.

Wir sind nicht nur aus dem Paradies vertrieben, sondern auch aus „Bullerbü". Wir Menschen sind keine Kinder mehr, die grenzenlos spielen dürfen, sondern Erwachsene, die Verantwortung für ihre Spielwiesen tragen müssen. Wir müssen uns ein neues Zuhause, eine andere Geborgenheit suchen. Der „zweiten Natur", die wir dabei sind, uns zu erschaffen, müssen wir uns stellen und uns auf sie einstellen. Nur über die Zimmerpreise lässt sich die Benutzung des „Hotels Erde" nicht mehr regeln. Statt in evolutionärer Opposition zu verharren, sollte es eine Renaissance des „revolutionären Eros" geben. Wenn nicht jetzt, wann dann?

„Come, mothers and fathers / Throughout the land / And don't criticize what you can't understand / Your sons and your daughters / Are beyond your command / Your old road is / Rapidly agin'. / Please get out of the new one / If you can't lend your hand / For the times they are a-changin'."[29]

Die, die im Wege stehen, mögen weggehen, und die, die verstehen, mögen vorangehen. Wir können den paradiesischen Zeiten nachtrauern und trotzig an dessen Tor rütteln, wir können auch die Herausforderungen akzeptieren und herauszufinden versuchen, welche *Forderungen* diese an uns persönlich stellen. Die großen umfassenden Visionen fehlen noch, eine „nachhaltige Gesellschaft" ist erst im Gespräch, der Umbruch wird dauern, der Widerstand auch. Gerade weil die politische Klammer und die kulturelle Transformation nur in ihren Konturen, noch nicht in ihrer praktischen Zukunftsfähigkeit erkennbar sind, bleibt die zu Ende der Einleitung dieses Buches gestellt Frage vorerst bestehen. Es ist unsere Entscheidung, was uns wirklich wichtig und wesentlich ist.

Anmerkungen

Einleitung – Die Kultur der Reduktion

1 Ulrich Beck im Interview: „Die Utopie des Weniger" in: Psychologie Heute 10/2004, S. 35.
2 John Maeda: Simplicity – Die zehn Gesetze der Einfachheit, München 2007, S. 1.
3 Anzeige des Kaufhauses Breuninger in den Nürnberger Nachrichten, 4. 7. 2003, S. 11.
4 Ulrich Beck im Interview: „Die Utopie des Weniger" in: Psychologie Heute 10/2004, S. 33.
5 Kris Kristofferson/Fred L. Forster: „Me And Bobby McGee" in: Tambourine Man – Pop Lyrics der 60er-Jahre, München 2003, S. 127.
6 Werbung der Firma Fiat im TV, www.presse24.com/fiat-weniger-ist-genial
7 Werbung der Firma Audi im TV zur Sonderfinanzierung beim Kauf.
8 Greenliving – Siemens-Special, BT Verlag GmbH, München 2011, S. 15.
9 Friedrich Cramer: Fortschritt durch Verzicht – Ist das biologische Wesen Mensch seiner Zukunft gewachsen?, München 1975.
10 Niko Paech: „Angst essen (ökologische) Seele auf" in: E. Lang / C. Busch-Lüty / J. Kopfmüller (Hrsg.): Ansätze für eine Ökonomie der Nachhaltigkeit, München 2007, S. 228.

Gewohnheiten: Das langsame Verschwinden des Inhalts aus der Verpackung

1 Roberto Assagioli: Die Schulung des Willens, Paderborn 1998, S. 57.
2 Marianne Gronemeyer: Immer wieder neu oder ewig das Gleiche, Darmstadt 2000, S. 148.
3 „So schön wie Marilyn" in: Laviva – Das Lifestyle-Frauenmagazin, November 2010, S. 15 f.
4 Friedrich Nietzsche: Langsame Curen – Ansichten zur Kunst der Gesundheit, Freiburg 2000, S. 116.
5 Karlfried Graf Dürckheim: Von der Erfahrung der Transzendenz, Freiburg 1984, S. 127.
6 Georg Kreisler: „Die Gewöhnung", auf der LP „Literarisches und Nichtarisches", 1971, Georg Kreisler Internet Forum: www.gkif.de/platten_f.htm
7 Rainer Lutz/Eva Koppenhöfer: „Kleine Schule des Genießens" in: Rainer Lutz (Hrsg.): Genuß und Genießen – Zur Psychologie des genussvollen Erlebens und Handelns, Weinheim/Basel 1983, S. 116.
8 Marianne Gronemeyer: Immer wieder neu oder ewig das Gleiche, Darmstadt 2000, S. 152.
9 s. o., S. 20.
10 unbekannte Quelle, wird häufig dem Talmud zugeschrieben. www.talmud.de/cms/Haeufige_Fragen.377.0.html
11 Chögyam Trungpa: Das Buch vom meditativen Leben, Bern/München/Wien 1990, S. 138.
12 Blaise Pascal: Gedanken, Köln 2007, S. 75 (I, 110).
13 „Stress begünstigt gewohnheitsbasiertes Verhalten" in: Report Psychologie, Fachzeitschrift des BDP, 9/2009, S. 396.
14 Nyanaponika: Geistestraining durch Achtsamkeit, Stammbach 2000, S. 150.
15 Friedrich Nietzsche: Langsame Curen – Ansichten zur Kunst der Gesundheit, Freiburg 2000, S. 116.
16 Thomas Metzinger in: Ulrich Schnabel/Andreas Sentker: Wie kommt die Welt in den Kopf?, Exkursion 9: Ist das Ich eine Illusion?, Hamburg 1998, S. 272 f.
17 Georg Christoph Lichtenberg in: Nyanaponika: Geistestraining durch Achtsamkeit, Stammbach 2000, S. 146.
18 William James in: Roberto Assagioli: Die Schulung des Willens, Paderborn 1998, S. 58.
19 Ulfilas Meyer: Happy Aging – Den Rhythmus des Lebens finden, Freiburg 2004, S. 150.

20 Max Slevogt, 1927, Wandbeschriftung in der Ausstellung „Berliner Impressionismus. Corinth-Liebermann-Slevogt und weitere Künstler der Berliner Sezession", Museum im Kulturspeicher Würzburg 2009.

21 wird dem Jazzmusiker Norris „Sirone" Jones (1940–2009) zugeschrieben

22 Alexander Altmann: „Ai Weiweis fulminanter Auftritt in München" in: Nürnberger Nachrichten 13. 10. 2009, S. 5.

23 Marianne Gronemeyer: Immer wieder neu oder ewig das Gleiche, Darmstadt 2000, S. 116.

24 „Jetzt ist alles anders" auf der LP zum gleichnamigen Film" Sams in Gefahr", 2003, gesungen von Nena und Jasmin Tabatabai. www.nenafan.de/php/text.php?opt=full& search=Jetzt%20ist%20alles%20anders&seite=4

25 Marc Aurel: Selbstbetrachtungen, 12. Buch 6, Jena 1920, S. 166.

Information: Wissen ohne Macht?

1 Börsenverein des Deutschen Buchhandels e. V.: Buch und Buchhandel in Zahlen 2010, Frankfurt 2010, S. 61.

2 Christa Berg: Handbuch der deutschen Bildungsgeschichte, Bd. 1: 15. bis 17. Jahrhundert, 9. Kap.: Hans Joachim Koppitz: Medien, Frankfurt 1996, S. 433.

3 Klaus Manhart: „Die Gene der Kultur" in: Psychologie Heute 1/2003, S. 40.

4 Volker Mosbrugger: „Schöpfung ohne Schöpfer – Über die Entdeckungsverfahren der Evolution" in: Frankfurter Positionen 2008: Leben erfinden – Über die Optimierung von Mensch und Natur, Frankfurt 2008, S. 101.

5 Hubert J. Gieß: „Klatsch und Tratsch beeinflussen Finanzmärkte" in: Psychologie Heute 7/2000, S. 16.

6 Stanislaw Lem: „Die Megabitbombe – Von der Verschmutzung der Informationsumwelt und den ausfransenden Rändern des Wissens", 12. 9. 2001, www.heise.de/tp/r4/artikel/ 9/9516/1.html, S. 1.

7 Konrad Paul Liessmann: Theorie der Unbildung – Die Irrtümer der Wissensgesellschaft, München 2008, S. 72.

8 Hartmut von Hentig: Bildung, Weinheim/Basel 2004, S. 9.

9 Konrad Paul Liessmann: Theorie der Unbildung – Die Irrtümer der Wissensgesellschaft, München 2008, S. 26.

10 Thomas Stearn Eliot, Choruses from ‚The Rock', 1934, I, de.wikiquote.org/wiki/T._S. _Eliot

11 „Nr. 5 lebt" (Short Circuit) USA 1986, Regie: John Badham.

12 „Massiver Stress durch E-Mail Flut – Informations-Chaos beginnt meist gleich nach dem Öffnen der Bürotür", Nürnberger Nachrichten, 17. 6. 2009, S. 27.

13 wird Albert Einstein zugeschrieben, www.schulpsychologie.de/wws/589642.php

14 Uwe Gepp: „Endstation Matsch – Wenn das Navigationsgerät den gesunden Menschenverstand ersetzt" in: Nürnberger Nachrichten, Sonntagsblitz, 7. 2. 2010, S. 8.

15 Frank Zappa in „Packard Goose" auf dem Album „Joe's Garage Act III", zitiert nach Gero von Randow: „Der Disziplinierte" in: Zeit Online,Uni-Leben, 15. 6. 2010, www.zeit.de/ campus/2010/04/Ehemaligen-Verein-Frank-Zappa

16 Konrad Paul Liessmann: Theorie der Unbildung – Die Irrtümer der Wissensgesellschaft, München 2008, S. 68.

17 Interview mit Gerhard Roth in: „Ohne die Intuition ist der Mensch hilflos" in: Nürnberger Nachrichten, 22. 8. 2009, S. 10.

18 Werbeslogan der BILD-Zeitung

19 Interview mit Gerhard Roth in: „Ohne die Intuition ist der Mensch hilflos" in: Nürnberger Nachrichten, 22. 8. 2009, S. 10.

20 Nyanaponika: Geistestraining durch Achtsamkeit, Stammbach 2000, S. 130 ff.

21 J. W. v. Goethe: „Maximen und Reflexionen", 344 in: Sämtliche Werke 17, Münchner Ausgabe, München 2006, S. 779.

Optimierung: Mehrwert ist nicht mehr wert

1   Ulfilas Meyer: Happy Running/Lauflust – Die 7 Weisheiten des Laufens, Hamburg 2002, S. 9.
2   Martin Weber: Genial einfach investieren, Frankfurt 2007, S. 189
3   s. o., S. 192.
4   Interview mit Wolfgang Ullrich in: Renate Börger: Geld – Die Freiheit in der Tasche, radioWissen (Bayern 2), Sendung 21. 1. 2009, Manuskript, S. 4.
5   Thorsten Galert, Christoph Bublitz, Isabella Heuser et. al.: „Das optimierte Gehirn" in: Gehirn&Geist 11/2009, S. 3.
6   Ulrich Eibach: „Neuro-Enhancement: Optimierung des Gehirns?" in: www.brainlogs. de/blogs/blog/menschen-bilder/2009–10-/optimierung-des-gehirns, 11. 10. 2009.
7   Patrik Schwartz: „Auch ein Wunder" in: Die Zeit 22. 12. 2009, www.zeit.de/2009/53/0 1-Glaube
8   www.amazon.de, 21. 9. 2010.
9   Peter Sloterdijk: Du musst dein Leben ändern: Über Anthropotechnik, Frankfurt 2009.
10 Heidi Prochaska: ÄNDERE DICH! Der Weg zum Erfolg, Stuttgart 2009.
11 Christian Schüle: „Das gecoachte Ich" in: Die Zeit 21. 8. 2008, S. 35.
12 Horst Köhler: 4. Berliner Rede vom 24. 3. 2009, www.bundespraesident.de/-,2.653300/ Berliner-Rede-2009-von-Bundesp.htm
13 Kristin Wellner: Entwicklung eines Immobilien-Portfolio-Management-Systems: Zur Optimierung von Rendite-Risiko-Profilen diversifizierter Immobilien-Portfolios, Norderstedt 2003.
14 Oliver Serg von Eul: Optimierung der Konzernsteuerquote durch internationale Funktionsverlagerung, Lohmar 2006.
15 Angela Merkel: Videobotschaft vom 6. 2. 2010. www.bundeskanzlerin.de/Content/DE/ Podcast/2010/2010–02–06-Video-Podcast/2010–02–06-video-podcast.html
16 Werbung der Firma Edeka auf ihren Lkws.
17 Anzeige der Gewerkschaft Erziehung und Wissenschaft zum 26. Gewerkschaftstag der GEW in: Die Zeit 23. 4. 2009, S. 13.
18 Meinhard Miegel: „Es wird eng" in: Die Zeit 29. 4. 2010, S. 15.
19 BayerischeVerfassung, Artikel 157 Kapitalbildung; Geld- und Kreditwesen, www.bayern. landtag.de/cps/rde/xbcr/landtag/dateien/Bayerische_Verfassung_Lesezeichen_BF.pdf
20 Interview mit Karl-Heinz Brodbeck in: Renate Börger: Geld – Die Freiheit in der Tasche, radioWissen (Bayern 2), Sendung 21. 1. 2009, Manuskript S. 13 u.14.
21 Werbekampagne der Firma Vodafone
22 Hubert Weiger: „Wohlstand schaffen ohne Wachstum" in: Natur+Umwelt 3/2007, S. 15.
23 Karlheinz Ruckriegel: Glücksforschung auf den Punkt gebracht – Vorlage zur 3. Sitzung der Arbeitsgruppe „Zufriedenheit" des Amerangers Disputs der Ernst Freiberger Stiftung und der Stiftung DenkwerkZukunft unter Vorsitz von Prof. Meinhard Miegel, Fassung vom 19. 3. 2010, S. 5, www.ruckriegel.org
24 Petra Pinzler/Fritz Vorholz. „Sind das Spinner?" in: Die Zeit 22. 9. 2010, S. 24.
25 Wirtschaftsminister Rainer Brüderle in: Pressemitteilung des Bundesministerium für Wirtschaft und Technologie 27. 10. 2010, www.bmwi.de/BMWi/Navigation/Presse/ pressemitteilungen,did=365278.html
26 J. W. v. Goethe: Faust I, Vor dem Tor, VS 937 in: Sämtliche Werke 6.1, Münchner Ausgabe, München 2006, S. 560.
27 Horst Köhler: Ansprache am 28. 10. 2009 zur Ernennung des Bundeskabinetts, www. bundesregierung.de/nn_774/Content/DE/Bulletin/2009/10/Anlagen/108-3-bpr,proper ty=publicationFile.pdf
28 Wandbeschriftung in: Modell Bauhaus. Die Ausstellung. Berlin. Martin-Gropius-Bau. 22. 7.–4. 10. 2009.

29 Alan Watts: Das Tao der Philosophie, Berlin 2003, S. 59.

Sicherheit: Angst macht unfrei

1 www.castelligasse.at/Werbetechnik/Slogan/slogan.htm/1977
2 www.toyota.de/mobile/article/x-carline.tmex
3 www.castelligasse.at/Werbetechnik/Slogan/slogan.htm/1977, 1983.
4 Postwurfsendung „Sichern Sie Ihr Haus" des Münchener Verein-Versicherungsgruppe, 2007.
5 Anzeige in: Deutsche Bank, Märkte + Trends, 1/2007.
6 Silbermond: „Irgendwas bleibt", CD 2009. www.magistrix.de/lyrics/Silbermond/Irgend-was-bleibt-389116.html
7 Arnold R. Beisser: Die paradoxe Theorie der Veränderung, Zentrum für Gestalttherapie Würzburg 1995, S. 6.
8 Holdger Platta: „Wer bin ich denn? Wie gesellschaftlich produzierte Identitätsideen unser Selbstbewusstsein zerstören" in: Psychologie Heute 6/2002, S. 55.
9 „Erziehungskurse als Pflicht für Eltern?" in: Nürnberger Nachrichten 10. 4. 2009, S. 5.
10 „Signale des Babys richtig deuten" in: Nürnberger Nachrichten 25. 7. 2009, S. 8.
11 Ulrich Bröckling in: „Das gecoachte Ich" in: Die Zeit 21. 8. 2008, S. 17.
12 Ilija Trojanow, Juli Zeh: „Sicherheit total" in: www.zeit.de/2009/33/Sicherheitswahn, 10. 8. 2009, S. 5.
13 Annette Schäfer: „Lebe wild und gefährlich . . ." in: Psychologie Heute 8/2001, S. 40.
14 www.iec.ch/zone/fsafety/explained
15 Karl Popper in: www.zeit.de/2009/33/Sicherheitswahn, 10. 8. 2009, S. 6.
16 Niklas Luhmann: Vertrauen. Ein Mechanismus der Reduktion sozialer Komplexität, Stuttgart 2000, S. 36.
17 Annette Schäfer: „Lebe wild und gefährlich . . ." in: Psychologie Heute 8/2001, S. 42.
18 Nena: „Es gibt keine Sicherheit" auf der LP „Made in Germany", 2009, www.nenafan. de/php/text.php?search=32_10
19 J. W. v. Goethe: Faust I, Studierzimmer, VS 2062 in: Sämtliche Werke 6.1, Münchner Ausgabe, München 2006, S. 591.
20 Gert-Joachim Glaeßner: „Sicherheit und Freiheit" in: Bundeszentrale für politische Bildung: Aus Politik und Zeitgeschichte, B10–11/2002, www.bpb.de/publikationen/ RWMD40,0,Sicherheit und Freiheit.html, S. 5.
21 Armin Nassehi: „Menschen müssen die Möglichkeit bekommen zu Scheitern", Psychologie Heute 5/2007, S. 51.
22 Erich Fromm: Haben oder Sein, Stuttgart 1976, S. 109.
23 s. o., S. 110.
24 Salomo Friedlaender/Mynona: Das magische Ich. Elemente des kritischen Polarismus, Bielefeld 2001, S. 2009, S. 22 ff.
25 Thomas Vittner: Der Mythos von Sicherheit, www.be24.at/blog/entry/620453/der-mythos-von-sicherheit, 11. 3. 2009.

Wahrheit: Wessen Wille geschehe?

1 P. Clemente Pereira S. J.: Wer sagt uns die Wahrheit?, Donauwörth 1956.
2 s. o., S. 20.
3 s. o., S. 46.
4 s. o., S. 30.
5 s. o., S. 40.
6 s. o., S. 39.
7 Johannes Evangelium, Kap. 14, Vers 6.
8 Lothar Tent: „Psychologische Tatbestandsdiagnostik" in: Udo Undeutsch (Hrsg.): Handbuch der Psychologie, 11. Band Forensische Psychologie, Göttingen 1967, S. 187.
9 s. o., S. 189.

10 Andreas Huber: „Belüge deinen Nächsten wie dich selbst!" in: Psychologie Heute 3/
    2006, S. 28.
11 Peter Stiegnitz in: s. o., S. 28.
12 Postkarte F&S 258 Hund&Katz, Marburg, edition filou & sophie, o. J.
13 L. Greuel et.al.: Glaubhaftigkeit der Zeugenaussage, Weinheim 1998, S. 41.
14 Lydia Lange: „Die große Einflüsterung" in: Psychologie Heute 1/2006, S. 39.
15 s. o., S. 42.
16 Friedrich Cramer: Fortschritt durch Verzicht, Frankfurt 1978, S. 130.
17 C. G. Jung, zitiert nach: Frank Ulmer: „Geliebte Risiken: Warum uns mehr Sicher-
    heit nicht sicherer macht" Wien 28. 11. 2005, www.fgf.de/forschungsprojekte/be
    richte/workshops/praesentationen/wien-2005/06Ulmer_Wien%20Risikowahrnehmung.
    pdf
18 Ernst Peter Fischer: Die andere Bildung, München 2001, S. 418.
19 J. W. v. Goethe: „Im ernsten Beinhaus war's" in: Sämtliche Werke 13.1, Münchner Aus-
    gabe, München 2006, S. 189.
20 Gregor/Patalas: Geschichte des Films, München 1973, S. 457.
21 J. W. v. Goethe, ca. 1809, nach H. Laube: „Reisenovellen" in: Goethes Gespräche, Bie-
    dermannsche Ausgabe, Bd. 2, München 1998, S. 608.
22 W. v. Goethe, Brief an K. F. Zelter 31. 12. 1829 in: Sämtliche Werke 20.2, Münchner
    Ausgabe, München 2006, S. 1300.
23 Ulrich Schnabel: „Unterm Mystikhelm" in: Die Zeit 15. 7. 2010, S. 54.
24 Sebastian Murken in: s. o., S. 54.
25 Interview mit Gerd Gigerenzer „Schlechte Stimmung entsteht nicht einfach so" in: Psy-
    chologie Heute 8/2009, S. 28.
26 Dalai Lama: „Mehr Licht im Labor!" in: Die Zeit 15. 9. 2005, S. 42.
27 s. o.
28 „Was ist iPad?", Werbespot der Firma Apple, www.youtube.com/watch?v=nQxjdj1nD8s
29 Zenkei Shibayama: Zen, Bern 1974, S. 184.
30 John Lennon: „God", 1971, in: Begleitheft zu WONSUPONATIME, CD, 1998 Yoko
    Ono Lennon.

Unsterblichkeit: Nobody is perfect

 1 Ulfilas Meyer: Born to Run – Zum Laufen geboren, Hamburg 2003, S. 170.
 2 in: The Doors: „When the music's over" auf dem Album „Strange Days", 1967, lyricskee
    per.de/de/the-doors/when-the-music-is-over
 3 Ulrich Bahnsen: „Das Projekt Unsterblichkeit" in: Die Zeit 5/2003, www.zeit.de/2003/
    05/Aging, S. 1.
 4 Ulfilas Meyer: Born to Run – Zum Laufen geboren, Hamburg 2003, S. 171.
 5 Werbung für ein Telekom Gerät im TV Bereich
 6 Schlagzeile der Bild Zeitung vom 5. 3. 2007.
 7 J. W. v. Goethe: Faust 1, Prolog im Himmel, VS 281 in: Sämtliche Werke 6.1, Münchner
    Ausgabe, München 2006, S. 542.
 8 „Amerika ist eine Nation von Pillenschluckern" (Cls.) in: Neue Zürcher Zeitung, 11./
    12. 11. 2006, S. 11.
 9 s. o.
10 F. Prengel, T. Nahm: „Transhumanismus ist . . .", Deutsche Gesellschaft für Transhuma-
    nismus e. V., www.detrans.de/intro.
11 Jannis Brühl: „Anschlag auf den Tod" in: Nürnberger Nachrichten, 22. 8. 2009, Magazin
    am Wochenende S. 1.
12 Aldous Huxley: Schöne neue Welt, Frankfurt 2009.
13 Hans-Günther Gassen, Sabine Minol: Die Menschen Macher – Sehnsucht nach Un-
    sterblichkeit, Weinheim 2006, S. 98.
14 Arno Schmidt: Tina/oder über die Unsterblichkeit, Frankfurt 1981, S. 13.

15 Walter Benjamin: Das Kunstwerk im Zeitalter seiner technischen Reproduzierbarkeit, Frankfurt 1977, S. 13.
16 Marianne Gronemeyer: Immer wieder neu oder ewig das Gleiche, Darmstadt 2000, S. 132.
17 F. Prengel, T. Nahm: „Werkzeuge der Umgestaltung", Deutsche Gesellschaft für Transhumanismus e. V., www.detrans.de/intro
18 Interview mit Eugen Drewermann: „Die Politik instrumentalisiert die Religion" in: Psychologie Heute 3/2008, S. 48.
19 Altes Testament: Psalm 90, Vers 12.
20 nach Greenberg, Solomon und Pyszczynski in: Thomas Saum-Aldehoff: „Triebkraft Todesfurcht", Psychologie Heute 6/1996, S. 57.
21 Christoph Uhlhaas: „Todesfurcht als Wahlkampfhilfe" in: Spiegel Online, 11. 11. 2007. www.spiegel.de/wissenschaft/mensch/0,1518,514761,00
22 Werbung der Firma Clarins in: Brigitte Woman, 10/2010, S. 17.
23 Ulfilas Meyer: Happy Aging – Den Rhythmus des Lebens finden, Freiburg 2004, S. 15.
24 Waltraud Posch in: Petra Gehring: „Die Glücksbilanz ist nie von Dauer" in: Frankfurter Allgemeine Zeitung 10. 6. 2009, S. 30.
25 alle Zitate im Zeit Magazin 2. 7. 2009, Titelthema „Weniger ist das neue Mehr. Über das Schönheitsideal unserer Zeit."
26 Joseph Campbell: Lebendiger Mythos, München 1985, S. 182.
27 Erich Fromm: Die Kunst des Liebens, München 1995.
28 Niklas Luhmann: Liebe – Eine Übung, Frankfurt 2008, S. 33.
29 Nena: „Wir sind wahr" auf dem Album „Made in Germany", 2009.
30 Joseph Campbell: Die Kraft der Mythen, Zürich/München 1989, S. 17.
31 nach Friedrich Schleiermacher in: Andreas Arndt: Friedrich Schleiermacher: Schriften, Frankfurt 1996, S. 159f.
32 George Harrison: „All things must pass" auf dem gleichnamigen Soloalbum von G.H., LP 2, 1970, lyricskeeper.de/de/george-harrison/all-things-must-pass
33 Heiko Ernst: Weitergeben – Weiterleben. Was man von mir erzählen wird, Freiburg 2010, S. 41.

Doppelleben: Der ganz normale Wahnsinn
1 www.permanentes-Alibi.de
2 www.firstaffair.de/ratgeber7-p-k/seitensprung-treff.html
3 Wolfgang Schmidbauer: Die heimliche Liebe – Ausrutscher, Seitensprung, Doppelleben, Hamburg 2009, S. 93.
4 Ursula Nuber: „Top secret! – Warum wir Geheimnisse brauchen" in: Psychologie Heute 3/2006, S. 21.
5 Serge Tisseron in: s. o., S. 22.
6 Robert Louis Stevenson: Der seltsame Fall von Dr. Jekyll und Mr. Hyde, Frankfurt 2004.
7 Fernand Jung/ Claudius Weil/ Georg Seeßlen: Der Horror-Film, München 1977, Sonderausgabe für Montanus Aktuell GmbH, S. 198.
8 s. o.
9 www.volkswagen.at/files/at/autoz/artikel/601.pdf
10 www.coca-cola-gmbh.de/presse/pressemitteilungen/mitteilung/pressrelease
11 Claudia Fromme: „Ich und mein Klon" in: Süddeutsche Zeitung, 24./25. 10. 2009, S. 11.
12 Karlheinz A. Geißler: „Alles zu jeder Zeit" in: Die Zeit 3. 4. 2003, S. 47.
13 Ernst Pöppel in: Katrin Blawat: „Schön der Reihe nach statt Multitasking", Spiegel Online,1. 7. 2007, www.spiegel.de/wissenschft/mensch/0,1518,druck-491334,oo.html
14 Jordan Grafman in: s. o.
15 Dudjom Rinpoche in: Sogyal Rinpoche: Dzogchen und Padmasambhava, Ratnakosha Publikationen und Veranstaltungen GmbH 1995, S. 18.

16 Ernst Pöppel in: Katrin Blawat: „Schön der Reihe nach statt Multitasking", Spiegel On-
    line, 1. 7. 2007, www.spiegel.de/wissenschft/mensch/0,1518,druck-491334,oo.html

17 Ulfilas Meyer: Happy Aging – Den Rhythmus des Lebens finden, Freiburg 2004, S. 91.

18 Christoph Amend/Götz Hamann: „Na, Freundchen?" in: Zeit-Magazin 23/2009, S. 22.

19 Oliver Büttner im Interview in: Ilona Hörath: „Das zweite Leben lockt – Immer mehr
    Internet-Nutzer entdecken ‚Second Life'", Nürnberger Nachrichten 7. 3. 2007, S. 30.

20 Ilona Hörath: „Das zweite Leben lockt – Immer mehr Internet-Nutzer entdecken ‚Se-
    cond Life'", Nürnberger Nachrichten 7. 3. 2007, S. 30.

21 Interview mit Ralph Dawirs in: Birgit Heinrich: „Kinder brauchen Rhythmus" in: Nürn-
    berger Nachrichten, Magazin am Wochenende, 19./20. 1. 2008, S. 3.

22 Interview mit Gunther Moll in: s. o.

23 Axel Wolf: „Warum so schüchtern?" in: Psychologie Heute 2/2008, S. 25.

24 Horst Opaschowski in: Evelyn Scherfenberg: „Veraltetes Modell?", Nürnberger Nach-
    richten, Magazin am Wochenende, 15./16. 8. 2009, S. 1.

25 Erich Fromm: Märchen, Mythen, Träume – Eine Einführung in das Verständnis einer
    vergessenen Sprache, Stuttgart 1980, S. 30.

26 Frederick S. Perls: Gestalt-Therapie in Aktion, Stuttgart 1996, S. 76.

27 Antti Revonsuo in: Peter Düweke: „Träum um dein Leben!" in: Psychologie Heute 10/
    2006, S. 35.

28 Chögyam Trungpa: Die Insel des Jetzt im Strom der Zeit, Frankfurt 1995, S. 2009, S. 222.

29 J. W. v. Goethe: „Gingo Biloba" in: Sämtliche Werke 11.1.2, Münchner Ausgabe, Mün-
    chen 2006, S. 71.

30 Ursula Nuber: „Sind wir nicht alle ein bisschen bluna?" in: Psychologie Heute 2/2006,
    S. 24.

Habenwollen: Das Ende der Unendlichkeit

1   Andreas Ernst in: „Warum der Mensch nichts gegen den Klimawandel unternimmt", dpa
    Meldung vom 4. 2. 2007.

2   Macliing Dulag in: Reinhard Schlüter: Mein Haus, mein Boot, meine Ziege . . .? – Besitz
    und Eigentum in anderen Kulturen, radioWissen (Bayern 2), Sendung 21. 1. 2008, Ma-
    nuskript S. 14.

3   EKD Unterrichtsmaterial, www.unsere-zehn-gebote.de/10gebote_download/entstehung
    _der_gebote.pdf

4   Gerhard Schulze: Hedonismus – Zur sündigen Modernität des Westens, Schriftenreihe
    Vontobel-Stiftung, Zürich 2005, S. 72.

5   nach: Annette Schäfer: „Wir sind, was wir haben" in: Psychologie Heute 12/2009, S. 31

6   s. o., S. 34.

7   Pink Floyd: „Money", auf dem Album „The Dark Side of the Moon", 1973, www.ma
    gistrix.de/lyrics/Pink%20Floyd/Money-59983.html

8   Gerhard Pretting: „Traurige Märkte" in: Die Zeit, 22. 4. 2009, S. 45.

9   s. o.

10 Karl-Heinz Brodbeck im Interview in: Daniela Rom: „Die Gier treibt das System immer
    wieder an", der Standard.at-Interview, 14. 10. 2010. derstandard.at/1285200748964/
    derStandardat-Interview-Die-Gier-treibt-das-System-immer-wieder-an?_artikelIndex=1

11 s. o.

12 Wolfgang Ullrich: Habenwollen – Wie funktioniert die Konsumkultur?, Frankfurt 2009,
    S. 60.

13 „Deutschland wünscht sich was", Faltblatt der Deutschen Bank, o. J.

14 Werbeslogan der Deutschen Bank, genauer Zeitraum.

15 Ulrich Eicke: „Kaufen! Haben! Gleich!" in: Psychologie Heute 9/2000, S. 37.

16 Lucia A. Reisch / Gerhard Raab (Bundeszentrale für politische Bildung): „Zur Entstehung
    und Verbreitung der ‚Kaufsucht' in Deutschland" in: Aus Politik und Zeitgeschichte,
    Nr. 01–02/ 12. 1. 2004, www.das-parlament.de/2004/01-02/Beilage/003.html

17 Marten Rolff: „Gesellschaftskrankheit Konsumieren, bis es weh tut" in: Süddeutsche Zeitung, 22. 7. 2008. http://sueddeutsche.de/leben/gesellschaftskrankheit-konsumieren-bis-es-weh-tut-1.595220

18 David Nettle in: Heiko Ernst: „Unser kompliziertes Glück" in: Psychologie Heute 5/2007, S. 22.

19 Robert Frank in: Regine Ley: „Genug ist nie genug – Die Superreichen leben in einer Parallelwelt" in: Nürnberger Nachrichten, Magazin am Wochenende 31.10/1. 11. 2009, S. 1.

20 Richard David Precht: „Wir brauchen die Gier – sie ist gut und wichtig", Zeit Magazin Nr. 12/2009, S. 32.

21 Uwe Jean Heuser: „Wirtschaftskrise Gier frisst Verantwortung" in: Die Zeit, 15. 5. 2010, www.zeit.de/2010/20/AufmacherLit-Wirtschaft

22 Dalai Lama im Interview in: Jörg Eigendorf: „Dalai Lama – Gier macht Unternehmen krank", Welt Online, 20. 6. 2009, www.welt.de/wirtschaft/article4004903/Dalai-Lama-Gier-macht-Unternehmen-krank.html

23 Beilage in „Brigitte", www.brigitte.de/kochen//a_z/

24 Wir sind Helden: „Müssen nur wollen" auf dem Album „Reklamation", 2003, www.ly rics.de/songtext/wirsindhelden/muessennurwollen_87e2d.html

25 Wolfgang Ullrich: Habenwollen – Wie funktioniert die Konsumkultur?, Frankfurt 2009, S. 118.

26 Christina Stürmer: „Nie genug", auf dem Album „Lebe lauter", 2006, www.magistrix.de/lyrics/Christina%20St%C3%BCrmer/Nie-Genug-83032.html

27 Marianne Gronemeyer: Die Macht der Bedürfnisse – Überfluss und Knappheit, Darmstadt 2009, S. 78.

28 Barry Schwartz: Anleitung zur Unzufriedenheit – Warum weniger glücklicher macht, Berlin 2006, S. 231.

29 s. o., S. 235.

30 Eva Tenzer: „Warum wir kaufen, was wir kaufen" in: Psychologie Heute 5/2010, S. 39.

31 Erich Fromm: Haben oder Sein – Die seelischen Grundlagen einer neuen Gesellschaft, Stuttgart 1976, S. 91.

32 Sogyal Rinpoche: Das Tibetische Buch vom Leben und vom Sterben, Bern/München/Wien 1996, S. 32.

33 Henry Boulad: Die Sehnsucht, die Liebe und das Heilige, Henri Boulad über den Menschen auf der Suche nach dem Absoluten, ORF/Ö1, Sendung „Logos", 28. April 2001, 19.05 Uhr: gedruckt in memo – Ökumenischer Manuskriptdienst, 6/2001 S. 24–27, www.fegerl.at/josef/boulad/logos20010428.htm

Wellness: Das Paradies ist immer noch geschlossen

1 Werbung für das TOGO Sofa der Firma ligne roset, www.ligne-roset.de, Agentur BBDO

2 Verbraucher-Zentrale NRW, Düsseldorf 2003, S. 15.

3 Marc Schwieger in: Roman Heflik/Manuel J. Hartung: Interview: Wellness in der Werbung, www.geo.de/GEO/mensch/medizin/1836.html, o.Dat.

4 s. o.

5 Lutz Hertel: Der Wellness-Markt: Entwicklung, Branchen, Daten und Prognosen, Deutscher Wellness Verband e. V. 2008, These 1, web.archive.org/web/20080422022713/http://www.wellnessverband.de/infodienste/beitraege/hertel_wellbizz2003.html

6 s. o.

7 Alice Holzhey: „Positive Gefühle, negative Gefühle: Was hält die Seele wirklich gesund?" in: Psychologie Heute 5/2008, S. 20.

8 Michael Schmidt-Salomon: „Ist Glück ein Heidenspaß? – Über den zu Unrecht diskreditierten Hedonismus und die längst fällige Rehabilitation Epikurs" in: Psychologie Heute 5/2007, S. 26.

9 Joshua Wolf Shenk: „Was das Leben gelingen lässt" in: Psychologie Heute 11/2009, S. 31.

10 Alice Holzhey: „Positive Gefühle, negative Gefühle: Was hält die Seele wirklich gesund?" in: Psychologie Heute 5/2008, S. 20.
11 Verpackungsaufdruck für „Wellness Schinken", www.berger-schinken.at
12 Heinrich Krauss: Das Paradies – Eine kleine Kulturgeschichte, München 2004, S. 19.
13 s. o., S. 28.
14 Die Toten Hosen: „Paradies", auf dem Album „Reich & Sexy II – Die fetten Jahre", 2002 www.dietotenhosen.de/veroeffentlichungen_songtexte.php?text=aleben/reich_sexy2/cd1/paradies.php
15 Niko Paech: „Angst essen (ökologische) Seele auf" in: E. Lang / C. Busch-Lüty / J. Kopfmüller (Hrsg): Ansätze für eine Ökonomie der Nachhaltigkeit, München 2007, S. 228.
16 Dalai Lama: Das Buch der Menschlichkeit – Eine neue Ethik für unsere Zeit, München 2003, S. 14.
17 Die Toten Hosen: „Am Ende", auf dem Album „Zurück zum Glück", 2004, www.dietotenhosen.de/veroeffentlichungen_songtexte.php?text=alben/zzg/am_ende.php
18 Peter Strasser: „Gibt es ein Leben nach dem Tod? – Wohlfühlreligionen und die Suche nach dem wahren Selbst" in: Hans-Martin Gutmann/Cathrin Gutwald (Hrsg.): Religiöse Wellness – Seelenheil heute, München 2005, S. 193.
19 Matthias Horx im Interview: Elena Rauch: „Keine Angst vor der Zukunft" in: Thüringische Landeszeitung 7. 7. 2007, Thüringen zum Sonntag, S. 3.
20 s. o.
21 Leonhard Cohen: „Everybody knows", auf dem Album „I'm your man", 1988, Begleitheft CD.
22 Tim Schleider: „Ach, wie sind wir nur verdorben! – Was dem Weltklima und der Gesellschaft wirklich gut täte", Stuttgarter Zeitung 21. 2. 2007, S. 29.
23 Harald Welzer: „Schluss mit nutzlos!" in: Die Zeit 25. 1. 2007, S. 43.
24 s. o.
25 Slavoj Zizek: „Die Monster, die wir selber schufen" in: Die Zeit 9/2007, S. 48.
26 Thomas Pogge in: Thomas Assheuer: „Der Weltverändererdenker" in: Die Zeit 22. 4. 2009, S. 36.
27 Willigis Jäger/Christoph Quarch: „... denn auch hier sind Götter" – Wellness, Fitness und Spiritualität, Freiburg 2004, S. 89.
28 John Maeda: Simplicity – Die zehn Gesetze der Einfachheit, München 2007, S. 89.
29 Bob Dylan: „The times they are a-changin'", 1963, in: Lothar Schirmer (Hrsg.): Tambourine Man – Pop Lyrics der 60er Jahre, München 2003, S. 42.